无处不在的翻译

UBIQUITOUS TRANSLATION

[英]彼得·布朗钦斯基（Piotr Blumczynski）著

李文婷 译

中国出版集团
中译出版社

图书在版编目（CIP）数据

无处不在的翻译 /（英）彼得·布朗钦斯基著；李文婷译 . —北京：中译出版社，2022.9
书名原文：Ubiquitous Translation
ISBN 978-7-5001-7158-4

Ⅰ.①无… Ⅱ.①彼… ②李… Ⅲ.①翻译—研究 Ⅳ.①H059

中国版本图书馆CIP数据核字（2022）第152575号

Ubiquitous Translation 1st Edition / by Piotr Blumczynski / 9780367197483
Copyright © 2017 Taylor & Francis
Authorized translation from English language edition published by Routledge, an imprint of Taylor & Francis Group LLC. All Rights Reserved.本书原版由Taylor & Francis出版集团旗下Routledge出版公司出版，并经其授权翻译出版。版权所有，侵权必究。
China Translation & Publishing House is authorized to publish and distribute exclusively the Chinese (Simplified Characters) language edition. This edition is authorized for sale throughout Mainland of China. No part of the publication may be reproduced or distributed by any means, or stored in a database or retrieval system, without the prior written permission of the publisher.
本书中文简体翻译版授权由中译出版社独家出版并仅限在中国大陆地区销售，未经出版者书面许可，不得以任何方式复制或发行本书的任何部分。
Copies of this book sold without a Taylor & Francis sticker on the cover are unauthorized and illegal. 本书贴有Taylor & Francis公司防伪标签，无标签者不得销售。

出版发行 /	中译出版社
地　　址 /	北京市西城区新街口外大街28号普天德胜大厦主楼4层
电　　话 /	(010) 68359827，68359303（发行部）；68359725（编辑部）
邮　　编 /	100044
传　　真 /	(010) 68357870
电子邮箱 /	book@ctph.com.cn
网　　址 /	http://www.ctph.com.cn

出 版 人 /	乔卫兵
总 策 划 /	刘永淳
策划编辑 /	范祥镇　钱屹芝
责任编辑 /	钱屹芝　杨佳特
营销编辑 /	吴雪峰　董思嫄
封面设计 /	潘　峰

排　　版 /	北京竹页文化传媒有限公司
印　　刷 /	北京玺诚印务有限公司
经　　销 /	新华书店

规　　格 /	710毫米×960毫米　1/16
印　　张 /	15.5
字　　数 /	234千字
版　　次 /	2022年9月第1版
印　　次 /	2022年9月第1次

ISBN 978-7-5001-7158-4　定价：65.00元

版权所有　侵权必究
中译出版社

目 录

前　言　　　　　　　　　　　　　　　　　　　　　　iii
译者序　　　　　　　　　　　　　　　　　　　　　　iv
致　谢　　　　　　　　　　　　　　　　　　　　　　vii
介　绍　　　　　　　　　　　　　　　　　　　　　　x

第一章　无处不在的翻译：虽看似疯狂，但确有方法　　1
第二章　哲学：翻译即领悟、理解和解释学　　　　　　39
第三章　过程思考：翻译即过程和信念　　　　　　　　75
第四章　语言学：翻译即意义、概念化、识解和隐喻　　110
第五章　人类学：翻译即一场和他人的相遇　　　　　　150

后　记　　　　　　　　　　　　　　　　　　　　　　192
参考文献　　　　　　　　　　　　　　　　　　　　　195
附　录　　　　　　　　　　　　　　　　　　　　　　217

前　言

在本书中，彼得·布朗钦斯基（Piotr Blumczynski）探索了翻译的核心作用，既是一种解释学的、伦理的、语言学的和人际的实践，更是一种关键的认识论概念。他的论点分为三个层面：首先，翻译通过概念（即什么）和方法（即怎么样）为各个人文学科间进行真诚的、激动人心的、严肃的、创新的以及有意义的交流提供了基础；其次，在此前提下，翻译质疑和挑战了许多传统的边界，并提供了一个超学科的认识论范式，从而带来对质的新认识，进而也就带来对意义、真理和知识的新认识；最后，许多人文学科使用各种看似无关，实则在质的方面极其接近的概念来研究翻译现象。以上论点的共通之处是认为翻译现象是无处不在的。本书采取了创新的方法，因而可能对以下读者特别有吸引力：试图将自己的研究置于更广阔的跨学科领域的翻译研究者、翻译专业的学生和希望更全面地理解翻译的重要性以及如何更好地发挥翻译作用的职业译者。

彼得·布朗钦斯基任职于贝尔法斯特女王大学（Queen's University Belfast），是翻译和口译专业的高级讲师。他的研究兴趣和专业包括翻译理论与实践、认知语义学和民族语言学。自 2019 年起他还担任劳特利奇（Routledge）出版社旗下的《翻译研究》（*Translation Studies*）期刊的主编。

译者序

我与这本书结缘于 2016 年。2016 年 3 月 8 日—11 日，贝尔法斯特女王大学高级讲师彼得·布朗钦斯基博士应邀到四川外国语大学英语学院进行为期四天的系列讲座。在这次讲座中，布朗钦斯基博士以吉他演奏、帆船运动、菜谱等来阐释自己对翻译的理解。他生动而有趣的演讲，让我对他的翻译研究产生了浓厚的兴趣。布朗钦斯基博士提到即将在 2016 年 7 月出版的新书——《无处不在的翻译》(Ubiquitous Translation)。这个名字对我很有吸引力，因为我预设将在书中发现跨学科研究的路径。于是我托同事袁眉老师在英国购买了此书的 kindle 版，开始阅读。在阅读的过程中，每当我遇到一些难以理解的地方，就与布朗钦斯基博士通过邮件沟通，慢慢与之熟悉。

2019 年 2 月 20 日—8 月 18 日，我获得国家留学基金委"青年骨干教师国外访学项目"资助，有幸受邀到贝尔法斯特女王大学口笔译研究中心访学，我的导师就是布朗钦斯基博士。随着我与布朗钦斯基博士面对面交流的增多，我对这本书的理解逐渐深入，我萌生了把这本书译介到中国的想法。这个想法得到布朗钦斯基博士的大力支持。他非常信任我，相信我能够理解他的思想，是一个合适的译者。他认为译作的存在本身就是很有价值的，使原作的生命得到了延长，甚至是"重生"。这也给了我很大的信心，回国后我就着手准备此书的翻译。我曾就翻译方法与布朗钦斯基博士进行过一系列讨论并达成共识：学术翻译最重要的当属表意清晰。对于原文中的非英语词汇，保留原文也许能为读者开放更多的思考空间。全书中最核心的概念是 HOW，布朗钦斯基博士对书中一系列概念例如 HOW，WHAT，WHY，WHO 等均用小一号的大写字母来表明，而我在译文中采取了黑体的方式来强调这些概念。关于关键概念 HOW 的译法，我与布朗钦斯基博士反复讨论，他建议在不同的语境中可以有不同的译法，不必全文统一。他并不赞成术语的固定性，而更倾向于用副词，而非名词来表达关键概念。因此，我将大部分的 HOW 译为副词"怎么样"，当书中的 HOW 出现的位置明显体现名词的功能（例如 the HOW）时，我再将之译为名词"方法""方式"。布朗钦斯基博士还自创了 HOW-ness 这个概念，我将之译为"方法论"以示区别。文中同类的概念处理方法相同，为免引起读者困扰，特此说明。在我翻译本书的过程中，布朗钦斯基博士为我提供了极大的帮助。我们定期在网上视频讨论本书的翻译问题，讨论时长超过 20 小时。若没有他的支持，我的翻译之旅恐怕很难顺利完成。

　　布朗钦斯基博士提出，翻译已经是相当大的概念，大到足以认为是无处不在的。因此，布朗钦斯基博士在人文学科的各个领域中进行探索，寻找翻译学科与其他学科的概念融合，用重新概念化的方式来理解翻译。本书的写作方式相当新颖，布朗钦斯基博士没有采用传统的线性写作结构，即以主题来切分，一次性将一个主题分析透彻；而是采用了洋葱状的写作结构，即从某个学科领域的角度来切入一个主题，然后在同一个学科领域内探索相关的其他主题，接着转向下一个学科领域。当同样的主题在不同的学科领域中再次出现时，又重新讨论这个主题，好像给洋葱增加更多的表皮。

　　总之，这本著作很有趣，又能给我们带来很多启发。我感觉是这本书在呼唤我去翻译它，而我只是在回应它的呼唤。这种冥冥之中存在的吸引力非常奇妙，以至于我在翻译结束时仍然有种依依不舍的感觉。

　　最后，我想用最真诚的心来感谢在我"痛并快乐着"的翻译过程中，为我提供了支持与帮助的师长、朋友和亲人。首先我要感谢本书的作者贝尔法斯特女王大学的布朗钦斯基博士对我的信任与帮助，感谢四川外国语大学副校长祝朝伟教授、四川外国语大学英语学院院长张旭春教授、四川外国语大学英语学院前书记沈彤教授的支持与鼓励，中译出版社有限公的范祥镇老师、刘瑞莲老师、钱屹芝老师和吴晶老师，吉林大学的王峰老师的积极协助，四川外国语大学的袁眉老师不远万里为我购得此书，四川外国语大学赵奂老师、朱雪莲老师和黄淳同学为我的译稿提供了许多宝贵的建议。感谢四川外国语大学校级一般科研项目为我提供的经费支持。特别感谢我最爱的家人们，若无他们的理解和包容，这本小书也无法得以付梓。因译者水平有限，恳请读者批评指正。

李文婷

2022 年于重庆

致　谢

在撰写这本书的过程中，我深深地感到这些年自己是多么的幸运。在这个项目中，我要感谢很多人，他们来自三个洲，都给了我许多的支持。我无法将他们分别归类为或是给了我学术上的帮助，或是给了我情感上的支持。事实上，这些来自我学术圈和生活圈的朋友们在各方面都给了我极大的启发和鼓励。我尤其想要感谢以下这些人：

大卫・庄士敦（David Johnston）、伊丽莎白・塔巴科夫斯卡（Elżbieta Tabakowska）、克里斯蒂安・诺德（Christiane Nord）、玛格达・海德尔（Magda Heydel）、伊丽莎白・斯基宾斯卡（Elżbieta Skibińska）和道格拉斯・罗宾逊（Douglas Robinson）。他们同时兼具翻译家、翻译学者、我的导师和朋友的多重身份。在我的想法萌芽阶段，他们总是非常乐意与我探讨和争论。我优秀的同事们——《翻译研究》的编辑委员会成员瓦莱丽・亨尼蒂克（Valerie Henitiuk）和卡罗尔・奥沙利文（Carol O'Sullivan）在许多关键的时刻为我提供了极好的例子和宝贵的建议。

贝尔法斯特女王大学现代语言学院批准了我的学术假期，让我能够专心地写这本书。学校翻译和口译专业的一些硕士生和博士生最先了解到我的想法，并给出反馈意见。除了我所在的大学，我还有幸加入了其他几个备受敬重的学术团体。我要感谢詹姆斯・麦克西（James Maxey）、菲尔・汤纳（Phil Towner）和斯丹法罗・阿尔丢尼（Stefano Arduini）邀请我到米萨诺・阿德里亚蒂科（Misano Adriatico）的奈达翻译学院讲学；我要感谢洛林·里森（Lorraine Leeson）邀请我来到都柏林三一学院聋人研究中心；我要感谢道格拉斯·罗宾逊和罗伯特·尼瑟（Robert Neather），让我有幸在香港浸会大学翻译系列研讨会上发表演讲；我要感谢张玫玫和孙明丽邀请我到吉林大学与翻译和口译专业的学生们分享我的翻译研究。所有这些珍贵的交流都使我的思路更加清晰，论点更加精练，也让我更加坚定地相信自己的研究既有趣又重要。

我要感谢我的母亲克里斯蒂娜·布朗钦斯卡（Krystyna Blumczyńska），她引领我去阅读托马斯·哈利克（Tomáš Halík）的灵修著作，这也成了我书中一个非常重要的部分。我要感谢托马斯·哈利克对这个看似异想天开的项目给予慷慨的支持。我还要特别感谢吉姆（Jim）和玛丽·贝丝·布朗（Mary Beth Brown），过去在我需要时，他们多次邀请我去他们家，不仅给我提供免费的食宿，还给我鼓舞和建议，并激励我去思考生命中真正有意义的事。最后，我想把最真诚的感谢和最浓烈的爱意送给劳伦·麦肯齐（Lauren MacKenzie）和塞南·德夫林（Senan Devlin），谢谢你们成为我的家人。

我要诚挚地感谢以下出版物的版权所有者授权我使用他们的材料：

"Translation: A New Paradigm" (in *Translation: A Transdisciplinary Journal*) by Stefano Arduini and Siri Nergaard. Copyright © 2011 by Fondazione Universitaria San Pellegrino – Italy. Reprinted by permission.

Available Light: Anthropological Reflections on Philosophical Topics by Clifford Geertz. Copyright © 2000 by Princeton University Press. Reprinted by permission.

Co Je Bez Chvění, Není Pevné: Labyrintem Světa s Vírou a Pochybností by Tomáš Halík. Copyright © 2002 by Tomáš Halík. Reprinted by permission.

Essentials of Cognitive Grammar by Ronald W. Langacker. Copyright © 2013 by Oxford University Press. Reprinted by permission.

Hermeneutics: The Handwritten Manuscripts by Friedrich Schleiermacher, edited by H. Kimmerle. Copyright © 1977 by Oxford University Press. Reprinted by permission.

Metaphors We Live by by George Lakoff and Mark Johnson. Copyright © 1980/2003 by University of Chicago Press. Reprinted by permission.

Modes of Thought by Alfred North Whitehead. Copyright © 1938 by The Macmillan Company; copyright renewed © 1966 by T. North Whitehead. Reprinted with the permission of Scribner, a Division of Simon & Schuster, Inc. All rights reserved.

Truth and Method by Hans-Georg Gadamer. Copyright © 2004 by Continuum Publishing, an imprint of Bloomsbury Publishing Plc. Reprinted by permission.

彼得·布朗钦斯基

介 绍

保罗·利科（Paul Ricoeur）曾说过，"翻译实践仍然是一个充满风险的过程，总是在寻找自己的理论。"（2006:14）我认为，这句话反之亦然：翻译理论仍然是一个充满风险的过程，总是在寻找自己的实践。

我认为本书就是一个很好的例子，展示了翻译理论和实践之间不可分割的辩证关系：二者既面临风险，也有望得到回报。本书通过实际的翻译活动提出一些理论观点：这既是翻译实践，又是翻译研究。如果我们接受以下观点"关于概念和话语实践（包括概念和翻译实践）的跨语言和跨文化研究，都需要求助于翻译活动。我们需要通过翻译来研究翻译"（赫曼斯[Hermans]，2003:384），那也丝毫不会令人感到吃惊。通过类比雅各布森（Jakobson）的"元语言功能"（即语言言说自身的能力），翻译理论与实践之间可以假定一种元翻译关系：自身需要被译入他者。

然而，翻译的范畴、相关性和重要性延伸得更广。我认为翻译在许多方面真是无处不在的。当我们试图理论化并反思翻译时，我们不可避免地会反思一些较大的议题，例如"意义""意识"和"目的"；"同一性""相同性"和"相似性"；"部分与整体""信息与媒介之间""观点之间""文本之间""个体之间""个体与文本之间""社区之间""文本与社区之间""不同的时间与地点之间""固定的与动态的之间""施加的力量与受到的影响之间"的关系等。翻译将我们带到出奇广阔的领域范围，使我们面对问题的根本。或许正如本书的书名所示，翻译常常会以另一个名字、另一种方式出现在其他领域。

当复杂的、丰富的,同时也是游移的、无处不在的——因此也是矛盾的——翻译概念被译入其他领域时,或确切地说,在其他领域中被发现时,也许会为我们提供"一种不同的方式来面对重要的认识论问题——我们知道什么,以及我们是如何知道的"(阿尔丢尼[Arduini]、内加尔德[Nergaard],2011:9)。本书试图展示翻译在认识论方面的潜力,渴望尝试真正的超学科研究,不仅与各个学科(包括哲学、过程思考、语言学和人类学)建立双向联系,还通过指出这些学科共用的"方法"来挑战它们的某些区别。我的方法之核心其实在于我坚信:对于涉及翻译的所有事情,"方法"与"内容"同等重要,在许多情况下,"方法"甚至比"内容"更重要。以"内容"为中心的认识论模式在许多地方仍然作为实体形而上学的遗产而盛行,是"自亚里士多德以来西方哲学史的主流研究范式"(塞伯特[Seibt],2013;转引自莱考夫[Lakoff]、约翰逊[Johnson],1999),翻译概念具有很强的定性和过程化的特点——它内在的方法论——为这种占主导地位的认识论模式提供了必要的修正。

修正"内容"与"方法"之间的不平衡会带来的实际影响之一是促进人文学科中质性洞见的迁移。用解释学的术语来讲,这意味着将翻译符释(劳伦斯·韦努蒂[Lawrence Venuti]最近将查尔斯·桑德斯·皮尔士[Charles Sanders Peirce]的"符释"概念带入翻译研究[2012c;2013])应用于原本形成于其他领域的洞见。通过假设翻译与人文学科中一系列概念之间存在定性的联系,我试图鼓励翻译研究与其他研究领域之间进行创新的、有意义的观点交流。无论翻译是否仍处于发展中的"输入"阶段(斯内尔-霍恩比[Snell-Hornby],2009:48),虽然我确信翻译研究能向其他学科借鉴学习,但我的目的并非展示翻译研究如何向其他学科学习,而是提出这些学科也许从某种意义上在研究翻译:换言之,证明翻译是无处不在的。这种阅读、重新概念化和复译的方法承诺了丰富的思考方式,或大胆地说——一种新的超学科研究范式。我相信"这种翻译概念的认识论潜力是一种尚未开发的资源"(阿尔丢尼、内加尔德,2011:14),能有意义地渗入人文学科的广泛领域。

我们可以从几个不同的方面来看待翻译与其他学科之间的质性对话,

并强调其重要性。首先，我们可以提出理由来证明解释学和认识论在过程本质上都是翻译的，未经翻译的知识难以意识到自己的偏见和盲点；而另一方面，翻译不仅可以检验知识，翻译本身也是一个构建知识的过程。只有当我们为某人翻译某物时（例如，当我们试着对高中生解释三角学，对四岁孩童解释诚实的重要性，或对语言学习者解释一种习语表达的实际意义时），意义才会变得更加清楚——但更常见的情况也许是我们不愿意承认的，我们沮丧地意识到事情的真实情况是那么复杂，我们有那么多尚未理解、已经忘却的地方，或倾向于理所应当的地方。当然，这个类比本身就是一种翻译。我的母语波兰语为我提供了大部分的概念框架，其中"thumaczenie"一词是"翻译、理解、解释"这三个概念的合并词，而这三个词在英语中是各自独立存在的。

其次，我们可以从生态学的视角确立另一个论点。如果我们相信观点的可流通性与知识的可转移性（记住，可转移的是"方法"而非"内容"），尽管有益的洞见最初用于一种略微不同的功能，但为什么要局限于单一的语境，而不被"循环利用"或重新用于别处呢？从形而上学或灵修的观点来看，我们可以谈论观点的再生和见解的来世，或假定某些论断与其实现之间存在着形而上学的预言联系（因而缓解了不合时宜阅读的危险）。

我们还可以从意外的新发现这个角度来思考。我们通过科学史知道，许多意料之外的发现和有用的发明都是机缘巧合创造出来的，人们原本打算创造其他的东西，或单纯是由好奇心激发而做实验。如果你很清楚自己在寻找什么，也许更容易找到答案——但也更容易忽略其他宝贵的东西，一些你最近没有留意的东西。所以，此处所提供的重新概念化可以看作是一系列"假设"中的一项活动，其作用是启发式的，目的在于将一些观点重新用于源语境之外时，测试其相关性、灵活性及潜力，从而促进发现。测试一个研究好不好的标准之一是看它在多大程度上能产生意料之外的结果。追求"被激发的机缘巧合"是一种不可避免的矛盾（你能操纵意外吗？你能为自己的谦虚感到骄傲吗？），我再次被弗里德里希·施莱尔马赫（Friedrich Schleiermacher）的观点说服，"如果有一些作者的作品能让读者找到自己所预想的一切，一分不多，一分不少，那他们绝对是逻辑性很强、不受个人情感影响的作者，但他们却是糟糕的作家。创造精神总能给人带来一些意料之外的收获"(1977：57)。我希望本书中所提议的方法将会产生一些出人意料的洞见——因为它是从个人的、现象学的、过程的、存在主义的和身体的视角出发的（这正是我的方法论保证）。

出于同样的原因，我实际上已经排除了明显与翻译相关的论述。这是一项原则问题：我想要为翻译开拓新的领域，而非仅限于再次探访熟悉的、毫无争议的领域，这也是由我在阅读中的发现所决定的。在我实验性阅读的早期，我就发现我读过的许多作者倾向于支持相当狭义的翻译概念（他们大多数将翻译看作一种语文学的、文本的活动），而可以预料的是，他们对翻译的评论远不如从概念重读中产生的观点那么有启发性。

我提出的重新概念化是翻译的一种形式——而翻译总是有伦理的维度。我需要强调的是，我并非打算自作主张替别人说话，我也并不坚持认为我所重读的作品的作者真的在提出关于翻译的理论。我宁愿将此项目看作一种智力的实验，一种创造性和革新性的翻译——并接受随之而来的翻译责任。我乐意见到自己的观点被分析、讨论、改进、批判、挑战和抗拒——我已经准备好维护其中一部分观点，而修正另一部分观点。翻译是永远没有终点的。

一个合理的问题将会是，"你所说的'翻译'真正指的是什么？"然而，基于方法论的理由我拒绝回答这个问题，因为它甚至在讨论开始之前，就试图将问题减少为"什么"。我更赞成一些理论家的观点，他们认识到翻译的复杂性，而克制自己不去划定翻译的边界。有这些志同道合者相伴，我对自己的观点更有信心。西奥·赫曼斯（Theo Hermans）曾说过，"'翻译'这个术语没有固定的、内在的和天生的意义"（1999：144），"描写翻译学最强有力的信条在于：翻译不能被一劳永逸地定义为先验的"（1999：158-159）。玛丽亚·铁木志科（Maria Tymoczko）指出一个有趣的矛盾，这个矛盾"与翻译研究中定义的冲动相关——随着翻译中更多的决定因素被识别出来，翻译这个领域将会产生更多的开放性，而非封闭性"（2007：53）。因此，她建议将翻译考虑为维特根斯坦（Wittgenstein）提出的模糊的"集群概念"，那是"不能被充要条件所定义的"（铁木志科，2014：107）。她将翻译的开放性和缺乏明确的边界视为一种优势：她认为正是翻译模糊的本质"使翻译成为一个如此迷人的概念，人们可以研究其无穷的变化，与语言、文本、文化和历史之间复杂的纵横交错关系"（2007：90）。斯丹法罗·阿尔丢尼（Stefano Arduini）和西瑞·内加尔德（Siri Nergaard）也认为价值论及意识形态的维度引发了对定义的讨论："当有人担心概念的模糊界定时，我们却恰好认为这种方法是一种优势。任何对翻译的局限及边界作出过早的、先验的定义都会有碍于我们演化出新的理论，阻止我们改变假设和方向"（2011：12）。克利福德·格尔茨（Clifford Geertz）表达过类似的观点——不仅方法相似，内容也相似：

> 当人们跨越地点与民族，无休止地寻找差异与稳定时，无论他们能为可能出现的任何谜题提供何种见解，他们提出的与其说是一种观点——关于一些固定的预设问题所提出的稳定和清晰的观点，不如说是一系列的定位——从各式各样的论点到各式各样的结果。这会留下许多适当的模糊与不确定；也许大多数都是模糊与不确定。但我们这样做正是在追随维特根斯坦：有人也许会问，他曾写道，"一个模糊的概念算作概念吗？"——一张模糊的照片算作照片吗？用一张清晰的照片来替代一张模糊的照片总是有益的吗？我们有时候需要的难道不正是一张模糊的照片吗？（PI, 71）
>
> （格尔茨，2000：xiii）

就方法论而言，我更喜欢模糊的照片，因为它们试图捕捉时间和空间的相对运动，进而强调过程性。经过长曝光拍摄的快速移动的物体，看起来同时占据了一系列位置，从这个意义上讲，它接近无处不在。本书正是我在各个领域追寻翻译时所拍摄的一系列模糊的照片，而下定义的方法好比采用超高速的快门拍下高清照片。我相信，与高清照片相比，模糊照片在某种程度上更接近于我所感知到的翻译经历。

通过强调"怎么样"的重要性及随之而来的定性重点，我想要忠于自己的承诺：方法本身就是信息。在进行这个翻译项目时，我的各种感觉和态度常伴随着翻译过程而产生：入迷与兴奋、迷惑与挫败、些许批判的怀疑，以及无休止的焦虑。因此，本书在许多方面是矛盾的。我尝试着遵循严谨与想象、学术性与可读性并存的方式，我坚信它们之间并无冲突。我相信，这种对于矛盾的欣赏正是我从翻译实践、翻译研究和翻译教学中所学到的。我希望您在阅读本书时，会不断地支持关于翻译的这种广义的、有点模糊不清的超学科概念，其核心是方法的问题。

尽管我采取了也许较为激进的方法，但我追随了埃德温·根茨勒（Edwin Gentzler）的脚步。他的著作《美洲的翻译与身份认同——翻译理论的新方向》（*Translation and Identity in the Americas: New Directions in Translation Theory*）采用了令人安心的副标题"翻译理论的新方向"，他说，"除了研究任何被特定文化称为翻译的文本之外，［……］还会考虑一些也许未被定义为翻译的现象"，并提议"这些要素通常被同类文化所掩盖、压制或边缘化，但与'严格意义上的'翻译一样，展示出同样多的翻译现象"（2008：2）。我完全赞同他的观点：尽管人们并非总能意识到一些翻译现象，但它们巩固了各个研究与反思领域的关键概念。在我多次重读的过程中，我在自己所寻找的各个领域中发现了可以被称为翻译的踪迹。劳伦斯·韦努蒂坚持翻译改变一切，这从他的著作《翻译改变一切》（*Translation Changes Everything,* 2013）中可以窥见一斑。对我而言，翻译至少有可能是无处不在的。

本书的结构如下：第一章勾勒出方法论框架，基于质性的翻译概念，以**方法**为核心，鼓励超学科的思考；在第二章中，我们转向哲学，特别是德国解释学传统，将翻译与理解、解释和解释学联系在一起；第三章将我们带向过程思考的领域，将翻译考虑为过程以及质的连续性；在第四章中，翻译涉及认知语言学的一系列关键概念，包括概念化、识解和隐喻；第五章在人类学、人种学、实地调查和认同中寻找翻译；后记总结了翻译无处不在这个特性的内涵，并提供进一步研究的线索。

第一章　无处不在的翻译：
　　　虽看似疯狂，
　　　但确有方法

在本书中，我从头到尾都主张翻译是无处不在的；换言之，翻译现象为其他人文学科领域的关键概念提供了支撑，这也是为什么人文学科应该重视翻译及翻译研究的原因。本章中介绍了研究的关键概念和方法。根据建立在翻译经验基础上的根茎状认识论模式，我赞成以下观点：人文学科的知识是过程化的；质性的洞见是可转移的。事实上，我的方法论关键点在于"质乃**方法论**"，它支持将重新概念化当作一种实践的示例，来分享在不同领域的研究与反思中"认识的**方法**"（而非"认识的**内容**"）。

野兔、刺猬和狐狸

米克·巴尔（Mieke Bal）在著作《人文学科里的旅行概念》（*Travelling Concepts in the Humanities*, 2002）的开篇略带讽刺地描写了以下这场假想的跨学科辩论：

> 让我简述一下自己一直以来所面临的情况，这对许多人而言并不陌生。一位哲学家、一位精神分析批评家、一位叙事学家、一位建筑

史学家和一位艺术史学家正在一场研讨会上讨论"符号和意识形态"。年轻的学者们都是热切的、兴奋的和坚定的。然而,当"研究对象"(subject)这个词出现,并不断再现时,参会者感到越来越迷惘。哲学家推测此话题是"个人主义的兴起";精神分析批评家认为它是"潜意识";叙事学家认为它是"叙述者的声音";建筑史学家面对的是"空间";艺术哲学家认为这是"一幅画的题材",或者更复杂一些,是"被描绘的人物"。要是五位参会者没有想当然地将自己对"研究对象"的理解当作是唯一正确的,那么这一切可能仅仅是有趣的。在他们眼中,自己仅仅是在"应用一种方法"。这并不是因为他们自私、愚蠢或未受过良好的教育,而是因为他们的学科训练从未给过他们机会或理由,来考虑这样一种可能性:事实上,像"研究对象"这样简单的一个词可能只是一个概念。

(巴尔,2002:5–6)

巴尔的论点是"人文学科中的跨学科性是必需的、激动人心的和严肃的,必须从**概念**而非**方法**上寻求启发性和方法论的基础"(2002:5,原文黑体表强调)。她书中所建议的一部分补救办法,正如她的书名所示,即把某些概念考虑为游移的,并追踪它们如何从一个领域旅行到了另一个领域。

巴尔这个研究项目的关键要点在于:翻译确实可以被认为是一种游移和旅行的概念。因此,在过去的几十年间,翻译的边界一直在不断扩张。持有这个观点的研究者在翻译界不在少数,其中最有代表性的当属玛丽亚·铁木志科(2007)。她提出,翻译的概念在不断地扩大,或者从更激进的视角来说,翻译的概念需要扩大。在本书中,我采取了一种不同的前提,这也许并非完全相反的前提:翻译已经是相当大的概念,事实上,大到足以被认为是无处不在的。因此,我提议:并非翻译的概念在人文科学的不同学科之间穿梭,而是我们——译者和翻译研究者——在不同的学科之间穿梭,却发现某些翻译思想和实践已经以某种方式出现在我们所探索的领域中。

这种情况使我想起了《野兔和刺猬》的童话故事,即雅克布·格林和威廉·格林（Jacob and Wilhelm Grimm）的著名童话集《格林童话》中第187个故事（1884: 313–316）。故事梗概如下：一只刺猬和一只野兔在散步时碰面了。傲慢的兔子开始嘲笑刺猬弯弯的短腿。刺猬感觉受到了侮辱，于是提议打个赌：他会在赛跑中胜过野兔。野兔欣然接受了这场赌局。过了一会儿，两位选手在地里会合，分别站在两排平行的菜畦沟里。比赛开始后，野兔飞快地冲到菜畦沟的另一头，却听见刺猬得意扬扬地喊道："我早就在这里了。"野兔简直不敢相信，他既困惑又愤怒，于是要求再比一场。但结果总是一样的，因为刺猬和自己长相酷似的妻子总是分别站在菜畦沟的两头等着野兔。野兔无法接受自己的失败，继续与刺猬（们）赛跑，最终在第74次赛跑的途中倒地累死了。刺猬和他的妻子拿走了赢得的赌注，欢欢喜喜地回家去了。故事的结尾点明了寓意所在：首先，谨防傲慢的态度，永远不要低估你的对手；其次，要与自己身份相当的人结婚（此处应该指的是社会地位相当）。虽然格林兄弟并没有清楚地阐明这个故事的其他寓意，但我们可以从这个故事中悟出更多的道理。

我们暂时不追究两位参赛者的道德问题和可疑的行为（例如：野兔纡尊降贵的态度和刺猬欺骗的行为），这个故事本身引起了一系列更广阔的认识论和方法论的议题。事实上，亚里士多德所提出的三条经典的"思考法则"在此处岌岌可危——野兔付出了巨大的努力来遵循这三条"思考法则"，最终却因此而死于非命。野兔相信同一律（即"一切真实的事物必在任何方面始终如一"）（丹纳赫 [Danaher], 2004），从而臆断两只刺猬事实上是同一个体；排中律［即"两个互相矛盾的命题之间不能有居中者"（丹纳赫，2004）］和矛盾律［即"互相矛盾的判断不能同时为真"（丹纳赫，2004）］使野兔没能意识到刺猬可能同时出现在菜畦沟的两头，即刺猬是随处可见的。野兔虽然感到困惑不已，却并没有停下来，重新审视自己的推断，而是采用同样的方法，希望通过多次做同样的事，即在熟悉的菜畦沟上跑来跑去，最终产生效果。也许如果它能试着认真地、批判性地和创造性地盘问这两只刺猬，它就能意识到它们的异同。但那将要求它不仅做到认真、批判和创造这三点，而且最重要的是一开始就对模糊、矛盾和对立持一种开放性的态度，而且有能力抵制冲动，不对明显矛盾的数据妥协，简而言之，采取一种完全不同的认识论范式。然而野兔没有准备好采取这种态度，因此注定会失败。

让我们回到关于跨学科讨论的问题。我提议进行一场有意义的对话，让彼此的理解有真正的突破。这场对话并非在原有的交流渠道上进行更频繁的沟通（不仅仅是像提高宽带费率以改进网络内容质量那么简单），而是无论彼此的经历有多少矛盾，都能克服物质的、术语的或学科的距离，基于经历的异同和概念的接近度，首先愿意认真地、批判性地和创造性地反思与行动。

因此，我现在要勾勒一幅完全不同的跨学科讨论的草图。我认为许多人也很熟悉这个场景：一位哲学家、一位语言学家、一位人类学家以及可能还有更多来自其他领域的学者相聚于一场研讨会，讨论"理解、意义、信念、概念化、说明或信任"（这场研讨会的具体话题反而不那么重要）。虽然"**翻译**"这个词很少出现，但某些领域中所提及的一些内容在某种程度上对于其他领域的学者而言也是正确的。翻译的事一直被提起；不同的特定领域中的论述在**方法**上都是共通的。可见的是：一些学科的界限完全是人为划定的；它们在很大程度上是源于政治的、意识形态的、行政的和财政的分歧和争议，并共享了某些认识论的观点（尽管人们并非总能清晰地就此达成一致）。但此处所发生的比学者们达成一致意见更有价值。我们可以观察到这个房间里的学者们发自内心的反应：他们纷纷点头或摇头，在椅子上挪动身体，热切地加入讨论，眼中闪烁着兴奋的光芒。有趣的是，他们不必就每一点都达成共识，而是广泛地分享着某种"**方法论**"：那是承诺、理解和经验的结合体。参与者并不觉得别人使用了一套不同的术语会给自己带来威胁。挑战受到欢迎，分歧是常见的，而讨论至关重要。每个人都在检验他人的观点，并试着理解他人的看法，同时也重新审视自己的观点。观点、经历、文化范式、概念和个体都在不断地被翻译和回译。

尽管人们在这场跨学科的讨论中有些不同的观点，但我目前旨在从广义上陈述与巴尔的相似之处，即"为那些试图在无界限的人文学科迷宫般的土地上寻路的人提供洞见"（2002:8）。她宣称，"这片土地只能通过旅行、学习外语以及与他者相遇而统一起来"（2002:8）。简而言之，通过翻译才能统一起来——虽然她从未这样明确地说，但我可以听到"翻译"回荡在巴尔的论述中。因为对我而言，翻译无疑涉及了旅行、学习外语及与

第一章·无处不在的翻译：虽看似疯狂，但确有方法

他人相遇，但也涉及思考、感觉、相信和行动。因此，当我寻求翻译的洞见时，我决定转向哲学（特别是解释学）、过程思考、（认知）语言学和解释人类学（主要是指格尔茨的解释人类学）。我认为自己并未将翻译置入来自这些领域的论述，因为我发现翻译原本就存在于这些领域，如同一场翻译的邂逅。跟刺猬一样，它们"已经存在于那里"。当然，那不一定是"同一只"刺猬，但这对我们应该不会造成真正的困扰。我在此提出的这种翻译的方法论并没有被同一性所占据；而是发现相似性、类同性和接近度的概念更有用，也更有说服力。

我在本书中试图探索、理论化及验证的是：翻译的首要角色不仅是一种解释性的、伦理的、语言学的及人际的实践，还是一种关键的认识论概念。我的论点可以分为三层：（1）翻译通过概念（**什么**）和方法（**怎么样**）为人文学科的不同领域之间进行真正的、激动人心的、严肃的、革新的及有意义的交流提供了基础；（2）它质疑和挑战许多传统的翻译界限，提供一种超学科认识论的范式，带来对质的全新理解，因此也带来了对意义、真理和知识的全新理解；（3）人们常常用各种看似无关的术语来讨论翻译现象，而事实上这些术语在概念和性质上都非常接近。我将在接下来的篇章中解释和论证我的观点，现阶段我只想强调，贯穿于这三点，并将它们绑在一起的共同线索是：我认识到翻译是无处不在的。但我们需要牢记的是：这是"刺猬式"的无处不在，建立在相似而非同一的基础上——相似总是被感知的、相对的及与语境相关的（而非规定的、绝对的和内在的）。

当然，有人可能会争辩道，我带着这个翻译的框架准则，如同戴着一副眼镜。这个问题就是所谓的"证实的偏见"：对于一个带着锤头的人而言，一切看起来都像钉子。但是，此处翻译的方法论再次让我安心。这个寓言故事是关于两位实力不对等的参赛者之间进行的一场赛跑——同时也是关于无处不在的意义——故事本身就是无处不在的，在许多不相关的时间、地点和版本（实际上是不同的译本）中都可以找到（艾莉希曼 [Alishman]，2013）。在一些版本中，弱者的成功是由于另一种无处不在所实现的，与强者的位置密不可分。例如，这个寓言故事在瑞士流传的变体（祖特迈斯特 [Sutermeister]，1873:188）是这样的：蛇偷偷爬进了狐狸毛茸茸的尾巴，被狐狸带到了终点。在非洲裔美国人中流传着这个版本（帕

5

森斯［Parsons］，1917:209）：正是由于狐狸跳上了狮子的背，才能赶上狮子的步伐。如果我们把这些译本当作一个整体，我们会发现这些角色不仅灵活可变，并非特定的某些动物（例如：狐狸在不同版本中有时为弱者的角色，有时为强者的角色），而且结局多为平局，不如格林童话的版本那么有戏剧性（没有角色死于精疲力竭），而故事的重点在于教育而非报复。传统的思维法则再次受到挑战：并非每场比赛都有赢家。无处不在性也许意味着不同的事物以不同的样态出现，但并不能说它们中谁更真实。这也给我们另一种提示：翻译从本质上创造了多余的意义或一系列的意义。即使这些意义互相冲突，但它们的集合有助于产生一种更丰富的，也更符合事实的意义。翻译是确实无处不在，还是被研究者们带到各处的呢？我们不必解决这个二元的问题。

关于刺猬和狐狸有更多认识论的可能性。让我们考虑哲学家以赛亚·柏林（Isaiah Berlin, 1953）所提出的分类，他引用希腊诗人阿尔基罗库斯（Archilochus）的名言，"狐狸多才多艺，而刺猬只会一件看家本领"，并作出如下论述：

> 这句名言的意义在于标记出区分作家和思想家（或可以概括地指人类）最深层次的不同之处。二者之间存在着巨大的分歧：一者在理解、思考和感受事物时，一切都从单一中心视角出发，从一个或多或少具有清晰逻辑的系统出发，或者仅仅依靠单一、普遍、具有组织性的原则，并且认为十分之重要；而另一者追求多种目的，这些目的常常是无关的，甚至是矛盾的，仅仅以某些实际上存在（拉丁语：*de facto*）的方式，与某些心理和生理的原因相关联，在道德或美学原则上并不相关。后者在自己的生活和行动中持有的观点是离心的，而非向心的，他们的思维是发散的或分散的，分布在许多层面，抓住了各种经历和客体的本质，有意识或无意识地寻求适应或排斥某种内心的想法：这种想法有时候是不变的和包罗万象的，有时候是自相矛盾和不完整的，有时候是狂热的、一元的。第一种类型的智力和艺术人格属于刺猬，第二种属于狐狸。

（柏林，1953:1–2）

我提倡用一种翻译的方法论来理解翻译的概念与实践，挑战这种二元的划分。这种方法与无矛盾的法则恰恰相反，既是刺猬的方法，又是狐狸的方法。尽管我不断地退回到传统的观点，将翻译看作一种概念和现象，因为基于这一点，许多其他的概念和现象（包括其他学科的概念和现象）也许能够被理解和欣赏。我认为翻译不仅要遵循各种道德和美学原则，更要追寻多个（常常是无关的和矛盾的）目标。翻译既是"刺猬式的"，也是"狐狸式的"；既是向心的，也是离心的。从类似的意义来看，正如"翻译改变一切"（韦努蒂，2013），翻译"处处已在"既体现在空间的术语"处处"，也体现在时间的术语"已在"。

这种翻译的方法论涉及许多要素，而这些要素都需要恰当的介绍和支持。我会坚持自己对**方法论**的保证（我会在适当的时候解释这一点），而且我将利用一系列广泛的理论研究法。它们并非总是彼此保持一致，而是整体上提供一套我认为富有启发性和说服力的观点。这些研究法包含的要素有经典的和模糊的逻辑、过程思考、解释学、认知语言学和象征人类学——本质上就是我在后文所论述的领域。我将会在这些领域寻求翻译的洞见。我会援引一些观点来支撑自己的观点，也会对另一些观点作出论争的回应。我并没有表明它们形成了和谐与稳定的体系；相反地，它们形成了一种相当复杂的智力环境，而我的项目也置于其中。究竟翻译是一种游移的概念呢，还是我本人是位游移的思考者呢？最可能的情况是两者皆属实。既然我们在讨论一段旅行，那么我觉得很有必要解释我来自何方以及去向何处。

原始的概念

逻辑学家阿尔弗雷德·塔尔斯基（Alfred Tarski）在他的著作《逻辑与演绎科学方法论导论》（*Introduction to Logic and to the Methodology of the Deductive Sciences*）中提出了一个有用的方法论起点：

当我们开始建立一门特定的学科时，我们首先区分出一组数量有限的

> 关于这门学科的表达，它们应该是能让人立刻理解的。我们可以将这组表达规定为"**原始术语**"或"**未阐明的术语**"，我们在使用时无须解释它们的意义。
>
> （塔尔斯基，1994：110）

因为我的目的和抱负在于以一种革新的方式来建构翻译和翻译研究，所以我倾向于先分离出一套原始的要素，为以下的讨论和分析提供一个框架。以一种比翻译研究更广义的方式来理解翻译，我意识到翻译可以被看作语境（重新）构建（例如：豪斯［House］，2006；见本章稍后的讨论）。我提议在语境自身中去寻找这些原始的要素，并将语境放入这些概念（例如：**"什么""为什么""什么时候""在哪里""谁""怎么样"**）中。我从哲学家阿弗烈·诺思·怀特海（Alfred North Whitehead）那里获得一条线索：在形成理论时，"我们必须是系统的，但我们应该保持系统的开放性"（1968：6）。我正在假设一个完全开放的系统，其中心的概念集合可以由其他的要素（例如：**"要是……怎么办""为何"**）按特定的语境要求来补充。我必须在此提出一些要点。

围绕这套原始的概念来建构方法论有许多核心优势，其中之一是：它们都是问题——潜在的研究问题。无论何时，当我提到**"怎么样""谁""为什么""什么"**等概念的时候，我都希望这些概念能与更广范的共鸣形成回响：有时是质问的、调查的；有时是创造的、革新的；而我希望它们总是吸引人的、具有启发性的。这反映了我更广的认识论承诺扎根于汉斯-格奥尔格·伽达默尔（Hans-Georg Gadamer）的坚定主张"人类科学的逻辑就是问题的逻辑"（2004：363）。我想鼓励乐于思索的态度、假设的构想和问题的提出——这可以使野兔保持清醒的头脑，免于灭顶之灾——克制冲动，避免提供先入为主、快速而明确的答案。用伽达默尔的话来说："提出问题意味着开放问题。问题的开放性在于答案的不确定性"（2004：357）。我们首要的方法论线索是：一些概念例如**"什么""为什么""什么时候""在哪里""谁""怎么样"**事实上都是开放式的问题，呼唤的是一系列足够问题化的回应，而非"是"或"否"这种二元的答案。

正如伊夫·甘比尔（Yves Gambier）和鲁克·范·多斯拉尔（Luc van

Doorslaer）所言，关于概念和术语之间的差别有一个重要的问题，"概念的质量和术语的标准化之间存在着微妙的关系"（2009b：2）。这种关系非常复杂，也十分微妙。它始于关于语言、意义、知识和事实的大量认识论的假设，因此我们必须考虑好这些基本原理。

首先，术语是语言单位——一种特定的语言，而不是思想的单位。它们是具体的单词或短语，其意义被预设为清楚的、无歧义的和稳定的。为了实现这个预期目标，人们必须对术语下定义，特别是需要说明它们的内容范畴，并将这一点作为最显著的要素。严格的术语逻辑要求术语必须是唯一的和专用的。因此，人们寻求在术语和它的指称之间建立一一对应的关系，即 *signatum*[①] 和 *signum*[②] 一一对应。于是，术语创造了秩序、和谐和终结的表象。它们使系统和结构呈现出有序的、完整的、逻辑的以及和谐的意象，其中各要素互成整体，覆盖所有领域。更重要的是，它们暗示了一种建构的知识模型，以还原主义的原则为基础，与这种意象保持一致。因此，关于术语的思考反对矛盾、重叠（有等级制度的分类学除外）以及模糊界限——总而言之，反对不确定性。术语化的、以内容为中心的方法在很大程度上依靠传统的思考法则：每次使用术语时，它的意义应该是不变的；所有的一切都应该被定义，并具有一一对应的术语，不能使用不同的术语来指同一个概念。

以上内容概述了学者们编撰术语手册的动机。例如，德利勒（Delisle）、利－扬克（Lee-Jahnke）和科米尔（Cormier）编撰《翻译研究关键词》（*Translation Terminology*）的目的是"尽可能严密地定义概念"，"建立不同的术语单位之间的界限"，从而"实现清楚和连贯"。这些都基于其明确持有的信念，即"如果概念是模糊的，高质量的教学——特别是大学阶段——是不可能实现的"。这种对术语的追求来自学科建设的强大驱动力，它基于一种假设"学科领域的术语和该学科的发展阶段之间有紧密联系"（德利勒、利－扬克、科米尔，1999：110），目的在于反映翻译学科日益独立，脱离其他学科，获得了自主权。

我并不赞成这些假设，事实上，我对概念的模糊性及翻译学的学科地

[①] signatum：借用法语 signifié（标志）的意思，即所指，符号的内容。——译者注
[②] signum：拉丁语，符号，即能指，符号的表现。——译者注

位持完全不同的态度。从语言学、翻译、认识论和伦理的洞见来看，我有充足的理由相信这些假设是有问题的。人们试图确立术语，目的在于减少和抑制语言天然的复杂性。词语往往是多义的，这也意味着它们指向不同的概念。例如，英语中的单词"*right*"被用作形容词时，可能指的是横向方位上的位置（与"左边"相反），其隐喻意义也可以引申为"某一套政治信念"（例如："**右翼政治**"），但也可以指"事实的正确性"（例如："因为她是**正确的**，所以我没有更正她"），也可能指"伦理或道德的立场"（例如："因为她**为人正派**，所以我不反对她"），还有可能指"符合品味的"（例如："她还在寻找**适合的**伴侣"），或混合了几种意义所构成的讽刺意味（例如："哦，她总是**对的**……"），等等。在不同的语境中，词语"*right*"所产生的概念是不同的，有时候甚至截然不同。重要的不仅在于我们使用了哪个词语，还在于我们如何使用它。将词语转化为一个技术的术语，本质上是试图将词语的意义减少为某个特定的含义。但采用术语的这种方法是有问题的，会产生不良的伦理后果，正如伽达默尔所提出的：

> 为什么要使用术语呢？术语往往是单义的，因为它所指的是确定的概念。从某种意义上来讲，术语总是人造的：要么术语本身就是人为形成的，要么更常见的情况是，用作术语的词意义种类繁多、范围广阔，但往往被指定了唯一的概念意义。威廉·冯·洪堡（Wilhelm von Humboldt）肯定地表明，术语是僵化的词语，不像口语词汇的用法那么灵活，种类那么丰富。将一个词语用作术语，是对语言实施的一种暴力行为。
>
> （伽达默尔，2004：415）

将一个词语用作术语——或者换个说法，将术语和概念相混淆——是在粗暴地减少词义（不仅仅涉及词的描述意义，也涉及评价意义）：这样是通过降低复杂性来篡改实际的实践。通过将术语的**内容**与其他语境的考量相分离，创造出一种客观性的幻象（这是以**内容**为中心的方法所带来的另一种认识论的承诺）。

术语的范式宣称要忠于严谨、精确、连贯和清晰这类经常出现在其话语中的价值观。但它选择忽略或至少是低估一个会带来麻烦的事实,即术语是深层理论的表面显示,依附于术语往往表示理论及认识论的赞同。无论我们想多么严格地定义和限制术语的意义,它们总是依赖于特定的概念化,这使跨语言配对平行术语的问题变成了一种翻译的行为,带来各种挑战。就我看来,这种术语的方法无法回应翻译的挑战,因为它的操作是基于同一性这种有问题的观念。想一想对翻译研究"术语混乱"的批评:"我们不断地用不同的术语指称相同的事情,或在同一场讨论中混淆来自不同系统的术语"(麦悠[Mayoral],2001:66,转引自马尔科[Marco],2009:66)。

我不知道如何判断事物或讨论是否"相同",但是我知道,即使是从最简单的术语层面来讲,翻译也不遵循同一性的逻辑。在波兰语中 *Tłumacz* 与英语的"译者"(translator)并不"相同",理由是多样的。波兰语不仅采用书面的和口语的表达方式,而且依赖于截然不同的概念化,并不以转移为基础(这一点不同于英语词语"翻译"[*translation*]或德语词语"翻译"[*Übersetzung*]),而是以解释为基础,强调许多相关的要点。转移可能是自动化的(你无须理解所转移的内容)、脱离上下文的,而解释却总是处于语境中,涉及人与人之间的关系。成功的解释不仅仅依靠所解释的内容,还取决于"由谁解释""向谁解释",以及更重要的"**如何解释**"。"**什么**"肯定会受到其他语境因素的影响。这是语言的基本事实之一。正如认知语义学家告诉我们的,词的意义本身就是灵活的:

> 表面看来,词的意义直观上呈现相对的稳定性。毕竟,为了使语言可以有效地促进交流,词语必须结合相对稳定的语义单元,建立在通行惯例的基础之上,因此在指定的语言社区也是广为人知的。然而,词的性质是多变的,即……它们可以在不同的使用语境中转换意义。
>
> (埃文斯[Evans],2009:xi)

不承认词的多变性注定会带来挫折。我不得不注意到,每当术语方法的拥护者、经典逻辑学家指出自然语言难以符合语义清晰、稳定、不含糊的标准时——而这些标准恰恰是他们对于术语的期望——他们往往都带着一种失望的语气。"普通语言具有不精确的特质，很难用于了解真理"（凯尔密斯特［Kilmister］，1967:5）；"如果我们想要获得准确的意义，我们必须使语言没有歧义、毫不含糊"（汉米尔顿［Hamilton］，1978:1）。为了描述形式系统，逻辑学家需要意义的精确性和可复制性——这只有通过限制语义、固定意义来实现：无论**在哪里，什么时候，怎么样**和由**谁**使用，一个术语都必须指向同一事物，指向同样的**什么**（注意：这里又一次强调同一性）。术语的方法鼓励以"**什么**"为中心，脱离上下文，因此是一种还原主义。

与术语相反，概念本质上是思想的组分或单位（鲍克［Bowker］，2009:286；莱考夫，2002:4）。与术语相比，概念更加不确定，但也更加有助于构建我脑中所想的理论，因为意义存在于概念化（或认知加工）（兰盖克［Langacker］，1991:1；2008:31）。事实上，"概念"这个词本身就是一个不可或缺的概念，因为人们很难用一种非循环论证的方式（即不使用"观念"或"理念"之类的同义词）来谈论它。然而，如果我们接受这个观点（参见第二章中弗里德里希·施莱尔马赫、马丁·海德格尔［Martin Heidegger］和汉斯-格奥尔格·伽达默尔的观点），即循环论证不仅是不可避免的，而且对于解释学的尝试是很有用的方法。那么我们可以将概念定义——或者说是翻译为"一个人对于世界上某物的认识"（德文［Dirven］、韦斯普尔［Verspoor］，2004:13）。值得注意的是，这个定义是广义的，并不精确，因此也非还原主义。相反，它将我们引向其他概念，例如观点、人物、世界或类似事物，所有这些都是未经定义的，被假定为人们直觉感到清楚的，由此我们构建了意义。但更重要的是，这个定义也强调了意义形成过程中个人的，但不一定是主观的维度：**谁，怎么样，在哪里，什么时候**和**什么**一样重要。人们不可能期盼，更不可能保证每个人构建的意义会是"相同的"。唯一可以确定我们的概念或想法足够接近或趋同的方法是互相交谈与倾听。本书正是尝试：首先倾听他人，然后与之交谈，最终激发有意义的概念交流。

同术语一样，概念也会进入布局，形成系统。但是，不同于术语，概念的系统中允许矛盾、冲突与悖论。它们带来的是流动性、灵活性与偏好性——以及一种不同的知识模型。当然，它们带来的风险也是相当高的：

人们预设应该坚持术语的准确性和清晰性，才能实现"了解真理"（凯尔密斯特，1967：5）的目的。然而，情况似乎与人们的预设相反。聚焦于定义清晰的和毫不含糊的术语，信奉它们潜在的认识论，只会鼓励我们忽略讨论现象的复杂性。

现在我要强调的是，**什么、为什么、什么时候、在哪里、谁**和**怎么样**在此处都用作概念，而非术语。尽管我们注定要使用英语词汇来提及这些概念（不然我们还能怎样讨论它们呢），但我们必须记住，它们并非直接对应明确的语法等级。正如您所发现的，我正遵循着大体建立在认知语言学基础上的惯例，即小一号的大写字母所指的是概念而非实际的词汇形式。在同一理论传统中，词汇形式常常用作"（音系学）工具"（埃文斯，2009：63）。这种元语言功能——语言自指的能力——允许我们强调概念的内容，而不专注于运送内容的工具，这样讨论起来非常方便。但是我们必须意识到，这种符号惯例利用了元语言功能，也带有某种危险。它鼓励不切实际地将意义与形式、信息与媒介分离，假装孤立与捕捉一种"纯粹的观点"，独立于交流所依附的"工具"。当然，深层的概念隐喻——词是运送意义的工具——只会让这种幻觉延续下去。这将会让我们忽略一个事实，即**什么**（*what*）和**怎么样**（*how*）是英语词汇，而将它们的地位提升到普遍的泛语言概念。

概念的方法也具有重要的伦理意义，特别是最近民族语言学呼吁反对概念的种族中心主义，尤其是英语中心主义（昂德希尔 [Underhill]，2009；2012；威尔兹彼卡 [Wierzbicka]，2006；2010）。用英语写作的单语作家常常会犯同样的错误：将术语误认为是概念，将语言学和文化习惯当作普遍的规范。民族语言学家克里夫·戈达德（Cliff Goddard）和安娜·威尔兹彼卡（Anna Wierzbicka）批判性地回应这种趋势，恰到好处地指出：

> 哲学与政治的辩论常常基于以下的推论而进行，即英语术语中如**自由**（freedom）、**平等**（equality）、**正义**（justice）和**真理**（truth）所指称的概念是自然且绝对的［……］。但事实上"自由"这个概念并非独立于某种语言的，而是由说英语的语言社区的文化和历史所构建的，与其他语言中的平行概念，例如拉丁语的 *libertas* 和俄语的 *svo-*

boda 有相当明显的差异。

（戈达德、威尔兹彼卡，1995：49，原文黑体表强调）

这不仅适用于指称特定词汇概念的词语（例如：**什么**），也适用于指称抽象关系的词语（例如：**怎么样**）。例如：这个具有欺骗性的简单英语单词 and——这是形式逻辑学家在讨论连接词和三段论时喜欢用的词——是众所皆知的一词多义，可用于表示一系列的关系（例如：联合、反对、补充和让步等），而其他语言中这些含义往往由不同的词汇或语法单元来表示。反之亦然："英语单词'but'（在命题逻辑中）有与'and'相同的逻辑意义，尽管它在通用英语中有略微不同的含义"（库尔茨[Kurtz]，1992：2）。如果我们提出将 and 和 but 用作概念，我们就不能再声称它们具有普遍性，而必须承认它们属于英语的概念组织。

如果读者熟悉民族语言学和词汇语义学的最新进展，看到我在此提出的作为理论框架的原始概念，可能会想起威尔兹彼卡的自然语义元语言理论，以及她假设的一套语义因子（如：威尔兹彼卡，2003；2006；2010）。我很感激地意识到威尔兹彼卡在概念语义学和跨文化语用学方面的著作给我很大启发，但我最近采用翻译研究的洞见，批判性地接近她的方法以及支撑理论，发现其中存在许多严重的问题（布朗钦斯基，2013）。我的方法在一些重要的方面与自然语义元语言理论截然不同。

第一，自然语义元语言理论假设一套有限的语义因子（尽管近年来一直在扩展）。相反地，我此处所提的这套原始概念是开放的和灵活的：它最主要的概念群体是围绕**什么**、**为什么**、**什么时候**、**在哪里**、**谁**和**怎么样**。除此之外，根据上下文的考虑，它也可能包括其他要素，例如：**如果、那样**或者一些要素的组合，比如：**要是……怎么办**？第二，自然语义元语言理论在详细的解释中采用语义因子，这种做法是还原的，即希求详尽地讨论一个词语或其表达的全部语义内容。我的理论观点是完全不同的：由于词的性质是变化的，它们的语义贡献将取决于语境，这不可能被完全预测或解释，任何不依靠语境来解释语义的尝试都注定会失败。第三，自然语义元语言理论宣称这套语义因子不依靠于任何一种语言，即可以被译入任何一种语言，而不增减其义；据称语义因子的不同语种版本都是同形的。

我不相信完全可逆的对等，并强调我的这套原始概念必然只属于英语。事实上，我证明即使是简单如**谁**或**怎么样**这样的概念在翻译中都是有问题的，对它们的理解与表达它们的语言密切相关。第四，自然语义元语言虽然宣称从自然语言中得到语义因子，然而却以一种技术的方式使用它们（即用作术语），剥夺了它们自然的多义性。而我则强调它们是概念，在理解和使用中倾向于与人的交往和语境的变化。

简而言之，没有媒介就无法交流信息。没有一种语言——即使是元语言也不可能，特别是宣称为"自然的"元语言——是中立、透明和"无菌"的工具。这本书的**内容**和**方法**都无法脱离一个事实：它是用英语所写的。这两者无论是文体上，还是概念上，都无法避免受到一个影响，即作者的母语并不是英语。虽然我在方法上仍然依靠基于英语运行的概念框架，但有时也会批判性地从其他语言提供的不同概念角度来反思这个概念框架，特别是当我解释**怎么样**的问题时。

总之，与定义术语相比，我对翻译概念更感兴趣。这可能听起来像是术语的区别，但实际上是概念的区别。我真正反对的是在定义中常常涉及的还原主义，而我所提倡的是翻译带来的问题意识。我最关心的并不是"**定义**"和"**翻译**"这类术语，而是它们的**内容**和**方法**：以非还原主义的方式定义很可能带来高产的翻译；而以还原主义的方式翻译很可能带来无益的定义。

从下面的例子可见：尽管术语上有些差异，但在广义的概念上达成了一致。塔尔斯基的"初始词项"与怀特海的"终极概念"是类似的。"终极概念""自然地发生在日常生活中"，但仍然是不可定义的，因为"它们不能分析比自己更深远的因素"（怀特海，1938：1）。尽管**术语**和**概念**在术语学方面有区别——两位思想家都作出同样的推断：原始的和基本的要素不可能，也不应该被定义。当然，这个推断有实用的成分。任何定义和分析原始概念的尝试都不可避免地会产生比被解释的事情本身更复杂的解释，从而破坏解释的过程，导致无穷无尽的倒退。然而，更重要的是，指定"什么""谁""怎么样"等未被定义的原始概念是一种方法论的决定，或者是开始使用这个概念框架——关于某种**方法**的问题。在塔尔斯基和怀特海的观念中，定义是一种还原主义的行为，他们二者都同意：下定义将会阻止新学科从一系列限制开始发展。我在此提倡的方法的关键要素——应该呼吁停止去还原定义——也可能产生于翻译的基础之上。如果定义是一种"语内翻译"的形式（雅各布森，1959：233），那么对这些关键概念达成一致，形成准确或稳定的定义将会是无效的、被误导的，正如坚持文本应该有单一、固定和最终的译本。但是，这些原始概念同时也在召唤翻译——为了更充分的解释和语境化——所以，让我们转向翻译。

认知语言学的框架

我的论点是：翻译以"怎么样"为中心，提供概念和方法。但在这本书的语境下，我的论点本身就需要翻译，而实现翻译的途径是将构建语境的原始概念放在认知语言学的框架下。我意识到：考虑到其复杂性以及可能产生的丰富洞见，这个任务本身就值得写一部厚厚的专著。我的翻译是以目的为驱动的：我的目的是指明其复杂性，然后很快进行到下一步，去考虑它的内涵，而非进行详尽的解释。因此，我不得不假设读者对于认知语言学的主要原则及其概念和术语框架都基本熟悉。尽管我做此假设的目的是使读者可以参与讨论，但如果读者对这个领域不太熟悉，而又很感兴趣地想要了解更多，那我建议可以查询一些有关认知语言学的全面介绍（例如：德文、韦斯普尔，2004；埃文斯、格林，2006；格瑞特 [Geeraerts]，2006；格瑞特、崔肯斯 [Cuyckens]，2007；莱考夫，1987；莱考夫、约翰逊，1980/2003；兰盖克，2008；2013）。

当然，会有疑问：为什么选择认知语言学，而非其他方法呢？可以预见的答案是：我被这种语言学理论所吸引，因为它对我而言完全就是翻译的。它将不熟悉的译为熟悉的，将抽象的精神体验译为具体的精神意象，与我们的感官知觉相关。它提供丰富而复杂的翻译观，即：翻译是一种认知过程。在这个过程中，所谓的"语言方面"与认知相关的其他方面是不可分割的。此外，正如伊丽莎白·塔巴科夫斯卡（1993）简练的证明：认知语言学由于其哲学承诺，能够历史性地结合语言学和文学研究的不同视角。塔巴科夫斯卡指出：认知语言学和文学后结构主义（包括互文性和解构主义）的意识形态的相似之处在于它们的基本趋势代表了"反亚里士多德的改革"，采取一种本质上注重过程的方法，"将文本更多地考虑为一个过程、一个逐渐形成的实体，而非一件成品"（1993：15）。产品主要涉及**内容**的问题，而过程典型地聚焦于**方法**。"认知语言学不认为语义学和语用学之间存在明显的分界线，从而解构与消解了文本与语境之间的显著区别"（同上）。此外，认知语言学特别适合分析翻译现象的某些方面，因为它坚持概念形成的过程是与语境紧密结合的。罗纳德·兰盖克作出如下表述："在口头表达中，我们概念化的对象不仅是正在谈论的内容，还有各方面的语境，包括我们对交谈对象的知识和意图作出的评估"（2008：29）。此处有许多建议是关于如何将各个语境概念置于认知理论的框架中。

什么是一个基本的处理分类的认知问题。它不可缺少，也无法避免；其发生常常超出我们的控制范围。事实上，认知科学家坚持认为，分类是生命被体现的必然结果："每一种生物都会分类，甚至变形虫都会将遇到的事物分为食物和非食物，也就是自己会靠近或远离的东西"（莱考夫、约翰逊，1999：17）。"分类是件不可小觑之事。在我们的思想、知觉、行动和言语中，没有比分类更基础的事。每当我们将某物看作某一**类**事物时……，我们都在分类"（莱考夫，1997：5）。我们必须要分类：我们无法逃离"什么"这个概念，也没有理由逃离，因为"如果没有分类的能力，我们在物质世界或社会、智力生活中都无法胜任自己的职能"（莱考夫，1987：6）。但是，在强调"**什么**"和"**什么种类**"的中心地位时，我们必须认识到"**怎么样**"的紧迫性和重要性，"理解我们**怎么样**分类是理解我们**怎么样**思考和运转的关键，因此也是理解是什么造就人类的关键"（莱卡夫，1987）。与这种**方法**的一个关键要素相关的是：种类是否有清晰或模糊的边界，我们可以将之翻译为对分离或分级的种类关系的预期（这与二元值或多值逻辑有关，我们之后会讲到这一点）。"这个由分离的单元和清晰的界限所组成的世界无疑是很有吸引力的，分割使它更容易被征服"，兰盖克（2013：13）如是承认，然而他又立刻补充道："但是语言并非为了分析者的方便或偏好所设计。"因此，认知语言学家反对古典的亚里士多德关于充分和必要条件的分类，而提出分级的和模糊的分类，往往围绕原型来组织。这是一种包容模糊的、不确定的和矛盾的方法。

此外，对"**什么**"的感知通常包含"**谁**""**在哪里**""**什么时候**"等要素。例如：绿头蝇也许会被归类为植物、野草或花，这取决于"**谁**""**在哪里**""**为了什么**"，以及他／她"受到价值论激发的观点"（巴特米斯基[Bartmiński]，2009：47）。如果我们同意"分类被广泛描述为解释已有结构的经验"（兰盖克，2013：17），那么分类的过程维度就非常明显了：物质不可能与时间相分离。现在的**什么**是由之前的经验（如：**什么时候、在哪里、谁、为什么和怎么样**）所决定的。

"**谁**"也与分类有关。在英语中，"**谁**"（指人）和"**什么**"（指物）的区别在于实体的感知视角是否像人类：我们打交道的对象是**物**还是**人**。当然，这个标准在某种程度上是灵活的，边界是模糊的。但我们应该注意到，这个区别很大程度上是由英语的语法来决定的。当介绍关系从句时，我们必须判断其类别：我们必须在"**谁**"（who[m]）和"**什么**"（which）之间作出选择。其他语言可能仅有一种形式（由性别或数字等类别来标注），但不会基于"类人的"这个特征来区别。在从句"递给我账单的服务员"和"让我头痛的饮料"中，"**谁**"（who）和"**什么**"（which）被译为波兰语时将使用同样的关系代词"哪一个"（który）。"**谁**"（结合"**在哪里**"和"**怎么样**"）与所谓的指示中心相关，但也与主体化和客体化的区别相关（塔巴科夫斯卡，1993：43），这反映了概念化实施者在多大程度上将自己看作被概念化的场景的一部分。但是，重要的是这种区别代表了概念化实施者的选择问题，反映的是某种解释，而非客观事实的结果。我们可以操控这种区别来创造某种诗学或修辞的效果，例如：无生命的物体通常如何被拟人化，或如何使有生命的实体看似一个静止的物体。

"**在哪里**"是典型的空间环境，依靠注意力的特定分配和想象出的运动，包括**始源—路径—终点**图式，围绕（视觉）意象的维度，如距离、视角、方向性、观点、焦点、图形和背景关系等进行概念化。"**什么时候**"是时间环境，被隐喻地复制到空间环境上。"**什么时候**"适用于时间关系，**始源—路径—终点**图式勾勒出因果关系：始源往往成为**原因**，路径即**方法**，终点即**目的**。

到目前为止，"**怎么样**"这个概念的复杂性应该已经很明显了。它可以与文体的概念、解释、视角及指向性有关（塔巴科夫斯卡，1993：41）。

由于"**怎么样**"这个概念指向安排，所以它可以涉及像似性和态度，包括认识和价值的承诺（塔巴科夫斯卡，1993：59ff）。简而言之，"**怎么样**"的种类包含了极其广泛的意义生发方法，其复杂性使之与各方面的意象相关。我们可以说"**怎么样**"是无处不在的——不仅与其他的语境要素重合，而且是由其他的语境要素，特别是"**什么**"所预设的。如果我们有事要说，就必须要以某种方式来说。

但更重要的是，在产生冲突的情况下，"**怎么样**"常常被证明是决定性的标准。在写到一个相似的语境概念时，戴尔·海姆斯（Dell Hymes）说："有个事实可以凸显音乐中'调'的重要性：当它与一个行为的公开内容相冲突时，它总是比后者重要（例如：在讽刺中）"（1977：58）。海姆斯定义的"调"完全是关于韵律学的**方法**问题：发音应该多么大声、多么迅速、多么清楚和多么强调。伽达默尔有过类似的表达："口语表达通过说话的方式、语调、节奏等以及说话的环境，能够惊人地解释自己的意图"（2004：395）。方法——"**怎么样**"——比内容更重要。这个方法能支配我们的发现，而借此方法，我们的解释学、认识论和现象学的推断才能不断地涌现出来。最终，我们对于给定现象的总结在很大程度上取决于我们接近它的方法。这也是为什么我一直强调对"古典思维定律"持批判态度的重要性——因为它们试图采用的**方法**，就我看来是反事实的、局限的和收效甚微的。

现象学的方法

强调与**什么**相关的**方法**，可以启发我们思考一些现象学的观点，因为现象学正如马丁·海德格尔（1996：24）所说："并不描述哲学研究对象的内容是'什么'，而是描述研究的'方法'"。戈兰·索内松（Göran Sonesson）甚至表述得更为直接，他写道，"现象学……将事物对我们产生意义的方式作为出发点，即事物是如何产生意义的"（2007：89）。现象学的方法与语境紧密相连；事情是对我们产生意义，而不仅仅是整体上或对每个人都产生意义，意义的内容不能脱离产生意义的方式。

第一个现象学的观点是由已故的张佩瑶教授（Martha P. Y. Cheung）

简明扼要地总结如下:

> 如今人们普遍承认人文学科中的知识并非客观的、不受个人感情影响的,而是视情境而定的。在加工和生产知识时,研究者经历了来自语境的压力,受盛行的智力潮流所影响,扎根于传统或被不同的传统所撕裂,由自己受到的培训、意识形态和社会偏见所塑造。
>
> (张佩瑶,2012:156)

当我想起那些学科——简言之,"**内容**"——在我学术生涯里吸引我的内容(首先是英语,然后是语言学,接着是翻译),我之所以受到吸引,常常是由于将某个学科介绍给我的那个人以及他/她所采用的方式。有些人无论展示什么内容,总能让我感到兴奋,仅仅是因为他们自身以及他们行动的方式。对我而言,张佩瑶教授就是这样一个有魅力的人。我记得很清楚,当我第一次在意大利小镇米萨诺·阿德里亚蒂科(Misano Adriatico)的奈达翻译学院(Nida School of Translation Studies)见到她的时候,她的观点(翻译的"推手"方式)以及她本人和她做事的方式都令我印象深刻。我记得一个小细节:她主动来找我讨论一个那周早些时候我们发表过不同看法的话题。她是当时暑期学校里的两位知名教授之一,而我仅仅是数十个学员中的一个,但这种实力的悬殊并没有对她造成任何影响:她仅仅想让我知道,她尊重我的观点,同时希望我也能够理解她的观点。我们讨论的**内容**——话题本身——远不如我们进行讨论的方式重要,因此,我被引领着去感受这个话题的复杂性,并相应地调整了我的观点。让整件事情变得与众不同的是与我讨论的人以及她的态度,而非仅仅是她的论点。

现象学的方法强调在人文学科中知识的语境特征。语境中的认知被描述为"体验的、延展的和嵌入式的"(罗宾斯[Robbins]、艾代德[Aydede],2009:3;哈文森[Halverson, 2014: 131ff])。知识形成于整体的经历过程中,不能仅仅被还原为对事实和数字的智力分析。因此,谈论现象比谈论事实更为合适。现象并非"自身"具有意义,它们不会脱离感官和理解而"存在";它们在某个时空的、语言的、社会的、文化的和智力的语境中对我们产生意义。跟随现象学的重点,我们被带离亚里士多德以物质为基础的形而上学，我们发现重要的是抵制这些欲望："不是将个人的理解当作是我们努力以某种方式在某种程度上对客体（社会、文化、语言）的解释，而是将个人的理解当作是客体强加于我们思想的本质"（格尔茨，2000：59）。**本质**（quiddity）是源于经院哲学的一个术语，指物体内在不变的实质；在拉丁语中，本质（quidditas）从字面意思来看就是"**什么内容**"（WHAT-ness），其关注点在于数量。

的确，数量在很大程度上是与**内容**相关的。我们不应该被英语中的一些确定数量的表达如"多少"（how much and how many）所迷惑，这些表达欺骗性地暗示重点在于"**方法论**"（HOW-ness）。事实并非如此：起主导作用的重点是在数量的确定上，即决定"**内容**"的数量，而相关的唯一维度是：被量化的对象是被看作个体还是整体（按某些语法书所说，它们是可数的还是不可数的）。借鉴另一个概念体系将有助于展示英语的这种数量的重点。英语的问题"有好多？"（针对可数名词用"how many"/针对不可数名词用"how much"）可以用波兰语中的一个短语"多少"（"jak wiele"）来表达。波兰短语同对应的英语短语一样，根据人们的预期被勾勒为定向的。我们从量大（例如：英语单词 much, many 和波兰语 wiele 都表示"多"）的推断出发，然后做相关的评估。（反之，可以由问题"有好少？"来勾勒 [英语短语"how few""how little"，波兰短语"jak mało"通常被认为是带文体标记的特殊用法]。）但是，波兰语中对数量提问有一种更轻松和自然的方式，即"多少？"（ile）。这种方式将对不可数名词的提问"多少"（how much）与对可数名词的提问"多少"（how many）融为一体。波兰词语"多少"的概念没有对可分析性和可数性作出区分，也没有暗示任何预期。这是关于数量（ilość）概念的一个简单而真实的例子，指向"**多少**"（HOW MUCH-ness / HOW MANY-ness）的问题。当然，在英语中不那么复杂的表达方式也可以是简单地提起数量，源自拉丁语，与波兰语 ile 对等的词有 quantus/quanta/quantum（这些词与波兰语中对应的词一样，受阴阳性不同的影响有曲折变化）。量化的范式主要还是聚焦于"**什么**"的问题。

相比之下，"**怎么样**"主要是质的问题。此处，我们可以再次基于词源学从最简单的术语来看。在波兰语和拉丁语中，表示"质"的词语——

波兰语"jakość"和拉丁语"qualitas"——分别源自疑问代词"什么"*jaki/jaka/jakie* 和"质量"*quālis/quāle*。它们在英语中最接近的对等表达是"什么种类？"，而英语中质量的概念可以表达为**"何种"**（WHAT KINDness）。但这又再次欺骗性地暗示应该聚焦于**"内容"**，根据"物体的本质"来思考。然而，至少据我理解，拉丁语词汇*"jaki"*和波兰语词汇*"quālis"*（以及它们的其他变型）并非意味着某种**内容**（WHAT）的范畴属性。质量（qualities）并非本质（quiddities）。在一门语言中，例如在英语中，从概念层面就反对这种强调，这也是为什么我更倾向于将质量简单地概念化为**方法论**。

让我用另一个语法概念——副词来解释这种概念化。有些主张转换生成语法的语言学家会争辩道：副词，至少在英语中，并不作为一种单独的语法种类而存在，它们只不过是形容词的其他变型（换言之，它们仅仅涉及转换生成语法中的表层结构，而不影响概念层面的深层结构）。有些语法学家甚至称副词为英语语法种类的废物坑，囊括了不适用于其他地方的所有要素。这个观点是有清晰的哲学背景的，让人联想到经典思维法则和术语的倾向，正如《麦克米伦词典》博客网页上最近展示的一个新条目所言：

> 名词构成了这个世界；动词是用来将名词放在一起；形容词是简单易懂的；而副词是……怪物。[……]十五年前，我参加了一位科学记者的报告会，他一语惊人："语言学的矮子找不到合适的动词才会选择副词。"天，这句话给我的印象太深刻了！[……]无论何时，当我看到副词"意外地"或"有趣地"，我总是在想：对谁而言意外？对谁而言有趣？
>
> （Kilgarriff [基尔加里夫]，2013）

那正是我想说的要点：对谁而言？我个人发现副词不仅有用，而且非常迷人（好比废物坑和矸石山对考古学家而言是迷人的研究材料）。对于我而言，**"怎么样"**是一个拥有副词性质的问题。正如所有的副词一样，它鼓励语境的问题，因为语境的问题是用经验的术语将**"内容"**问题化。当有人唱得很美妙时——我回应的是这种方式——对我而言，唱的具体内容并不那么重要：即使我听不懂歌词的语言，我仍然可以享受动听的乐曲。当我们说简洁有效地做事，有说服力地论辩，精心地呈现和优美地歌唱时，我们并不作出本质的归因，也并未真正陈述所谈论的事件本质，而是对经验作出评论——更具体地说，是对我们在某个时间和空间中得到的经验作出评论。因此，甚至一件乏味的事情也可以颇有趣味地呈现出来。尽管我们可能要再次问道："对谁而言是乏味的？"不同的人对乏味或迷人的事界定不同，而界定标准的改变则取决于环境。如果我们说内容乏味而呈现方式有趣，这并不能解决问题——因为我们所做的仅仅是将一次真实存在的动态经历具体化（名词化）。更可能的情况是因为演讲者（**谁**）在某种环境下（**在哪里，什么时候**）以某种**方式**使内容（**什么**）对某人（另一个**谁**）产生了吸引力。或者反之，正是听众本人发现了演讲的趣味。

将质量理解为**方法论**有许多含义。它带来一整套方法论的范式，使发现的可转移性得以实现。

一种质性的方法论及其承诺

聚焦于"**什么**"还是"**怎么样**"的问题决定了我所采用的方法论的更多要素，因为这直接导致量性和质性研究的区别。加里·戈尔茨（Gary Goertz）和詹姆斯·马奥尼（James Mahoney）在近期的新书里致力于探索这两种研究方法的区别。他们将两种研究方法概念化为可供选择的文化，有着各自的价值观、信念、规范和步骤。他们指出："在指定文化中的交流更具不确定性和创造性"，而"跨文化的交流［……］更困难，是由误解所标记的"（2012：1）。他们主张这种不和谐、错误的交流、怀疑和挫折都是文化冲突的结果，并确认他们所说的"翻译问题"（2012：140）涉及跨研究的文化范式（这也是翻译无处不在的另一表现）。

将文化这一概念应用于有关研究方法论的讨论，让我可以聚焦于价值观。正如我在其他地方所论证过的（布朗钦斯基、吉雷斯比［Gillespie］，2016），从最普遍的意义上来讲，文化的概念预设共享的价值观能被理解为

"有吸引力的核心概念"（罗克奇［Rokeach］，1979：2）或"偏好某些情况的普遍趋势"（霍夫斯泰德［Hofstede］，2001：5）。但是评价的核心往往是不被人察觉的：吉尔特·霍夫斯泰德（Geert Hofstede）的洋葱模型将文化的表现分为不同的层次，他将价值观放在核心层，然后用仪式、英雄人物性格和符号将之层层包裹起来。接下来的段落中，我将试图充实洋葱模型的价值观和承诺，其中许多内容将会与质性研究文化的价值论联系起来，从而剥开我所用方法的核心部分。

但是我首先需要强调的是：我的目的并非要断言质性范式具有一种普遍的、内在的或脱离语境的价值。如果我采用了这个观点——反对者可能会从激进主义的视角提出明显的实力不平衡：人们普遍承认"量化文化毫无疑问在大多数社会科学领域里更占主导地位"（戈尔茨、马奥尼，2012：3）。这与重数量而轻质量的总体趋势密切相关，这种趋势扩展到了日常生活的各个方面。毋庸置疑的是，当代西方文化总体上已经发展为更重视**内容**而非**方法**，更重视物质而非方式，更重视产品而非过程。举例来说，在生意场上，资本的规模总体上比资本积累的方式更为重要。在运动中，得分总体上比过程更为重要，特别是涉及比赛时，例如：资格赛、联赛、打赌（要注意赌注通常不是基于竞赛的方式，而是基于比分和其他的量化因素）。民主是一种大多数人决定事情进程的政治体系——这纯粹是量化的概念。投票的质量并不重要：随意的投票与基于研究或信念的慎重投票同等重要。我要再次说明的是，我的这些观察本身并非批判性的：我的目的不是评判经济的、运动的或政治的机制，而是想指出，当与**内容**相比，强调**方法**的重要性（有时是**方法**的流行性）时，我们常常是与主流的价值观、规范和实践相悖离的。

然而，我在本书中，对趋势、潮流、预测、平均概况、分布及其他数据概念并不感兴趣——尽管它们可能与其他种类的研究相关——我感兴趣的是关于质的问题，方法论的各个方面和各个维度，这些属于质性文化范畴，最有效地被质性文化所研究。下面我将概述自认为最重要的价值观和承诺。

从定义来看，质性文化更重视深度而非广度。这就决定了一种更为详尽的、追根究底的和"用显微镜观察"的方法。细节和细微差别都很重要，而对它们意义的解释是关键的。质性文化"强调理解个别案例，语义的重要性以及内嵌在概念中的意义"（戈尔茨、马奥尼，2012：150–151）。其关注的焦点在于合适的概念化以及对数据的理解，而不在于数据的大小、范围或度量。"质性研究的学者不需要大量案例的数据，可以更自由地对概念及其定义的归因作出论辩。这种自由的危险之一在于增加了概念的复杂性。"（戈尔茨、马奥尼，2012：129）

无论我们是否将它视为危险的，对复杂性的承诺和欣赏无疑是质性文化的核心价值观。在对数据进行解释、分类以及匹配概念时，质性研究者通常倾向于采取模糊集合的方法。这与认知语言学提出的分类方法（特别是分级会员）是类似的，建立在一个清晰的中心和模糊的边界上。人们已经论证过这种模式特别适合人文学科。拉特飞·扎德（Lotfi Zadeh）以提出模糊数学和一系列相关的概念而闻名于世，他这样解释道：

> 科学一直以来都是基于二元值逻辑——这种逻辑不允许对真实性有不同的看法。相应地，[……] 人们推断不同的种类应该有清晰的定义。以二元值逻辑为基础的科学所取得的成就是有目共睹的。然而，这种成功只在自然科学界明显可见，在人文科学界（例如：社会学、心理学、政治学、语言学和哲学）则并非如此。这是有原因的：自然科学界是测量的世界，而人文科学界是感知的世界。感知在本质上是不精确的，反映的是人类感知器官及大脑处理细节和存储信息的有限能力。因此，在人文科学界中，不同种类之间没有清晰的边界。二元值逻辑不能容忍模糊和不完整的事实 [……] 二元值逻辑不适合作为人文科学的基础。人文科学需要的是模糊逻辑。从根本上讲，模糊逻辑是边界模糊的分类逻辑。

（扎德转引自阿菲 [Arfi]，2010：ix）

在人文科学的领域中对现象进行理论化时，从二元值逻辑转向模糊逻辑具有许多重要的意义。一种概念和它的反面在语义上并非是相反的。事实上，任何一种复杂的概念都会有多种语义的反面，强调不同的语义方面。因此，质性研究者经常支持模糊逻辑所述的观点，即"在分类法中，相邻的种类可以重合，并非是互不相容的"（戈尔茨、马奥尼，2012：167）。这种认识对于我的项目至少有两层关键的意义：(1) 它确认了紧密相关的种类间存在语义的重合，支持在术语不同的情况下存在着概念的相近；(2) 它挑战界限分明的学科分类，鼓励超学科的思考。

质性文化意识到概念相近的重要性，它依靠语义生成的根本原则，即戈尔茨和马奥尼所称的"不重要的变化原则"："一定范围内的数据具有相同的语义。数据的变化并不总是意味着它们的差别大到足以被划分为不同的语义种类。两个身高不同的人可以同时被归为'高个子'这一类"（戈尔茨、马奥尼，2012:144）。在这种范式下，没有原则上的必要性去协调看似冲突的数据，或作出清晰的分类归因。如果概念上足够接近，已经划入一个种类的数据也可以考虑为同时属于一个或多个其他的种类。如果两个话题在概念上接近或重合，那么关于某个话题的陈述对于另外一个话题而言也是正确的。

从对真实世界中人类经验更宽容的角度来讲，模糊逻辑所提倡的**方法**也"更为正确"。在质性文化中，"学者常常以在真实世界发生的事件为起点，然后回溯它们的原因"（戈尔茨、马奥尼，2012:42）。这种因果的方式带领质性研究的学者们找到"能同时用于一组案例中的整体和个体的解释"。在质性文化中，提供一种有说服力的普遍解释，同时也为个体的案例提供有说服力的解释"（戈尔茨、马奥尼，2012:46）。但精确性已经不再是缜密可靠的研究之"圣杯"，特别是当复杂现象就在身边时；事实上，不加判断地追求精确性可能导致危险的还原和无益的简化。此处再次引用扎德的话：

> 总体上，复杂性和精确性是对立的关系，因为随着问题复杂性的增加，用精确的术语来分析它的可能性就减少了。由此可见一个不言而喻的道理：如果一个问题有精确的解决方案，那么它的等级要远远低于只能大致解决的问题的等级。从这个角度来考虑，人类的大脑能操控模糊的概念和非量化的感官输入，这也许是人类最宝贵的财富之一。因此，"模糊思考"也许并不可悲，毕竟，它有可能解决对精确分析而言太复杂的问题。

（扎德，1996:150）

这种复杂性的相关方面是在获得和解释数据时,意识到语境是至关重要的。"质性方法强调原因的要素是依靠语境,并以整体的方式运作"(戈尔茨、马奥尼,2012:60),因此质性研究调查"作出决策的原因和方式,而非仅限于决策的内容、地点和时间"(曼加尔、曼加尔,2013:162)。

最终,质性研究文化重视创造性思考。它意识到自由思考和作出假设(**要是……怎么办**[WHAT IFs]、**……怎么办**[HOW ABOUTs])的价值。这反映在对反事实思维的依赖上。质性研究者常常"基于反事实的推断重演一个案例的历史,以此来决定给定的因素是否扮演着假设的归因角色。这些反事实的实验能强烈地影响到跨案例分析的发现"(戈尔茨、马奥尼,2012:122):

> 在质性文化中,原型反事实是关于某个特定的[……]案例的断言。有人问:如果假设原因 X 在某个有实质性意义的案例中具有不同的价值,那么原本的结果 Y 又会发生什么变化呢?研究者假想如果起因事件没有发生(或以另一种方式发生),然后去探究是否结果依旧(或以同一种方式发生)。
>
> (戈尔茨、马奥尼,2012:119)

这种想象的,以"**要是……怎么办**"驱动的方法要求合理程度的推断,这种推断不能是胡乱的、不受控制的。通常使用最小的改写规则:"反事实应该要求尽可能少地改变已知的历史记录"(戈尔茨、马奥尼,2012:119-120)。反事实的先例在个体的案例中应该是可以想象的和貌似合理的;应该避免"奇迹般的"反事实先例(戈尔茨、马奥尼,2012:120)。这是本书所提倡的一种对研究项目进行反思的方法:如果在本书第二至五章所提到的思想家并不是在各自理论化哲学、语言学和人类学,而是翻译,那又会怎么样呢?倘若他们观点的方法论只需要稍做修改便可以应用于翻译领域,我们难道不能论证它们与翻译问题之间有质性的相近性吗?但是我们怎样判定这种相近性呢?

我提议做一个小实验来说明这个问题。这个实验将有望展示质性研究文化的关键承诺（聚焦于概念、欣赏复杂性、意识到语境的重要性、容忍模糊边界和热爱反事实思维）及其与翻译的关系。

以下三段节选来自莎拉·特蕾西（Sarah Tracy）的著作《质性研究方法：收集证据、梳理分析、传播影响》（*Qualitative Research Methods: Collecting Evidence, Crafting Analysis, Communicating Impact*），概述了"三种核心的质性概念：自反性、语境化和描述性"（2012：2）。我在编辑这段引文时唯一做的是用加粗来强调一些关键概念：

> 你的背景、价值观和信念基本决定了你接近和进行**研究**的方式。**质性研究者**的头脑和身体确实是用作**研究**工具——通过观察、参与和采访来吸收、筛选和解释这个世界。这是基于我们自己"主观性"的分析资源。
>
> （特蕾西，2012：3）

> **质性研究**是将自己浸入某个场景中（例如：在公司会议、社区节日或采访中），然后试图理解这个场景。**质性研究者**有目的地检查和记录一些小的线索，以此来理解语境，构建范围更广的、有关文化的知识主张，并决定如何行动。[……]事实上，**质性研究者**相信：为了理解某个观点，或预测其将来趋势，实证资源和理论资源都需要与语境交织在一起。
>
> （特蕾西，2012：3）

> 描述性的观点与语境直接相关。根据描述性的观点，**研究者们**将自己浸入一种文化，调查呈现在那个场景的特定环境，然后走向更宏大的叙述和理论。意义不可能脱离这种厚重的语境描写。
>
> （特蕾西，2012：3）

现在，请试着想象一下：每当您读到"[质性]研究"或"[质性]研究者"时，您将这两个短语分别理解为"翻译"或"译者"。单是第一句就能引发多种复杂的问题：您的背景、价值观和信念基本决定您接近和进行翻译的方式。此外，您刚才所做的行为是一种概念的翻译，这将是我在整本书中都会请您去做的事——尽管另一种思路是暗示特蕾西学科研究的**方法**从某种程度上来说是翻译的，即翻译深化了她对质性研究的理解和实践。事实上，第二种思路是我更为偏爱的方式，但是就目前而言，让我们紧跟这条讨论的线索，继续我们的实验。

为了对比，让我们回忆受人景仰的翻译学者朱莉安·豪斯（Juliane House）在题为《翻译中的文本与语境》（Text and Context in Translation）一文中结尾中的几行：

> 最近语境的概念已经突破了将语境看作一套事先固定好的变量，静态地围绕着语言的各种片段（如：词语、短语、句子等）。语境和文本日益被看作是动态相关的，交际事件的语言学和非语言学维度之间的关系被看作是自反的。语言学的产品及它们在交际活动和话语进行中所生成的解释工作既为语境所塑造，同时又塑造了语境。
>
> （豪斯，2006:356）

到目前为止，一切都进行得还不错。豪斯承认语境的流动性和复杂性，以及语境在意义的解释中所扮演的关键角色。这是质性研究传统中盛行的观点，在我上文引用的特蕾西的评论中也明显可见。但是此后豪斯又迅速追加以下内容：

> 我已经论证过，这个观点 [……] 与翻译无关，因为翻译作用于书面文本，只能重构语境，在事后进行对话，却不能即时进行。与哲学、心理学、语用学、社会语言学和对话分析的方法相比，语言的功能法 [……] 与翻译更为相关，因为它们的语境观更适合书面文本，因此也更适合将翻译看作语境重构。
>
> （豪斯，2006:356）

在豪斯的文章中，她提议将翻译考虑为语境重构——从表面上看来，这个建议在概念上是丰富的，也很有潜在的吸引力。但是，她将翻译定义为"将源语文本在译语中替换为语义和语用对等的文本"(豪斯，2006：345)，并相应地将翻译概念重构为"将一个文本从原本的框架和语境中提取出来，再放入新的一套关系以及由文化所决定的预期中"(豪斯，2006：356)。豪斯关于语境重构的观点以及对语境的理解表明一种无主题的、以产品为导向和以内容为中心的翻译概念。当豪斯讨论"翻译的概念核心"时喜欢引用约翰·卡特福德(John Catford)的观点，即翻译在于"用另一种语言中对等的文本材料［……］来替换一种语言的文本材料［……］"(卡特福德，1965：20)。事实上，他们二人的观点都存在一些问题。我们且不说有争议的对等概念，而仅仅关注手头的问题。让我大声并清楚地重述豪斯的观点：尽管哲学、心理学、语用学和社会语言学等其他领域的学者正逐渐相信读者、文本和语境之间的关系是动态的、流动的和自反的，一些翻译领域的学者仍然拒不承认，并争辩道"这样的语境观对于翻译来说是无用的"(豪斯，2006：343)。

至此，现在你已经听到两种观点：一种来自社会科学家，另一种来自翻译研究学者。一种最初就是指向翻译的，另一种虽然最初并非指向翻译，但它被概念重构、语境重构或——简而言之——翻译为指向翻译的。

哪一种语境观和翻译观——真实的或假设的——对你而言更有启发、更可信或仅仅是更真实？这并不是一个设问句。我已经准备好接受在我的一些读者的眼中或耳中，关键的论点将是以"**什么**"为中心的：无论最初的解释是不是明确关于翻译的。然而，社会科学家基于质性的、过程的、具身的和实验的理由，提倡模糊边界，认为"**怎么样**"优先于"**什么**"。在这个特定的案例中，我设想将社会科学家的观点应用于翻译，与翻译学者的观点相比，这种观点对我而言颇有吸引力。这个例子即我所说的质的接近性——简而言之，一些观点和方法之间"**怎么样**"的接近——而不考虑其**内容**和**地点**，包括学科的起源。同所有概念的事物一样，质的接近性主要属于个人观点，因此我并不期盼它能被普遍地承认。

翻译主要是关于**怎么样**的问题——我的这个提议反过来也是成立的：从某种**方式**看来，以**怎么样**为中心的质性方法论也是翻译的。让我们来看以下的论述：

> **质性研究**的力量在于它能对人们如何体验指定的研究议题进行复杂的文本描述。它提供议题中关于"人"的信息——即：常常矛盾的行为、信念、观点、情绪和个体间的关系。[……]**质性研究**能帮助我们解释和更好地理解给定情况的复杂现状。
>
> （麦克［Mack］等，2005：1）

翻译难道不正是基于特定的社会文化语境，扎根于体验的**方法**中，理解丰富的、常常是矛盾的关于"人"的数据，并据此提供复杂的文本描述吗？翻译难道不能像质性研究一样，"妥帖地用于获取关于人的态度、行为、价值体系、关注点、动机、信念、观点、情绪、与他人的关系、文化或生活方式的必要见识"（曼加尔［Mangal］、曼加尔，2013：161–162）吗？翻译难道没有像质性研究一样，阐明"在何种情况下有可能同时存在大量的解释，但一些解释在理论上更有吸引力，道德上更有意义，实际上也更为重要"（特蕾西，2012：5）吗？

这引领我们发现了真正重大的问题。按学科来对理论思想和洞见分类有多大的意义？毕竟，从定义上看，学科划分是**内容**的问题，而非**方法**的问题。如果我们专注于**内容**，那思想的流通就会受到阻碍。从另一个角度来看，**方法**是可译的。近年来，人文学科越来越重视教授可转化的技能。这个概念完全是质性的，实际上就是翻译的：可以转化的是"认识的**方法**"，而非"认识的**内容**"。

翻译即概念和方法

让我们回到本章的开始——米克·巴尔假想的跨学科辩论。在评论自己的研究领域时，巴尔强调文化研究尚未成功"形成一种方法论，可以替代不同学科之间特有的方法［……］当对象——即你所研究的**内容**——已经改变了，方法——你**怎么样**做——还没有改变"（2002：6–7；原文黑体表强调）我同意：需要改变的并不是我们研究和讨论的**内容**（以及我们邀请来与翻译进行对话的学科），而是我们**怎么样**研究、思考和翻译。

从这个共同的信念出发，我想就一些要点与巴尔的辩论进行对话。她提出的设想似乎在暗示：如果参与者能就中心概念（即：**内容**）的理解达成一致，那么跨学科的辩论本该更有成效。相反地，我却认为正是共同的**方法**保障了富有成效的、多产的和真正有突破性的讨论。巴尔提出："文化分析并不**研究**文化。'文化'并不是研究对象；'文化分析'中的修饰词'文化'只是表明其不同于人文学科中传统的学科惯例"（2002:9）。基于巴尔论述中的**方法**，我提出了以下论点：同理，既然文化分析并不是研究文化，那么翻译研究也并非将翻译当作研究对象。我所理解的翻译不仅仅是一个对象，还是一种现象和经验；因此，它并不是客观的，而是现象的、与经验相关的。翻译不仅是**内容**的问题，还是**方法**的问题，而且方法比内容更重要。

在我所引用的巴尔的论述中，她坚持"人文学科中的跨学科性是必要的、激动人心的和严肃的，必须要在**概念**而非**方法**中寻求启发式的和方法论的基础"（2002:5，原文黑体表强调）。作为一种质的概念，翻译允许我们超越这种二分法：它既提供概念，也提供方法。这是关于**方法**的一种思考，我已经介绍过其中一个范例：概念替代、概念重构或简单地说就是翻译。让我们再试试将这种概念重构用于巴尔的言论，用破折号替代其中两个关键词。

——是一种方式，而非一种体裁。它是充满活力的、生机勃勃的。它不仅是一种文学，而且是一种文化力。它组成了文化包袱中主要的储存库，使我们能够从一个混乱的世界以及其中发生的不可理解的事件中获得意义。而且，别忘了，可以被用于操控。简言之，它是一种不可忽视的文化力。

（巴尔，2002:10）

巴尔在这里写的是关于什么呢？如果我们在这些概念的空白处填入**"翻译"**，使之成为我们的解释项，那么巴尔的话将会指向翻译学中最激动人心的一些研究领域：翻译具有认识论的、现象学的和文化的力量，也可以用于操控（因此与政治和意识形态的斗争相关联）。

第一章・无处不在的翻译：虽看似疯狂，但确有方法

现在，当你发现这段话中省略的词并不是**翻译**，而是**叙事**，你会有多么失望或兴奋啊？对我而言，这都无关紧要。从某种意义上讲，她在此描述的**什么**远不如**怎么样**重要。当我读巴尔的作品时，我感到质的高度接近性，并发现在某种程度上，她关于叙事的概念与我关于翻译的概念非常接近。有一种解释是：翻译是无处不在的，可以在各种不同的伪装、名字和术语下被发现。

难道以上的洞见不正使米克·巴尔潜在地成为翻译研究理论家吗？正如一系列不同的思想家虽然并没有将自己当做翻译研究的学者，却因自己的洞见被编入选集《西方翻译理论：从希罗多德到尼采》(*Western Translation Theory from Herodotus to Nietzsche*)（罗宾逊，1997）而成为翻译研究理论家。当然，严格说来，这种认同可能会被当作时代错误，但认为其时代错误的观点是在遵从一种研究范式，即将年表放在概念和质的接近性之上。在翻译的、质的和以方式为中心的范式中，时间的领先并非是起决定作用的标准。以此类推，我设想其他领域的学者，例如米克·巴尔，虽然是在理论化叙事的概念，但也会对一些将自己定位为翻译学者的人所提出的观点感兴趣。

根茎状的超学科性

巴尔提出将叙事作为一种超学科的概念（2002：10），正因如此，我们有必要解释一个重要的区别——再次声明，这是概念的区别，而非术语的区别。翻译，就我所理解，不（仅仅）是跨学科的（例如：斯内尔－霍恩比，2006；斯内尔-霍恩比、波奇哈克 [Pöchhacker]、凯得 [Kaindl] 1994：69ff），而且可以被有意义和有成效地考虑为超学科的。

跨学科性是基于多个学科的"**认识论**"：一方面，当它与一系列学科关联并从中吸取灵感时，它也含蓄地支持学科分界。为了提升跨界的能力，无论你觉得自己需要勇气还是毫不费力，你都得承认边界的存在——因此这也就首先证实了边界的存在。另一方面，超学科性——至少就我理解——它的核心是某种**方法**的观点。这种**方法**容忍并邀请矛盾和模糊、对

立、重叠和不连续，并意识到模糊边界。

提到另一种概念的区别，我们可以说跨学科性利用了树状的认知范式，而超学科性将知识看作根茎状的。让我们用一种更容易理解的形式来解说。前者模式的中心概念是树，下面是根，而枝干长在上面。尽管树是从错综复杂的根部生长出来，枝节横生地长出宽大的树冠，但它通常只有单根树干，并与其他树有机地保持分离的状态。跨学科性作为一种树木状的概念，能够从树根到树枝追踪思想的迁移，展示不同树木的树根和树枝之间是如何以复杂的布局相互交缠在一起的。然而，这种运动是线性的，如同穿越森林的徒步。相反地，超学科性是根茎状的。吉尔·德勒兹（Gilles Deleuze）和费利克斯·加塔利（Félix Guattari）在他们的著作《千高原》（*A Thousand Plateaus*）中提出这个概念，并解释道：

> 不同于树或根，根茎连接着任意两点，相连的两点并不一定具有相同的本性；它动用了极为不同的符号机制，甚至无符号的状态。它不能被还原为"一"或"多"［……］它不是由"一"生成的"多"，也不是由"一"逐渐叠加形成的"多"［……］。它不是由单位组成，而是由维度，或者说是动态的方向组成。它既没有起点，也没有终点，而总是生长或溢出的一种中间（环境）。［……］根茎是反谱系学的。
>
> （德勒兹、加塔利，1987/2004:23）

斯丹法罗·阿尔丢尼和西瑞·内加尔德在他们的文章《翻译：一种新的范式》（Translation: A New Paradigm）中曾介绍过：《翻译：一种超学科的期刊》（*Translation: A Transdisciplinary Journal*）创刊号提出了一个有力的例子，将这两种概念从名义上并置起来。他们主张"超学科研究不能追随将结构考虑为树型的线性路径，而必须沿着根茎状的路径前行"（2011:9），并提出"在超学科研究领域中，翻译不仅是一种操作的工具，更是一种理解的工具"（2011:8）。本书在很多方面是对他们的说法的回应。

这并不是说跨学科的方法就不能将我们带上一条激动人心的道路。让我举出最先想到的来自《翻译研究》的两个例子，它们能有说服力地展示翻译通过跨学科范式带给人文学科的"边界思考"。当多丽丝·巴赫曼-

梅迪克（Doris Bachmann-Medick）在介绍主题为"翻译的转向"的特刊时，尽管她一再提起通过"'边界的'和'中间的'思考"，致力于开拓"翻译研究与其他人文学科之间探索不足的界面"，从而"完全跨越"学科的边界，但她还是承认学科间的边界模糊以及"学科间的杂合重叠"（2009:4）。此处提倡"翻译的转向"，即"产生于翻译的种类从翻译研究领域迁移至人文学科中其他学科的离散领域"（2009:3）。与此相似的还有，西里尔·贝尔维斯（Cyril Belvis, 2016）在其深刻的、多方面创新的文章中主张"绕过对翻译下定义这个陷阱，以一种有益的方式来看待翻译迁移的特点"，并强调"翻译对于'边界思考'的潜在贡献"。

但是尽管跨学科思考邀请我们去测试边界和推动边界——这是崇高的、激动的，常常是必要的、冒险的任务——它主要以线性的方式进行，以**内容**为中心。相比之下，超学科的根茎是"一幅地图，而非一幅轨迹图"（德勒兹、加塔利，1987/2004:13）。翻译被看作是质的，主要以**方法**为中心的概念，不强调边界或概念的移动（这个观点对于我而言是很可疑的，因为它暗示了一种以转移为基础的翻译概念）。更确切地说，这个观点主张翻译是无处不在的，从某种程度上来说"已经在那儿"，准备好在这张认识论地图上多个出入点被发现。在我的模型中，并非概念在旅行，而是理论家和思想家在旅行。

我们也许很难理解和欣赏这种质的概念，因为翻译提供给我们的并非仅仅是一个不同的方法，而是属于不同种类的一个方法。我一直试图证明以**怎么样**为中心的质性研究的方法不仅挑战了关于翻译的通俗观点，而且更广泛地挑战了西方关于知识和理解的观点（德勒兹、加塔利在1987年和2004年的著作中将其描述为普遍是树状的）。我们应该充分意识到这种重新定位的重要性：类似的推断在认知语言学中被接受和应用，被人们奉为"完全改变了传统西方哲学宗旨的突破性作品"（见莱考夫和约翰逊1999年著作封面上的粗体字陈述）。翻译的方法论可以完全改变我们看待事物、实践、分享和发展知识的方式。这是因为它提供给我们"一种不同的方法来面对伟大的认识论问题，即'我们知道**什么**'和'我们**怎么样**知道'"（阿尔丢尼、内加尔德，2011:9，本书作者黑体表强调）。"谈及超学科性并非是提议在封闭的学科间创造新的关系，而是打开封闭的学科，探索它们共有的翻译特征,或探索超越它们边界的翻译时刻"(阿尔丢尼、内加尔德,2011)。我建议应该将这些特征理解为**怎么样**,而非**什么**。

将翻译不仅当作操作的工具,更要当作解释的工具(换言之,将翻译既用作方法,又用作概念),我选择了人文学科的四个领域——哲学、过程思考、语言学和人类学——并在每个领域确认一些关键的概念。对我而言,它们在质的方面非常接近我对翻译的理解。也许对于我的一些读者而言,这个选择看来是令人吃惊的,又或许是奇怪的。但那也是超学科方法的一部分:"根茎状的研究方式是制造出像根一样的茎和细丝[……],但将它们用于奇特的新用途"(德勒兹、加塔利,1987/2004:17)。根茎本来就是根生的(radical);毕竟,"根"的拉丁语就是根(*radix*)。新用途包括根据翻译重新概念化这些关键词(例如:理解、信念、隐喻和田野工作),并反思随着重构而产生的概念内容。我希望通过一种本质上是翻译的活动,"名为翻译的新研究对象会出现,使现存的研究对象呈现不同的形态和价值"(阿尔丢尼、内加尔德,2011:11)。

本书的方法论

最后,我再多说几句关于**方法**的内容。人们已经提出"高水准的质性研究是严谨的、有趣的、实用的、美学的和伦理的"(特蕾西,2012:xiv)。鉴于本书中的质性主题以及我理解的翻译概念,我决心要致敬这些关键的特质。

追求严谨展现在我对争论、说服和劝说的承诺上——即使仅仅是针对一个假设的场景——我不会仅仅简单地陈述。在我的评价与反思中,我会一视同仁地再现已有的理论框架和观点。每次我选择用翻译的术语来重新思考某些概念时,我都会予以解释和论证,努力提供一种概念上合理的假设:"一个关于事实的概念、一条建议、一种理论和一种关于事物的假设"(怀特海,1967:244)。

这将我引向第二个特质——"有趣",因为怀特海坚持认为,"一个论点的趣味性比它的正确性更重要"(怀特海,1967:244)。这个前提在一

第一章 · 无处不在的翻译：虽看似疯狂，但确有方法

些方面是高度质性的。它强调某些论点是由个别的研究兴趣所决定的，必然具有主观性（"有趣的"是一个高度语境化的类型），同时鼓励人们不要基于可能性（至少这是一个高度量化的概念）来假设和概念化，而要基于引起想象的可能性。怀特海承认，"正确的论点比错误的论点更倾向于具有趣味性"——并不是每个假设都值得构想——但他总结道："无论人们怎样解释和论证以上观点，但论点的重要性还是在于趣味性"（怀特海，1967：244）。我希望接下来的篇幅将会带来一系列广泛而有趣的论点，它们也许并不完全一致或成体系。我并未期望它们成为发展充分的或理论上一致的观点。概念的翻译总会产生不完全的/有偏见的（partial）洞见——这个词的两种意义放在此处都很合适。我更多地把它们看作有趣的消息、短暂的感受或是对进一步反思的邀请，这些通常都是暂时的观点。我的目的并非提供一个系统的理论（我对清晰的系统持相当怀疑的态度），而是提供一种新的方法来研究和问题化翻译的概念。

对实用性的承诺有几个维度。正如我在书中所言，一个理论应该可以翻译到实践中，反之亦然。在探索新的，有时候甚至是激进的概念背后，我们希望它们能帮助我们更好地理解自己所经历的现象——那是对它们真正的测试。在我的案例中，经验的维度延伸到三个领域：实践、教学和研究。我做口笔译工作已有二十余年，做研究和培训工作也有十余年，这两个截然不同的学术体系使我在各种职业的情境中遭遇翻译。这在实践、职业、经验和实际存在的层面上强化了我的思路：数年来，翻译就是我生活中的黄油面包（这常常可以从字面的意思来理解），但是我绝不会把自己的经验强加给读者。因此，我在写这本书时，一直在请我的同事和朋友——经验丰富的、可信赖的和善于思考的译者们——给出宝贵意见和反馈，我希望能勾画出一幅更全面、更丰富和更真实的图景。

另一个实践的方面与伦理的问题相重合。我尽了最大的努力避免造成"将话放到别人嘴边"的印象：当我用翻译的方式来解释引用的材料时，我总是将引用的材料按原本的方式呈现，唯一的变动是采用了块引用的形式，并用加粗的小一号的大写字母来表示相关的概念——这两种技巧都旨在聚焦和引导读者的注意力走向。

现在，我想就本书的美学观作出解释。如果方法本身在很大程度上就

是信息，而这本书渴望做出根本的和原创的贡献，那么我必须致敬自己的认识论承诺，并表达相关的信息，这使我有可能会偶尔脱离现有的学术惯例。第一点是我多使用第一人称，不愿意将自己藏在被动的、无人称的结构背后。第二点是主题结构：对观点的（再）流通的讨论本身常常就是循环的。我没有收集各领域的洞见，一次性将某个主题（例如：过程或认同）挖掘到底，而是宁愿从一个领域的视角介绍某个话题，然后继续讨论那个领域的其他话题，当旅行到其他领域时，我再重新审视这些洞见，这种方式如同逐渐给洋葱增加新的表皮。人们通常期待学术专著在呈现时是线性的、主题的和系统的，其特点是关注**内容**和暗含的树木状的模式。本书将无法满足这种预期。我相信反思、学习和理论化往往并非线性的，而是循环的或螺旋状的（因此我喜欢解释学的循环论证——见第二章），这也是为什么本书呼吁一种不同的**方法**。我们在进一步有效地阐释某些观点之前，需要先充分理解这些观点。

  我说的附文和免责声明已经够多了。让我们开始阅读、倾听和翻译。让我们开始探索无处不在的翻译之旅。

第二章　哲学：翻译即领悟、理解和解释学

我决定转向其他领域寻找关于翻译的洞见，我首先考虑的是哲学，特别是解释学。在这一章中考虑的是解释学著作中的三个关键概念：领悟、理解和解释学本身。翻译是前两个关键词的别名：它既涉及领悟和理解，也基于领悟和理解。乔治·斯坦纳（George Steiner）在著作《巴别塔之后》（*After Babel*）的第一章提出了著名的论断"理解即翻译"，并主张"基于自己在语言和文学方面过去的积累，深入阅读文本，这都属于理解的多种行为之一"（1998：18）。在经验层面上，"（翻译的）过程仍然充满焦虑，常陷入突发事件的困境，但那正是理解和领悟的过程所具有的共性"（庄士敦，2016：258）。当翻译的概念被重构为与解释学相关时，它获得了强烈的哲学特质，成了一种现象、一个场域、一种存在的模式、一种思考方式和一种再现方法，与"翻译研究"这个短语中的"翻译"二字含义相近。

任何关于基本的和根本的哲学问题的探讨都有陷入陈词滥调的风险。这本身并不是一件坏事；毕竟，"对于翻译理论而言，陈腐的信息就是必需品"（蒯因［Quine］，1960/2013：63）。然而，比起重访旧的领域，我更喜欢探索新的领域，因此当我选择重读解释学的言论时，我尽量避免陈词滥调和显而易见的论述，而是专注于一些较少为人所知的言论。当然，明显性并非一种普遍的范畴，而是一种高度语境化的范畴，因为它在很大程度上取决于之前的曝光和反思。深知"**什么**"不能与"**怎么样**""**谁**"分离

开来，我允许自己依靠个人的判断，承认某物对（或不对）我言说，去找到某些有启发性和有说服力的言论，而不过于规避这些论述。我个人的视角是非常关注过程的，有时是浪漫主义的，常常是存在主义的，这从我选择读哪些哲学家，将哪些哲学家引入这场讨论中就明显可见，例如：弗里德里希·施莱尔马赫、威廉·狄尔泰（Wilhelm Dilthey）、马丁·海德格尔和汉斯-格奥尔格·伽达默尔。我对他们的言论最感兴趣，因为他们的言论为我提供了自己希望听到的那种思考——即**方法**，我可以将之用于谈论翻译。与这些可敬的德国思想家、解释学之父打交道——大多数时候是与他们作品的英文翻译打交道，这为理解链又增加了一层——毫无疑问是一个巨大的挑战，但没想到结果却是一次非常愉快的经历。

为什么翻译

当我寻找解释学材料，并将之根据翻译进行概念重构时，更倾向于从弗里德里希·施莱尔马赫及其著作《解释学：手稿》（*Hermeneutics: The Handwritten Manuscripts*）（最初编撰于1805—1833年）入手。原因之一是按照时间的先后顺序：很多后来的解释学家都依靠或参考了施莱尔马赫的著作，所以他的著作最容易进入这个思想圈。但这还有一个原因：由于这些手稿的特性，施莱尔马赫的陈述往往是简短的、碎片化的、格言类的，因此特别适合在概念的翻译中用作介绍性的练习。我决定以下文作为我们的起点：

> **解释学**是思考的艺术的一部分，因此是哲学的。
>
> （施莱尔马赫，1977:97）

现在，请想象这条陈述不是用于解释学，而是用于翻译。我们如何理解翻译"是思考的艺术的一部分"？

大多数人尝试描述翻译，一般都是先将翻译与个体间或群体间的联系与交流关联起来。"因为人类说不同的语言，所以翻译才存在"，斯坦纳写道（1998：51）。尽管他马上称这是陈词滥调，但大多数的理论家还是将此当作理所当然的起点。一种方法——让我们称之为符号学交际的方法——专注于言语、信息、交流、文本、语言和代码，强调"尽管翻译具有语言学活动的核心要点，它仍然最适合归属于符号学"（巴斯奈特［Bassnett］，2014a：24），"翻译是交流［……］译者解码原文本中所含的信息，然后在自己的语言中重新表达（编码）"（列维［Levý］，2011：23）。另一种方法采用了集体主义的视角——因此被称为社会文化的方法——凸显"翻译对［……］文化和社会的重要性"（克罗宁［Cronin］，2013：3），特别是翻译在促进"跨文化关系和［……］知识的传递"（罗宾逊，2012：1）中扮演的角色，包括"将文学关系国际化"（韦努蒂，2013：5）。当我重新概念化施莱尔马赫的论述时，我发现它反对将翻译看作是一种手段，用于实现某种更有价值的目的。正是这一点让我感到耳目一新，很受启发，并激动不已。

在我的重读中，翻译——如同解释学——是思考的艺术的一部分；也许甚至是不可或缺的一部分。它不仅仅是有助于到达另一个终点，它本身**就是**终点。这种认识赋予翻译——现象、实践、过程、产品和概念——内在的价值。翻译不需要服务于任何特定的目的，或实现任何进一步的功能以获得价值——正如思考、意识、推理或领悟不需要任何超越自身的目的。可以确定的是，无论思考还是翻译都会带来某些发展、行动、决定、结果等——我们会在合适的时候考虑其中的一些因素——但无论这些因素可能会多么有价值或有用处，它们都不是翻译的目的。翻译是思考的艺术的一部分——而艺术不需要存在的目的。

这个洞见明显与翻译目的论的中心论点相矛盾：目的论将翻译归类为"行为"（例如：赖斯［Reiss］、弗米尔［Vermeer］，2013；弗米尔1989/2012），翻译潜在地取决于目的（通常称 skopos），是对"用来做什么"（WHAT FOR）这个问题的回应。这个矛盾的主要原因是在功能理论中，翻译具有更为传统的、确实很严格的文本概念："翻译行为总是涉及之前生产的文本以及另一种文化的目标语文本的生产"（赖斯、弗米尔，2013：17）但是翻译具有更广阔的哲学意义，如我在此测试的情况可见，翻译实际上是被"**为什么**"（WHY）这个问题所包裹的。"用来做什么？"和"**为什么？**"明显不是同一个问题，尽管它们常常被弄混。"你为什么那样做？"

的回答并不是"因为我想实现某个目标"——真正的问题是"你为什么觉得特定的目标值得实现",或者"为什么实现目标的方法是可以接受的",或者"为什么实现目标的方式、时间和地点是合适的"等。如果我们从时间的维度来考虑,"**为什么**"是回顾性的,而"**用来做什么**"是展望性的;"**为什么**"是追问因果关系,而"**用来做什么**"是追问意图;"**为什么**"是以现象为中心,而"**用来做什么**"是考虑实用功能;"**为什么**"更多的是关于价值观,而"**用来做什么**"更多的是关于好处。从这个意义上讲,思考——翻译作为思考的艺术的一部分——确实没有目的,或潜在地充满了目的(我假设这两种说法其实是表达的同一个意思)。在翻译的解释学描述中,目的并不真正重要,因为翻译不是任何行为的一部分——它先于行为。

  关于"为什么"的问题没有一个确定的答案。它也许根本没有答案,但这个问题仍然值得提出——尽管很矛盾,但我不得不承认:我不能轻易地解释"为什么"。我只有通过一个类比来尽可能地理解关于"为什么"的问题。我最喜欢的事情之一是帆船运动。对我而言,它既是童年梦想的实现,也是成年时期的机会。在帆船运动中,知识、经验、技巧和本能都至关重要;制定计划和实施计划也在同时进行。我既感觉自己能控制各个要素,又意识到自己不得不任它们摆布;我尝试沿着某条航线驾驶帆船,又被风、潮水或二者同时驱赶而行(其他时候则被它们困住,毫无招架之力)。这是兴奋与恐惧的交织:甲板的有限、大海的无限以及经验的阈限。我有理由相信,对于一些人而言,帆船运动从来都不仅仅是一种交通方式。如今,帆船运动最重要的并不是从一点到达另外一点,而且也绝对不是寻找最短的可能路径。帆船运动有自己的逻辑,这对于那些在岸上观看的人并不总是显而易见的,而且常常也不能与其他驾船者分享——实际上,这种逻辑还会遭受其他驾船者激烈的挑战。我并不赞成人们将帆船运动看作一种精英娱乐,因为我们并不需要拥有一艘船,也能驾驶船只。驾驶船只实际上是成为某个"**谁**",以某种**方式**思考和做事,而不完全确定**为什么**(**什么**、**在哪里**和**什么时候**常常没有那么重要)。这不仅仅指在海上的时候,还包括其他各种情况。对我而言,帆船运动这种存在主义的经验相当精妙地展现了**为什么**这个问题是无法从根本上解释的。这一点同样适用于翻译。我发现帆船运动所吸引我的地方能在翻译中找到,反之亦然。只要一段时间不驾船航行，我就会感到坐立不安，就如同我一段时间不做翻译时的感受。经过一段时间密集的帆船运动和翻译后，我会感到厌倦——但几乎只要我刚结束航行或翻译，我就又开始想念它（这标志着一种有趣的循环性，我将在后面的章节进一步谈论这一点）。两者都能令人真正地感到快乐或痛苦，甚至既快乐又痛苦。"翻译可能令人感到疲倦，甚至有时成为一种负担，但我无法克制自己。有时候我真希望能克制自己不去翻译"，文学翻译家朱迪思·索洛西（Judith Sollosy）坦言道（2010）。在这些日子里，以译员或船员的身份为生都是困难的（至今我只尝试过以译员的身份谋生，还没有试过以船员的身份谋生）。二者都让我施展自己的技能，并不断地提醒我自己的极限。二者都是极其有回报的和激动人心的。二者都不可避免地使我和其他人打交道，提醒我自己是更大的整体中的一分子：从生态学、科技、社会和文化等角度来考虑。二者都是经验的和存在的。二者都将我推向极限，使我超越极限。也许要回答**为什么**进行帆船运动的唯一的精彩答案是——我希望读者能原谅我这句口号有些悲怆——航海是必然的（*navigare necesse est*）。那么，也许翻译是必须的吗（*transferre necesse est*）？也许存在于翻译中或者关于翻译的某些东西触及了我们还没有完全理解的敏感点？也许翻译会引起存在主义和形而上学的讨论？

以这种想法为背景，让我们回到施莱尔马赫的论述，将它的描述对象重新想象为翻译。"翻译是哲学的"这句话到底是什么意思（请记住，这几乎是哲学家所能表达的最高程度的赞扬）？以下是我对这句论述的解读：当我们反思翻译时，我们不可避免地会反思许多更大的议题，例如：意义、含义和目的；认同、同一和相似；部分与整体的关系；信息与媒介的关系；不同观点之间的关系；不同文本之间的关系；个体之间的关系；个体与文本之间的关系；社区之间的关系；文本和社区之间的关系；不同的时间和空间之间的关系；固态和动态之间的关系；施加压力和经受影响之间的关系；**什么、谁、什么时候、在哪里、怎么样、为什么**等之间的关系……翻译是以内在和超越这样的基本问题为中心的。意义是隐藏在文本之中，隐藏在实际的语言形式中，等待着被读出（*exegesis*），还是由读者利用自己的读入（*eisegesis*）而带入文本的呢？文本——和它们的翻译——能否产生其作者和译者未曾预料到或计划过的意义呢？如果能够，那么对于理解和翻译的许可有没有任何限制呢？翻译总是良性的、有益的和积极的吗？或者它可能变成邪恶的、恶意的和疑似不道德的行为吗？翻译是不可或缺的，还是可有可无的呢？翻译是一种必要的邪恶，不断地提醒我们的极限吗？还是一种扩展我们的理解和经验的有效方式呢？人和生命可以被翻译吗？翻译本身是一个目的吗？或者翻译是一种达到目的的方式？我们为什么翻译（而不仅仅是问翻译用来做什么）？这些是我从哲学视角思考翻译时所想到的一部分问题——尽管我用二元对立的方式将它们提出来，但并不代表我试图提议错误的二分法。翻译意味着对这些问题以及其他问题的思考，并确立自己的立场。将翻译的读入用于哲学文本，可以为我们提供关于这些问题的宝贵洞见，并激发新的问题。

那么我们换个角度考虑翻译和哲学的关系会如何呢？如我之前所争辩的，如果翻译最终是"为什么"的问题，那也难怪它是哲学的中心问题。翻译是哲学的，正如哲学是翻译的。如雅克·德里达（Jacques Derrida）（1985：120，转引自根茨勒，2001：147）所言，"哲学的起源是翻译，或可译性的问题"。贝尔曼（Berman）同样宣称"没有任何现代哲学能真正逃离与翻译的相遇"（2009：65）。我忍不住琢磨：这一点在多大程度上可能也适用于其他领域呢？当然，既然翻译的概念边界已经扩大了，那么翻译研究可能汲取养料的学科范围也同样扩张了。如果翻译研究所言说的问题如此关键，另一位德国解释学家威廉·狄尔泰的以下论断为概念重构提供了颇有前景的材料：

> 从知识理论、逻辑理论以及人类研究方法论的语境看来，**理解**的理论是哲学和历史学科之间必要的连接纽带，是人类研究本身的基本原理的一个必要成分。
>
> （狄尔泰、詹姆森［Jameson］，1972：244）

考虑到研究问题的范围和种类，翻译研究有没有可能真正属于人类研究本身的中心呢？这是我在本书中要测试的一个假设。我相信我们需要更多关注"**为什么**"的哲学问题，因为最具启发性和最重要的洞见很可能产生于此。毫无疑问，"**为什么**"是一个极难以回答的问题，而且很可能除了"必须的（necesse est）"这个表达以外，根本没有其他的答案。但是，价值与难度成正比：它远比那些难度低的问题更有趣，更能带来回报。所以，我们为什么翻译？

翻译即对呼唤的回应

汉斯－格奥尔格·伽达默尔广为人知的格言式的论述告诉我们：

理解是人类生命本身存在的原始特征。

（2004：250）

这并非一个孤立的论述，而是西方哲学传统广泛持有的一个观点。海德格尔持相同论调，将理解从存在论的角度描述为"人类存在的基本特征"（哈贝马斯［Habermas］，1984：107）。但是并不仅仅是哲学家将追求理解放在人类生命的核心位置。认知学学者乔治·莱考夫和马克·约翰逊声称，"人类最普遍和自然的活动之一是提出哲学问题"。经济学家曼弗雷德·马克思－里夫（Manfred Max-Neef, 1991：17）将理解列为一种基本的人类需求，同列的还有生存、保护、喜爱、参与、休闲、创造、认同和自由。在一个层次上，理解的欲望是本能的和认知的。从这个意义来讲，它并没有远离生存、再生产、归属感或自我表达的冲动、欲望或本能（无论我们选择如何称呼它们）。人类总体上是理性的，天性是好奇的，生活在多个大大小小的"**为什么**""**在哪里**""**什么时候**"和"**谁**"的影子里。我们情不自禁地尝试和理解，想搞清楚这个世界和它的运转方式，弄明白自己和他人的经验、行为和反应。这个世界——特别是人类思想、文本和手工艺品的世界——并不是被给予的，而必须是被领悟、理解和翻译的：

> 从石头、大理石、音符、手势、词语、字母到行动、经济法令和宪法，同样的人类精神在呼唤我们，强烈要求被理解。
>
> （狄尔泰、詹姆森，1972：232）

"人类精神"的概念具有典型的德国浪漫主义的特点,被某种政治意识形态所渗透,这一点我们暂不考虑,先搁置在一旁,让我们专注于以上论调的最后一个要素"理解",伽达默尔在一个世纪后对以上论调作出了回应"当某物呼唤我们时,领悟就开始了"(2004:298)。的确,领悟和理解都是对呼唤的回应。它们在某种程度上是感知的,因此不完全受控制。我们需要注意的是,在狄尔泰和伽达默尔的陈述中,人类的能动性和意愿被放入背景中:并不是我们开始去理解,而是理解独立于我们而开始。"理解或不理解就像一件发生在我们身上的事件",伽达默尔还曾说过(2004:385)。有一些本能的和经验的东西是关于理解的。一个很好的例子是关于"看到"和"看","听见"和"听"的语义区别。我们可以选择我们看或听的对象,但我们无法完全控制看到或听见的内容;我们最多能封锁自己的感官渠道(这是相当困难的:我们可以闭上眼睛,但如果没有外部的帮助,我们无法真正闭上耳朵,或者关闭我们的触觉)。只要它们保持开放的状态,我们所感知的——以及很大程度上领悟和理解的——并不完全受我们控制。理解的一些语境因素超出了我们的控制:某个**地点**或**时间**,某个**人物**或某种**方式**独一无二地聚在一起,于是理解逐渐浮现或突然闪现。理解在某种意义上就像听觉或视觉,保持着开放性和感知性。我们可能会努力去理解某事,虽然真正地下了功夫,但那也不能保证一定会成功,至少不会立刻见效。我们到达了理解,理解同样也降临到我们身上。

典型的西方观点是坚持思考者、解释者、口译员和译者的能动性、权力、控制和自主能力,与以上观点并不能轻易地调和。但也许这正是概念重构可能帮助我们克服的盲点之一呢?伽达默尔坚持认为:

> 当某物呼唤我们时,**理解**就开始了。
>
> (2004:298)

也许当某物呼唤我们时,翻译也就开始了?如果这个提议听起来有些浪漫,那也是毫不意外的,因为这个洞见的起源可以追溯到早期的德国浪漫主义诗人和哲学家——格奥尔格·菲利普·弗里德里希·弗莱赫尔·冯·哈登贝格(Georg Philipp Friedrich von Hardenberg),他的笔名诺瓦利斯（Novalis, 1772—1801）更广为人知。正是他在给另一位德国浪漫主义诗人奥古斯都·威廉·施莱格尔（August Wilhelm Schlegel）的信中写到Übersetzungstrieb——"翻译的欲望"或"翻译的冲动"（贝尔曼，2009：58）。安托瓦纳·贝尔曼（Antoine Berman）留意到这个概念，称译者是"被翻译的欲望所驱使的主体"，然后继续解释道：

> 正是翻译的欲望使译者成为译者，将他推向翻译，使他置身于翻译的领域。这种欲望也许是自己产生的，也许是由另一个人所唤醒的。这种欲望是什么？它的特征是什么？我们还不知道。
>
> （贝尔曼，2009：58）

我们也许还不知道答案，但让我们提出一些可能的方向来寻找。正如伽达默尔最先提议的，这样的领域是**某物**——或者用概念的术语来说，主要是**什么**。关注点在于对我们有吸引力的观点、概念、陈述和文本，而不在于我们去发现它们有吸引力。这种能动性的反转是理解我们所考虑的翻译层面的关键。有些文本对我们有吸引力，而有些文本对我们毫无吸引力——我们并不总能解释为什么。许多译者，特别是文学翻译的译者，已经证实了在很长的一段时间内，某些文本以几乎难以解释和察觉的方式在召唤着翻译。伊塔洛·卡尔维诺（Italo Calvino）将雷蒙·格诺（Raymond Queneau）的小说《蓝花》（*Les fleurs bleues*）译为意大利语，他说这部小说"使劲拽着他的衣摆"（1967：266），促使他去翻译[①]。同样，将当代匈牙利作家的作品译入英语的文学翻译家朱迪思·索洛西作出以下论述：

> 对我而言，翻译是令我神经紧张的事；当我遇到一篇精妙的文学作品时，我无法假装自己没有看到它。我不能从它身边走过，而无视它的存在。我必须回应这项挑战，内化它，吞掉它，使它变成我的。这就是对我而言翻译的意义，这也是我为什么要翻译的原因。
>
> （索洛西，2010）

[①] 感谢卡罗尔·奥沙利文让我注意到这个例子。

用哲学的术语来解释这种呼唤的方法之一是通过美学的类比,正如伽达默尔在以下陈述中所说:

> **理解**的主体总是已经被某个事件所吸引,通过这个事件,意义言说自我。因此,我们有理由将同一个"游戏"的概念用于**解释学**现象和美学经验。当我们**理解**一个文本时,它的意义所在俘获了我们,就如同美好的事物俘获了我们。
>
> (伽达默尔,2004:484)

让我们借助翻译的解释项来重读这段话,再仔细思考由此而生的意象。译者(被动地)被一个事件所吸引:他们体验了其中的意义,并被意义所俘获。同时,意义(主动地)言说自我,并俘获了我们。我们无法完全掌控一切,因为我们并没有主动权。翻译——作为理解,也如同理解——主要是一种本能的回应。

有没有可能一些文本选择了它们的译者,就如同指环选择了它们的主人(《指环王》),魔杖选择了它们的巫师(《哈利·波特》),魅影选择了它们的骑士(《阿凡达》)?如果这样考虑的话,正是一种相当单纯的意象将文化拟人化,这似乎更多属于大众文化的范畴,而非严肃的学术范畴。然而,当我们仔细观察当代翻译理论的某些领域,我们会发现:这种观点——将翻译当作对呼唤的回应,当作不完全受我们控制的事物——一再出现。道格拉斯·罗宾逊(2012:62)对翻译持有一种整体的、与身心相关的视角,通过将翻译与皮尔士的三分法"本能—经验—习惯"(其中本能是"普遍的、无意识的行动意愿")的第一个要素相关联,强调翻译具有过程的本能维度。翻译始于对呼唤我们的某个无法被忽视的**内容**作出感知和回应的态度(即一种**方法**)。"世界的经验之存在不容忽视,向人们扑面袭来",罗宾逊写道(2012:62),再次强调这种矛盾的能动力。这也使我们想起解构主义的视角"译本书写我们,而非我们书写译本"(根茨勒,2001:146)。我从这一类的论述中听到了明智的一点:翻译的谦逊——承认自己是随波漂流,而非引导航向,并意识到无论在理解还是翻译中,我们都是回应者而非发起者：

> **解释学** [……] 并不是"关于支配的知识"（即"占有"）；而是将我们自己放在次要的位置，去响应文本要求支配我们头脑的这种召唤。
>
> （伽达默尔，2004：309–310）

一旦我们回应，看到文本中的某种意义或图片中的某种意象——一旦我们的头脑被它所支配——我们很难在理解上退回一步，重新再靠近它。

但是聚焦于一种可能的理解，排除其他的理解，仅仅是翻译的解释学维度的一个方面，还有另一层含义同样是激进和深刻的。理解，由于它具有本能的特征，一旦开始，就无法轻易被打断。这既是它的美好之处，也是它的危险所在。因此，教育（即对理解有组织的和系统的传播）成为如此强大的工具，用于智力、社会和经济发展。这也是为什么学习及其要素——不仅包括获得记载的知识，还包括读写技巧。理解并不能逆转——翻译也不可逆转。一旦你已经理解、看到或听到某事，你就不能退回到没理解、没看到或没听到的状态；只要有过短时间的，哪怕是有限的接触，即使你的感官记忆可能随时间而褪去，但潜在的都是可以找回的——不管结果是好是坏。一旦某事已经被翻译了，它就不可能再退回到未被翻译的状态。由翻译所释放的理解的瞬间不可能被撤销。开放的思想、群体或社区不可能轻易地回到之前封闭的状态。理解带来某种思维模式、某种态度或如伽达默尔所称的"意识"：

> 对意识的**理解**能获得 [……] 一个真正的机会去改变和扩展眼界，因此通过一个全新的、更深层次的维度来丰富世界。
>
> （伽达默尔，2004：391）

> 试图**理解**文本的人准备好让文本对他言说。因此，受过解释学训练的意识必须从开始就对文本的他异性保持敏感。
>
> （伽达默尔，2004：271–272）

翻译，作为一种提高敏感度的活动，也是一种开阔思想、拓展眼界和增强意识等的有效手段——或至少是一个开端。但仅仅聚焦于**内容**是远远不够的。知名戏剧翻译家大卫·庄士敦评论道："理解，以及由理解而产生的人物刻画，无法脱离'我们是谁'和'我们过着怎么样的生活'"（庄士敦，2015:10）。如果翻译像理解一样，那我们就需要考虑它的语境嵌入。

关于谁、怎么样、什么时候和在哪里

解释学的论述引领我们超越了翻译的**内容**层面：

> 在**理解**的时候，人们必须要能够走出自己的思维框架，再走进作者的思维框架。
>
> （施莱尔马赫，1977:42）

翻译——也许更深层次是口译——是一种涉及多个**参与者**的人际经验。随着参与到这个过程中，我们经常被要求走出自己的概念框架和思维世界，走出我们自己的舒适圈，敢于进入不熟悉的领域：他人的语言、思想和观念——常常需要不仅与**内容**打交道，还要与**人物**和**方法**打交道。这种走出和进入都涉及某种阈限的经历，还涉及些许的不稳定和挑战，以及疏远自我和他者的思维框架。我们从这种经历转换而生，我们需要利用它来克服种族中心主义。"没有外来语的测试，我们怎么能对自己语言中的陌生化产生敏感度呢？"利科反问道。同时，翻译是一种相遇——至少是两个**人物**之间（我和你，Ich und Du[如同另一位德语思想家马丁·布伯（Martin Buber）所描述]的深刻会面——这潜在地挑战和动摇了各方（包括译者）的现状。

根据这些线索重新思考，施莱尔马赫的陈述具有充分的问题意识，非常有价值。事实上，可以论证的是：施莱尔马赫提出的基本要求——走出和进入思维框架；罗宾逊提出当代翻译学最具革新意义的翻译具身理论（罗宾逊，1991；朱，2012:142ff），二者之间有一种强有力的概念关联。从某种意义来讲,当罗宾逊坚称,"对好的译者首要的要求是将自己通过想象和认同投射到说母语的人身上"(1991:17)时,他仅仅是通过假设一个真实的头脑,而将施莱尔马赫的观点向前发展了一步。走出和进入绝非仅仅是一种抽象的精神经历。翻译和口译常常带我们游览一些本不会去的地方,认识一些本不会相遇的人。但是施莱尔马赫与罗宾逊的观点的相似之处益发深入。两位作者都强调这是一种投射,而不是认同,因而总是部分的和不全面的。对于二者而言,语言在某种意义上都是身体的:"说话人被当作[……]语言的器官"(施莱尔马赫,1977:85);"想学好一门语言,观察说母语者在说话时,身体在做什么,这是重要的一步"(罗宾逊,1991:16)。二者都有一个相似的观点:用作者/说话人的**身份**来与语言的**内容**相抗衡:

> **理解**的艺术的成功之处在于一个人的语言能力和了解别人的能力。
>
> (施莱尔马赫,1977:42)

> 事实上,我们甚至可能论证,相较于对源语的综合理解,将自我投射入说母语者的身体是对好的译者更为关键的要求。
>
> (罗宾逊,1991:17)

罗宾逊在自己最近的专著中论证道:施莱尔马赫的解释学所依靠的基础是"一个实际活着的、有呼吸的、真实的人与另一个活着的人在口语对话中相遇的情境现象学(*Gefühl* 或感受)"(罗宾逊,2013:12)。由此可见施莱尔马赫如何阐释语言的**内容**和说话人/作者的**身份**之间的关系(请注意:我们在这章的后面部分会转向辩证运动的观点):

> 正如说话的每次行动与语言及说话人思维的整体相关,**理解**一段话往往涉及两个时刻:其一、**理解**在语境中所说的内容及其可能性;其二、将这段话**理解**为说话人思考中的一个事实。
>
> (施莱尔马赫,1977:97–98)

如同理解一般，翻译也不仅仅是关于**内容**；谁在说或写也至关重要。这些要素之间的关系如果不一定是循环的，那么也是辩证的，还涉及某种矛盾：

> 为了**理解**某个人所说的话，我们必须要先了解这个人；然而我们又要首先通过某人所说的内容才能了解这个人。
>
> （施莱尔马赫，1977：55）

这些洞见强调在**内容**与**身份**之间不可避免的纠缠，其支撑的证据来自翻译经验和实践。在公共服务部门（例如：法庭、公安局或医院）工作的口译员在传达内容时总想尽可能地保持公正，但却发现自己的个人好恶——简言之，自己的**身份**——对于自己的表现**方式**造成了不小的影响；事实上，这正是为什么政府专门机构对工作中的口译员提出职业道德的要求。在另一些语境中，当较少受到以公正为规则的管理制度的影响时，译者通常会承认自己发现某些作者更容易翻译，或更有吸引力。从某种意义上来讲，我们并不是在翻译文学和诗歌，而是在翻译作者和诗人。有些译者用相当亲密的词语来描述这种关系，例如：20世纪早期著名的波兰诗人、翻译家朱利安·图维姆（Julian Tuwim）坚持认为，"在原作的作者和译者之间必须存在某种'性选择'，才能催生优秀的译作"（转引自巴尔塞赞[Balcerzan]、拉杰夫斯卡[Rajewska]，2007：156）。这个意象将我们带回之前讨论翻译的冲动时谈及的一点。波兰著名翻译学者、批评家、法语—波兰语翻译家伊丽莎白·斯基宾斯卡在回答我提出的关于翻译的冲动的问题时，以一种转喻的方式有趣地回应，将这种冲动与人相关联，而非与文本相关联。

> 以下是一个具体的和超验的例子：当我读卡瓦菲（Kavafis）时，他不考虑比亚克（Kubiak）、米洛什（Miłosz）、利比拉（Libera）、卡尼亚（Kania）、尤瑟纳尔（Yourcenar）或其他[法语译者]，而强烈要求我为了自己而翻译他的作品；从来没有其他人对我提出过这种要

求；我也不知道为什么这样的事会发生:)

（斯基宾斯卡，2014，私人电邮；本书作者译为英语）

如今，斯基宾斯卡并不总被当作一位浪漫主义诗人。她以质性和量性的术语发表的翻译分析，受到高度评价，被公认为是深刻的、批判的和令人惊叹的。但是作为一名读者和译者，她最后只能微笑——请注意她的邮件结尾的表情符号——跟贝尔曼（2009：58）一样承认：我们不知道译者的驱动力是什么，它来自何处，但翻译无疑超越了**事物**，超越了**内容**，趋向**身份**和**方法**。

在这一点上，我不得不提到 simpatico 这个概念——译者和作者之间存在的特殊联系。这个概念已经被广泛引入翻译学，但立刻被劳伦斯·韦努蒂否决了。劳伦斯·韦努蒂将它当作一种想象的身份，使译者可以"间接地参与到作者的思想和感受中"，并有效地将翻译的过程转换为"真正重述原作是如何通过创造性的过程而产生的"（韦努蒂，2008：237–238）。这种身份会产生一种"透明度错觉"（韦努蒂，2008：249），这是韦努蒂激烈反对的。然而，在他对 simpatico 的描述中，尽管提到了作者（潜在地提到了**身份**）和过程（潜在地提到了**方法**），但他的重点——至少在我的耳中——仍然主要是关于**内容**：思想、感受、参与和重述。如韦努蒂所理解和讽刺的，simpatico 是一种身份关系：译者的**身份**被抹去，是由于与想象中的作者的身份——主要是与他／她的思维世界（这属于**内容**的范围）——相混合了。这听起来很接近施莱尔马赫的观点"走出自己的思维框架，以及进入他者的思维框架"。在这一点上，我们需要再进一步细微地区别。正如安娜·斯特劳（Anna Strowe）很有说服力地论证道：

> simpatico 并非源自经验的、可重复的身份，它最实际的形式是基于主观的，可能是转喻的，以语境为基础的相似经验。[……] simpatico 并非一种身份的关系，而是切斯特曼（Chesterman）所称的"会聚相似"的关系（切斯特曼，1996：161）：两个独立实体（译者和作者）之间的相似性，而译者在这两者间看见某种关系。
>
> （斯特劳，2011：55）

当斯特劳将 *simpatico* 定义为"在译者和作者间可感知的相似"时（斯特劳，2011），她抓住了我心中 *simpatico* 的关键要素。这是一种可以感知的、活着的关系——不是一种静态的格局——它是现象的，不是本体的；它是主观的，不是客观的；它是根据上下文变化的，不是稳定的。这种对经验和感知维度的强调是令人惊叹的：译者看见（而不是寻找）并经历了相似之处（而不是意识到它的客观存在）。这是关于各种**身份**的相似之处，而不是关于各种**内容**的相似之处。布伯的相遇带来的不是抹灭，而是使我们更清楚意识到自我与他者，以及与他人类似的经验。在这种关系的语境中，斯特劳（2011：57）回想起：米歇尔·福柯（Michel Foucault）取消了作者的身份，而米克·巴尔区别了历史作者和隐含作者——我非常乐意承认这些观点，因为它们为我的观点提供了更多的证据。在某些翻译语境中，特别是在交替传译和联络口译中，与我们相遇的是一个实体的人，某个"历史作者"（无论这个人是为自己言说还是代表他人，例如机构或群体，这实际上使作者身份成了问题）。他／她不仅通过所说的话，更通过他／她的身份，他／她的表现以及他／她与我们相处的方式而影响着我们以及我们的翻译。在我的口译生涯中，我拒绝过某些发言人的委托，而高兴地接受与另一些发言人合作的机会，并不是因为他们将要演讲的内容，而是因为他们在之前的场合中是如何与我相处的，为他们做口译给我带来的感受如何；换言之，从人际交往的角度来看，他们对我而言是"谁"。我们必须承认**谁**和**方法**都很重要。翻译不可避免地是一种人际的活动，只因它依赖于语言——而语言的定义是一种将人们绑在一起的集合实体：

> 由于**理解**具有语言的本性，每一次**理解**都蕴含了与他者产生关系的可能性。任何一次演讲都会将演讲者与演讲对象捆绑在一起。这一点对于解释学的过程也适用。
>
> （伽达默尔，2004：399）

在翻译书面文本时，作者常常变成暗指的，通过我们对文本的理解而建构，但对于文本**内容**而言仍然是不可减少的：

> 文本不会像真正的人一样与我们说话,这是事实。如果我们想要理解文本,我们必须主动使它说话。但是 [……] 这种**理解**,"让文本说话",并不是由我们主动发起的随意的步骤。
>
> (伽达默尔,2004:370)

这里再次强调,我们并没有掌控一切。某些人——并非仅仅是他们的文本或观点——对我们的言说更有影响力。但我们可以预料到的是,语境更为复杂。韦努蒂和斯特劳都没有过多关注的是一些其他的关于语境的思考。作者和译者之间的关系——无论我们称之为 *simpatico* 或其他——也许不仅基于个人的术语(**谁**),也是基于时空的术语(**地点**和**时间**)来考虑。从知识、悟性和经验来看,某人也许适合翻译某位作家的作品,或为某位演讲者做口译,但从时间或地点来看,这个人也许并不是合适的人选。当我们重读多年前(比如高中或大学时)第一次阅读的那本书,却发现并不像当初那样理解或欣赏它们?哈利·艾利斯(Harry Eyres)在著作《贺拉斯与我:来自古代诗人的生活教训》(*Horace and Me: Life Lessons from an Ancient Poet*)中以相当私人化的方式描述了"正是那些几乎使我麻木的东西——即贺拉斯所代表的古典教育与文学"如何在多年后"转变为我的秘密救世主,一种引导我重归自我、重拾心智健康的方法"(2013:9)。当然,相反的情况也时有发生:一些我们曾经为之着迷的人和观点,在多年后对我们已经失去了吸引力。再次声明,物质不可能脱离时间。意识到**地点**和**时间**的角色,我们难道没有理由期待:为了理解和翻译某些作者和文本,我们首先得慎重拟定和发展某种接近他们的方法,找到某种破解他们的方法(总之是某种**方法**)?这个存在主义的维度是关键的,因为:

> **诠释**是基于理解而存在的。
>
> (海德格尔,1996:139)

同样,翻译不仅仅是关于获得信息,也涉及处理信息,不仅将自己置于信息的**内容**中,也将自己置于信息所涉及的**人物**中:信息与谁相关,信息来自谁,以及信息流向谁。从哲学的视角来看,这意味着翻译有一个伦理的维度。与一系列欧洲语言中的主流术语（translation, Überzetzung, traduction, przekład 等）中根深蒂固的概念化相反，翻译从不是一种客观的、没有个性的和中立的转移行为。在第四章中我们将会更充分地论述，翻译必然涉及认识论和价值论的承诺（例如：兰盖克，2008；塔巴科夫斯卡，1993）。文本及其意义和影响并非一次性给出的，因为在理解的行为中，文本中被看到的内容取决于谁在看文本，什么时候看，在哪里看和怎么样看。让我们记住这一点，然后再次转向施莱尔马赫的观点：

> **理解**的艺术并不是对每一次发言的行为都同等地感兴趣。有些事件难以吸引人注意，其他事件却能牢牢地抓住人心。然而，大多数事件位于这两种极端情况之间。
>
> （施莱尔马赫，1977：101–102）

这就引起我们的进一步思考。"吸引注意力"与语境是密切相关的：它并非文本天生的财富，而是在某个**地点**，某个**时间**，由某个人对文本作出的反应。但此处有一个伦理的难题：也许并非所有事物都值得翻译。翻译是一种选择文本、提高文本的地位、使文本不朽的行为。同样地，不译是一种使文本边缘化和毁灭的有力手段。翻译研究的后殖民主义传统关注翻译的这个方面，其中不译被看作一种排斥性的行为。译者，在译与不译的行为中，总是表明了某种价值观的等级制度——他们应该意识到并承认这一点。我可以用自己的职业经验来证明，在很多情况下，我因为伦理道德的原因拒绝了某些工作，将自己置于守门人的角色。当然，我意识到这个角色的风险以及它所预设的权力。谁将决定某事是否值得翻译？在我们数字化、全球化以及高度量化的世界中，注意力常常就相当于认可。同样，无名和低调会导致遗忘。基于"认可即支持"的伦理困境，也许翻译不是一种权力，而是一种特权？也许这种特权必须靠我们来赢得？对于我而言，某些事情也许不值得反思、讨论和翻译——但是，我们又要再次提出这个问题：谁在作出判断？

这场讨论展示了思考、演讲和翻译之间的有机关系。翻译迫使我们面对很多重大的问题。我们必须意识到这些问题，并与之作斗争，因为它们

第二章·哲学：翻译即领悟、理解和解释学

使概念、过程以及翻译实践问题化。如果我们关于"翻译是什么"以及"翻译如何工作"的看法是简化的、没有个性的和脱离语境的，那么这些看法不仅是幼稚的、不充分的，而且还很危险。我们必须要意识到作为口、笔译者所拥有的影响力，以及翻译反作用于我们身上的影响力。

我意识到我们已经到达一种高度的抽象化。我希望自己已经清楚地表明了概念重构是一种有前途的和激动人心的方法，能够让我们从一个全新的问题化的视角来考虑翻译。在以下部分，我想展示的是：当遇到更为具体和实用的现象时，来自解释学并经过概念重构的洞见也可能将我们带入意料之外的轨道中。让我们从一些概括性的和格言式的陈述进入更具体的论述。关于翻译，德国的解释学还能告诉我们些什么？

翻译的三个层次

让我们再次引用施莱尔马赫的话：

> 许多，甚至是大多数组成人类生命的活动可能来自以下三个层次之一：第一层几乎完全是机械的，不涉及任何精神活动；第二层建立在丰富的经历和观察的基础之上；第三层是真正意义上的艺术。
>
> （施莱尔马赫，1977:175）

让我们注意对**方式**的特别强调。人类的活动本身被带入一个新的层次时，并不会变成其他的活动。在不同层次之间存在的区别是进行活动的方式——机械地、有意识地或艺术地。正如施莱尔马赫在开场中所指明的，他的观察适用于一系列的活动。但是，让我们想象它们是用来特指翻译：

> 对我而言，**理解**也可以由这三个层次来区分 [……]：第一层（即最底层）是我们每天在市场上或街上都会遇到的 [……]，在那里，语言被当作皮球一样抛来抛去。
>
> （施莱尔马赫，1977:175）

在我们高度数字化的世界中，属于第一层的翻译也许比施莱尔马赫本人能预料到的更机械，例如：当我们在智能手机上将菜单切换为另一种语言时，或安装一种软件的另一个语言版本时。这样的翻译是典型可逆的和双向的，因为它以人工制造的和等距的系统为基础。实时的理解没有存在的空间，因为两种系统已经整齐地一一对应。很大程度上，这一层次的翻译是由双语词典（纸质词典或电子词典）来提供。词典编纂者在对两种语言的词条进行配对时，已经进行了翻译的工作。因此，读者几乎不需要再做什么，最多是从词典所提供的诸多词条中进行选择。值得注意的是，施莱尔马赫将这第一个层次置于"市场上或街上"——因为这正是关于"翻译是什么"和"翻译如何工作"这两个问题的最流行的、最商业化的和最受市场驱动的观点。生活在日趋全球化、数字化的世界，我们前所未有地倾向于将翻译还原为第一层，被困于"存在自然的、完全可逆的对等"这种幻想。与皮姆（Pym）提出的观点"当代文本依靠电子技术不断地演化"造成"'对等'这个概念的相对死亡"（2014:21）相反，这些技术预设并助长了关于对等的需求。面对多语种版本的网页和应用程序，我们的顾客假定并期望的，并不一定是建立在逐字对等的基础上最自然的版本——不同的语言版本并非总是听起来"自然的"——而是从结构的可通约性的意义上来讲的对等。无论语言版本是什么，智能手机的菜单或应用的结构都保持不变；每当缺少合适的对等翻译时，菜单中的条目既不可能留白，也不可能被合并或细分。由于单词必须要适合指定的位置，词形也会受到限制。在第一层上，翻译几乎可以是机械地进行，无须多少理解的努力，使用双语词典或在线翻译软件即可——但人们也意识到在这个过程中很可能出现重大错误（网上大量关于糟糕的机器翻译的笑话可以为证）。这也是为什么高质量的翻译要求专业技能，这也将我们带入下一层：

> 大多数时候，我们都看似在第二层操作。我们在学校和大学里训练这种**理解** [……]。即使如此，与这些丰富的信息并置的是，我们经常发现：由于**理解者**过于学究，缺乏感受力，一些难懂的文章被给出了狂野的和任意的解释，一些最美的文章被粗心地忽略或愚蠢地歪曲。
>
> （施莱尔马赫，1977:175）

第二章·哲学：翻译即领悟、理解和解释学

翻译的第二层——正如学校里所教的那样，包含许多翻译学的课程——通过知识和经验来讲解。不同于第一层，它很明显是单向的：源语文本不能通过它的译文进行重构，因为译文仅仅是源语文本的一种可能的解读，并不能让我们重返源语文本。一个文本的多个不同的译本对应着不同的译者与所处的语境之间在知识、经验和理解上的差异。更好的或更糟的译本取决于翻译中所涉及的知识的范围和质量（这也可能被称为翻译质量评估的标准）。随着译者的知识和经验不断地增长，译本也可能会不断地被改进。知识与经验之间互相构建和补充，但它们也可能是独立的：知识是纯理论的，而经验是纯实用的。因此，翻译理论家可能有知识，但没有在实践中验证它（如同文学批评家本身并不写小说）；翻译实践者宣称他们仅仅是在做翻译，并不需要翻译理论（尽管他们依赖于隐含的推断，那实际上相当于理论）——当然也有这两种极端情况中间的一系列选择。为了识别典故、文化参考、互文关联以及文体效果，知识是必备的——因此，重点再次被放在"**内容**"上，即"陈述性的、事实的和学术的知识"。另一方面，尽管经验很难被理论化，却趋向于包含更广范围的语境要素，例如"**谁**""**什么时候**"和"**怎么样**"。

就我看来，翻译的第二层是指当译者满足于意义的工具理论，寻找语义的不变量时，会在多大程度上进行反思。毕竟，施莱尔马赫自己承认，我们不仅大多数时候在第二层操作，而且有一些解读是"狂野的"和"任意的"——这就意味着其他的一些解读也许是"自然的"、"正确的"和"合理的"。为了识别语义的不变量，我们需要知识、经验和理解力。但我们如何解释：不同的译者，虽然都知识渊博、经验丰富，却在同一个源语文本中看到了不同的意义呢？翻译的第三层能对此作出解释吗？翻译，在被看作艺术的最高一层，有没有可能包含创造意义——而不是找到或发现意义呢？这正是施莱尔马赫所说的：

当**理解** [……] 遭遇没有意义的事物时，就需要艺术了。

（施莱尔马赫，1977：49）

"翻译，同理解一样，是一种艺术"——这无疑是广为人知的陈词滥调之一。我曾经承诺过不会聚焦于如此老套的论断——我的确打算遵守自己的承诺，不聚焦于评价这种套话的核心意义，但我想说出一些隐含的推断。通常，"称某物为艺术"主要是一种评价性行为，是根据"艺术与工艺"的二分法来判定的。而"艺术与工艺"的二分法在很大程度上又反映了其他评价性的二分法：例如"精神与文字""高贵与普通""神圣与世俗"等。这种评价既是范畴的，又是类别的，它否认了跨越分界线的可能性。文字永远不可能完全抓住精神的实质，就如同普通人永远不可能完全转变为贵族——至少不是"真正的"或"真实的"贵族。分类问题——以**内容**为中心的问题——再次面临危机。难怪从这种评价性的意义来看，将翻译定义为艺术，有一种古典的亚里士多德式的光环。它引导我们思考翻译活动的真正本质与外在现象。我发现这种思考——以**内容**为中心的思考——具有很强的意识形态性，并不具有真正的启发性。它将我们带回关于直译和意译的无效讨论，这些讨论的支撑论据是关于意义的未经检验的臆断——正如关于"现实美"与"艺术美"的讨论仅仅揭示了对某些美学规范的含蓄坚持。

但是解释学的主张"翻译是艺术"可以被描述性地解读为试图抓住谈论现象的原型特征，而不是基于充要条件所定义的存在论本质。让我来介绍另一个有用的概念。"艺术"是一个很好的例子，属于"从根本上受到挑战的概念"（加利 [Gallie]，1956），这意味着关于它的几乎所有的一切——包括它的定义和参考范围——都有待讨论。但是，对我而言，少数毋庸置疑的事情之一是：艺术不能被还原为"**内容**"。钢琴家的协奏曲不同于蹒跚学步的幼儿随意摆弄钢琴所发出的声音，原因并不在于内容——因为二者从本质上来说都是在按琴键——而在于"谁"在做，以及做得"怎么样"。我并不怀疑蹒跚学步的幼儿有能力在演奏中表现得有创意、有创造力，而且确实有艺术性——事实上，我完全相信有这种可能性，但弹钢琴和玩钢琴之间是有差别的（一些试验音乐除外：试验音乐让我们对"艺术"这个概念产生了必要的质疑——我们总能想到反例来挑战精心设计的分类）。总之，将翻译归类为艺术——在某种程度上是矛盾的，因为分类是一个以"**内容**"为中心的问题——意味着超越了"**内容**"，并相应地拓宽了翻译学的范围。这使我们想到描写翻译学在"对等"这个问题上的观点，不是提及"对等"的必要特征，而是纯粹用描述性的（而非评价性的）措辞来解释这个词：如果有人认为某物与其他事物对等，那么某物就与其他事物对等。所以，决定**内容**的关键是**人**。那么，也许我们可以用其他语境的概念，特别是**身份**和**方法**，来更有效地提出关于翻译的理论。

让我们试试这种方式。翻译的第三层与前两层的区别何在？伽达默尔提出一种有益的见解：

> **解释学**是一门艺术，而不是一个机械的过程。
>
> （伽达默尔，2004：190）

"完全机械的"是施莱尔马赫用来描述人类活动（潜在地包含翻译）最低级的、第一层的**方式**。机械的过程之特点是基于预期的预编程和对结果有目的的设计。除非程序出错，否则机械的过程不可能产出任何未经设计的产品。机械的过程与可预测性、精确度以及效率相关联。机械的过程的关键要素是遵守规则，而非质疑规则，然而，

> **理解**［……］仍然是"艺术"，因为它不能被转化为对规则的机械应用。
>
> （伽达默尔，2004：189）

翻译的一个关键要素有没有可能是质疑和动摇？翻译——至少在最高的第三层上——有没有可能更多的是关于提出问题，而非提供答案？另一条见解正好将我们带入这个方向：

> **解释学**的任务本身就是对事情的质疑，而且在某种程度上总是这样定义的。
>
> （伽达默尔，2004：271）

因此，我们兜了一圈又回到了本章开始施莱尔马赫对于解释学的定

义——同样也是对于翻译的定义——即解释学是思考的艺术的一部分。翻译是思考——而思考是提问：

> 在思考的人一定会向自己提问。当某人说"某种问题可能产生"时，虽然他出于谨慎或礼貌掩饰了自己的问题，但事实上他已经在提问了。因此，与重现他人的意义相比，**理解**总能产生更多的意义。提问开启了产生更多意义的可能性。
>
> （伽达默尔，2004：368）

翻译开启了新的、常常是意想不到的解读。当我们比较一个源语文本的多个译本时，我们发现自己倾向于强调源文本理解可能性的不同要素。而离开了翻译，这些要素恐怕不会被注意到。不同的**人**，采取不同的**方式**，将会看见和表达出不同的**内容**。"译本的意义是不固定的，译本还提供了更多发挥的空间，并拓展了边界，为进一步实现差异化开辟了新的途径"（根茨勒，2001：160-161）。这也是为什么理解——和翻译——是创新的和原创的，而不是复制的和衍生的，正如伽达默尔一再强调的：

> 对文本的**理解**并非重复过去发生的事情，而是分享现在的意义。
>
> （伽达默尔，2004：391）

> 文本的意义并非偶然，而是经常超出了其作者的控制范围。这也是为什么**理解**绝不仅仅是一种复制性的活动，而是一种创造性的活动。
>
> （伽达默尔，2004：296）

> **理解**的视野既不可能受作者最初的设想所限，也不可能受文本的原始受众的视野所限。
>
> （伽达默尔，2004：396）

> 文本对**理解者**所述说的真正意义，并不取决于作者和原始受众的

第二章・哲学：翻译即领悟、理解和解释学

偶然性。文本的真正意义肯定不会与作者的设想及原始受众的视野完全相同，因为它总是由**理解者**所处的历史情境共同决定的。

（伽达默尔，2004:296）

让我们将关于翻译的三个层次的理论讨论与现实结合：第一层是一个完全机械的过程，例如计算机辅助翻译软件提示用户：文本的某个片段看起来与之前翻译过的内容一模一样或非常相似，建议采用之前的译本。直到此时，整个过程不涉及推理或理解，只是与之前校准的数据机械地进行对比，也就是使二者相关联。当译者基于自己的知识和经验，决定是否接受计算机辅助翻译软件所建议的译文时（以某种方式采纳这个译文，或完全拒绝这个译文，自己从头开始翻译），译者就进入了第二层。切记，这是我们依靠自己的知识和经验进行翻译时通常会遇到的情况。知识和经验是大多数译者在大多数时候，特别是在翻译非文学文本时，赖以生存的"黄油面包"，而非文学文本构成了翻译成果的主体部分。因此，从某种意义上讲，第三层是例外情况：不是因为它在某种意义上属于精英主义（只有少数译者已经达到或可以达到这个水平），就是因为译者很难长期处于这一层。也许它只出现在当译者有了一闪而过的灵感、顿悟或绝妙的主意时（那往往是在某种语境下，由特定的**时间**和**地点**所触发的，而且必须在那时那地被当场捕获，否则就消失了，再也不能轻易地被忆起）。这可以解释为什么很难达到这一层：这些灵光乍现的时刻是不受我们所控制的。

但我们还有另一种可能的解释。在第三层，翻译是关于各种问题的（包括哲学问题）：与翻译相关的问题不仅仅是关于意义或某个文本最合适的译文，还关于整个翻译活动的意义，关于为特定项目或特定客户工作的伦理维度，关于我们所翻译的内容以及它对我们的影响（无论这个影响是鼓舞人心的还是令人不安的）。从现实的理由来看，我们不可能永远待在这一层，并在翻译行业中一直保持成功。这让我想起了以下的情况：当译者开始搜索一个术语或概念时，他/她发现自己一小时后身处一个完全不同的领域，他/她从一条信息跳到另一条信息，出于好奇或对知识的渴望而无法停止搜索，得到的信息已经与最初的搜索问题毫无关联，但他/她却沉迷其中而无法终止自己的搜索。这一层（自我）意识一定是暂时的，

因为它如果一直持续下去，认知上无法承受，工作也会受到影响。口、笔译者必然需要在某个时间节点提交自己的工作成果。没有翻译作品的译者不是好的译者。过程必须导向产品。翻译的众多矛盾之一是：它既是扩展的，又是限定的。

波兰诗人西普里安·卡米尔·诺维德（Cyprian Kamil Norwid）曾经说过，"poetą się nie jest, poetą się bywa"——在此，我只能尽力将我的母语波兰语转换成英语。对诗人而言，这句话中有一个明显的语法区别：完成体和反复体的差异。最能接近原文的翻译是："没有人**一直是**诗人；你只能时不时地**成为**诗人"。也许这对于处于第三层的译者也是同理？

翻译的循环

最后，在探索解释学观点的传播过程中，毫无疑问，我们到达了一个根本的概念——循环。施莱尔马赫在最初构想这个概念时，提出"获得完整的知识总是涉及一个明显的循环过程：理解者根据文本的整体来理解部分，又根据文本的部分来理解其所在的整体"（1977：113）。

解释学循环的概念——用于我们的情况便成了翻译的循环——是广为人知的，已经经过广泛的讨论，因此我可以允许自己退后一步，聆听解释学家之间的对话，只需要偶尔将听到的论述重新概念化，再用于翻译，并加以评论。循环的概念，作为一种根本的认知机制——和翻译的原则——具有一系列广泛的重要含义。施莱尔马赫将它视为解释学实践中最核心和不可或缺的概念（而我则提议将它视为翻译中最核心和不可或缺的概念）。

> 正如我们要通过部分来理解整体一样，我们也只有通过整体才能理解部分。这条原则对**解释学**而言的重要性是毋庸置疑的，可以说我们不使用这条原则就无法开始去**理解**。
>
> （施莱尔马赫，1977：196）

对此，伽达默尔评论道：

第二章·哲学：翻译即领悟、理解和解释学

> 施莱尔马赫遵从 [……] 整个解释学和修辞学的传统，认为部分的意义只有在语境中——换言之，最终是在整体中 [……] 才能被发现，并将这一点当作**理解**的根本原则。从根本上讲，**理解**总是一种处于循环中的运动，因此"从整体回到部分，再从部分回到整体"的重复往返是必不可少的。
>
> （伽达默尔，2004：189）

我发现翻译作为运动这个意象是非常有启发性和吸引力的。圆圈象征着这种运动的状态——持续地旋转和磨削。车轮——助推了穿越空间的运动（无论是从物理意义还是从象征意义上，我们都称之为"进程"）——本质上就是一个圆圈。以上论述中的重点是：翻译的过程并非以线性的方式前进的。在翻译中，我们并非整齐地从起点行进至终点，横贯水平轴线。相反地，我们如同旋转的车轮圆周上的一个点，随着车轮的旋转而前进——后退——同样也做上下运动。从职业的角度来看，这个洞见非常可靠，能帮助我们应对不切实际的期望。我的经验可以证明，翻译的进程远远不是稳定的和线性的。它通常会经历错误的开始，在一系列的接近、增减、修改和提炼中不断经历冷淡期和兴奋期。有时候，即使我们考察了一系列不同的选项才得到了最终的译本，但它与最初的草稿并没有多大的差别。从经济的角度严格来看，这似乎像是在浪费时间和精力——但是最终结果不能与产生结果的过程相分离：只有经历了**过程**，才能产生**结果**。这种最大效率的简单法则（有时候被翻译机构用于他们的问卷：你的日产出量为多少？）既不能被控制，也无法控制翻译的过程。看似循环的运动往往却是在获取动力。

事实上，整体和部分之间的运动是周期性的，但这种辩证关系并不是建立在对称的基础之上。翻译的循环并非理想中完整的圆形，而是有一个切入点。这种循环运动根本上是从宏观层面，而非从微观层面开始的，这一点在以下论述中清楚可见：

> 对于细节的**理解**总是建立在对整体的**理解**这个条件上的。
>
> （施莱尔马赫，1977：59）

尽管以上观点反过来说也能成立,但施莱尔马赫进一步分析了以上观点,并坚持认为:

> 从本质来看,**解释**的操作决定了**理解者**首先应该从考虑作品的整体结构开始。**解释学**必须先有一个整体观。但这第一步常常被**理解者**所忽略,因为他们往往首先考虑作者特有的使用语言的方式。
>
> (施莱尔马赫,1977:166—167)

我觉得以上论述有点玄妙,好像施莱尔马赫说话时就站在我的身后,正从我的肩膀上看过去。我常常一看见文本,头脑里马上就开始翻译(请记住,翻译从某种程度上是本能的),然后意识到我必须将自己脑海中想到的译文记下来,否则容易忘记——然后突然地,在我还没有意识到时常常会专注于细节,而没有首先考虑整体。同时,我也承认,在如今这种快节奏的工作环境下,我并没有为此感到抱歉。我们没人有条件在开始翻译文本之前,从头到尾地消化文本,这是一种奢侈:商业翻译无疑是有时限的。然而,许多翻译培训员(特别是属于功能主义学派的)会告诉我们:我们应该带着目的(the *skopos*)去翻译,在头脑中要有"一幅更大的图",应该调整细节的意义,使之符合文本的整体意义或目的。

整体,而非部分,是循环的翻译过程的起点,这是在强调复杂性压倒了简单性,而这一点在翻译学近期研究中也越来越受到关注(具体例子参见马拉斯[Marais],2014)。这项认知在哲学上很重要,因为它让我们思想上有所准备:我们应该预料到(看似)简单的问题往往有难解的答案,而不应该寻求简单的、还原主义的方案去解决复杂的问题。然而,一旦翻译的循环开始启动,它的起点位置就不再重要了。上下的位置变成相对的,从那时起,

> **理解**的运动就不断地从整体到部分,再从部分回到整体。
>
> (伽达默尔,2004:291)

在微观层面与宏观层面之间，张力与对话永远存在，人们在不断地搜寻和探究着选项。换一个比喻来说，翻译更多地像将镜头拉近或推远，而不是像追拍。我们在更大的画面和它的细节之间移动，不断地调整焦距。翻译，如同所有解释学的过程一样，天生就与语境密切相关：

> 任何一组句子，无论长短，都只能根据它所属的整体才能被正确地**理解**。正如较短的句子组合受到较长的句子组合所影响，较长的句子组合又受到更长的句子组合所影响。因此，结论很明显：部分只有通过整体才能被完全地**理解**。
> （施莱尔马赫，1977:198）

> 我们回想起**解释学**的规则：我们必须基于细节才能**理解**整体，我们也必须基于整体才能**理解**细节。[……] 这两种情况处于循环的关系中。有了对整体的设想，意义的预期才能成为真正的**理解**，届时受到整体影响的部分同时也会对整体产生影响。
> （伽达默尔，2004:291）

但这仅仅是开始。我们不能忘记，语境不可以被还原为上下文，正如伽达默尔巧妙地指出：

> 而且，这个循环一直不断地扩张，因为整体的概念是相对的，而融入更大的语境总是会影响对个体部分的**理解**。
> （伽达默尔，2004:189）

那么，对我而言，翻译的循环具有某种分形结构——如果你走得足够近，或退回几步，如果你拉近或推远镜头，你会看见里面还有更小的循环，而外面则有更大的循环。我认为那些更大的循环建立在我们的意识、知识、经验、之前接触的其他文本、人和观点，以及许多其他因素的基础上；简而言之，即由"**什么**""**在哪里**""**谁**""**怎么样**"等组成的整套语境。我们并不是一块白板（*tabulae rasae*）。当接近新的文本、事件或人时，无论我们是否愿意（*volens nolens*），我们都或许有所准备，或许带有偏见，并将我们的全部经验都带入翻译，但却不知道它到底会如何影响到翻译的过程和结果。这正是解释学理论家非常强调的，关于解释学循环的一个维度：

> 对一段给定陈述的**理解**总是建立在之前已经具备的两种知识的基础之上——一种是关于人类的基础知识，另一种是关于主题的基础知识。
>
> （施莱尔马赫，1977:59）

> 对事物的**理解**从根本上建立在以前所拥有的认识的基础之上。**理解**从来就不是无预设地掌握提前给定的内容。从确切的文本理解的意义上来看，当理解被具体化为"已经存在的内容"时，最初"已经存在"的内容不过是**理解者**不证自明的、无可争辩的偏见。
>
> （海德格尔，1996:141）

当大大小小的循环——文本、译者和他／她的广阔语境——交织在一起，它们之间的互动也是循环的。语境、前理解和前投射都会影响文本的翻译，但文本（作为一个整体和作为个体部分）和翻译（再次强调：包括微观和宏观两个层面）又会反作用于译者的语境：他／她的知识、经验、观点、态度、信念和情绪。这些循环总是在不停地旋转，并周而复始地推动其他的循环：

> 试图**理解**文本的人总是在投射。一旦某些初始的意义浮现在文本中，他立刻投射出整体的文本意义。再次说明，这些初始的意义之所以浮现出来，仅仅是因为他在读文本时对某种意义怀有特定的期望。随着他深入到文本的意义中，这种前投射不断地基于浮现的意义而得到修正。弄清楚这种前投射，就是在理解现状。这样的描述当然只是对整体的粗略概括。海德格尔所描述的过程是：前投射的每一次修正都可以在它自己面前投射出对意义的新的投射；相反的投射也可以并肩同时出现，直到意义的统一体变得越来越清晰；理解始于前把握，

而前把握又被更适合的设想所代替。这种新的投射不断出现的过程组成了理解和领悟的运动。

(伽达默尔,2004:269)

正是因为这种不断的运动,翻译从某种意义上来说总是暂时的,永远都不可能是完整的。即使译作已经出版了,或者译文已经提交给客户了,或者口译员已经翻译了演讲者的发言,但是意义生成的过程还是没有停止。某些翻译的问题——我虽然暂时给出了解决方案——但即使它们所在的译本已出版多年了,却依然困扰着我,萦绕在我心头。随着我的知识和经验的扩展,我痛苦地意识到之前的解决方案不够完整,那是职业口笔译者必须学会忍受的事情。我们不得不接受矛盾:一方面是追求完美,常常以完整性为标志;另一方面是无法控制解释学和翻译的循环的不断扩张。

当我们想着这条原则,来考虑**理解**的任务时,我们不得不承认,自己对每部分和每句话不断增加的**理解**——包括最开始的,以及在慢慢前进的过程中的**理解**——总是暂时的。当我们能将更大的部分看作一致的整体时,我们的理解就变得越来越完整。但是,只要我们转向新的部分,我们就会遭遇新的不确定的事物,如同再次开始在昏暗的晨光中摸索,一切又好像重新来过。除非我们坚持下去,让新的材料照亮我们所处理过的一切,直到最后,突然间每一部分都清楚了,整个工作呈现出清晰和明确的轮廓。

(施莱尔马赫,1977:198)

施莱尔马赫所描绘的这个过程的结局也许听起来有点理想主义,但是基于我的经验,我可以很肯定地证明"顿悟的结果"确实存在:有时候,在我尝试了大量可能的方式后,它突然莫名其妙地就冒出来了。译文趋于完善的关键并不在于锤炼次数的多少。有时候,成熟的译本突然就出现了——当它们最终到达那个阶段时,一切变得有条不紊,各部分开始融为最后的整体。但即使到了那时,翻译的循环都不会停止:随着时间的流逝,轮廓又会变得不那么清晰和明确。翻译,作为一种理解的行为,预设了某种残留的不确定和不明确。

当伽达默尔追随另一位德国的思想家鲁道夫·布尔特曼（Rudolf Bultmann），描述译者和文本基于活着的关系而产生的互动时，翻译过程的永恒动态进一步被突显出来：

> 布尔特曼自己指出，所有对翻译的**理解**都预设**理解者**与文本之间存在一种活的关系，即他与所翻译的主题之前就有联系。他称这种解释学的要求为前理解，因为这并不能通过**理解**的过程来获得，而是已经预设好的。
>
> （伽达默尔，2004：327）

不管我们是否意识到，前理解始终存在：

> 但是这种预设并不会使**理解**变得简单，反而使理解变得更难了，因为决定自己**理解**的前意义可能会完全被忽视。
>
> （伽达默尔，2004：271）

理解和翻译所做的是将这些预设带到表面：

> 在前拥有里所拥有的，以及在"前看见"的观点中被领悟的内容通过**理解**变成能懂的 [……] **理解**总是已经决定了——最终或暂时地——明确的概念性；它建立在前预设的基础之上。
>
> （海德格尔，1996：141）

译文往往表达得更多的是关于译者和他／她的概念和理解框架，而不是源语文本及其所谓的"语义不变性"。韦努蒂正是这样想的，所以才拒绝了翻译的工具模式，而赞成翻译的解释学模式，将翻译看作理解的行为（2013：2-5）。当我们对伽达默尔进行概念重构的解读时，发现他完全符合我们对于解释学家的预期：他不仅承认，而且实际上还赞同译者的概念与语境的缠绕，并将之置于翻译的中心地位：

在**理解**中试图逃离自己的概念不仅是不可能的，而且明显是荒诞的。**理解**正是意味着发挥自己的预设，这样文本的意义才能为我们言说。

（伽达默尔，2004:398）

文本不仅仅在言说：它是**对我们**言说。但是无论是文本——还是人——在对我们言说，我们都必须倾听，并准备好在这种循环的互动中重新检查和调整我们的预设：

如果我们想要**理解**另一件事的意义，就不能盲目地坚持自己关于这件事的前意义。当然，这并不意味着当我们听别人说话或读书时，必须忘记所有关于那些内容的前意义和自己的观点。我们需要做的仅仅是对其他的人或文本的意义保持开放的态度。但是这种开放性总是包括将其他意义置于我们自己的意义整体中，或将我们自己的意义整体置于其他意义中。

（伽达默尔，2004:271）

在这点上，关于翻译的循环的论述开始与之前的一些洞见的回声产生共鸣：翻译是对呼唤的回应，因此并不完全受我们所控制；它是与语境相关的，涉及人际关系的；它要求感受力，并对差异保持开放性等。这些观点自身处于不断的循环中。

拉线

现在是时候将我所讲的内容串起来了。回到1993年，安德烈·勒菲弗尔（André Lefevere）将翻译诊断为有两个早期问题的一门新兴学科："不读别人写的东西"以及"总是在重新发明车轮"（1993:229）。我希望我已经证明了前者不再是威胁，但是我想讨论后者的两个要素，它们同时都涉及了循环性的观点。从抽象的意义来考虑车轮，我们可以认同，重新发明车轮并不是必要的。但这个笼统的观点有各种实际的例子，比如车轮的种类不同：实心轮、夹丝轮、辐条轮和有箍轮。轮辋和轮毂如何连接在一起（然后轮毂如何安装在轴上以确保旋转、稳定和舒适）并不像表面看来那么明显，而唯一的限制是人类的想象力和可用的科技。众筹网站平台Kickstarter最近的一个项目已经吸引了比筹款目标高出50%的资金，开始为小轮辋自行车生产受专利保护的"环轮"。发明者山姆·皮尔斯（Sam Pearce）承认"以前很多人都尝试过这个想法，特别是在20世纪早期。但是当时可用的材料不够好，于是这个想法实际上没有获得成功"（2013）。有些**内容**只有在特定的**时间**才能成功——这也是为什么我们需要重新发明包括特定种类的车轮在内的事物。

然而在勒菲弗尔的观点中，一方面，重新发明的活动——也许不仅仅包括车轮，还包括其他任何东西的重新发明——都应该得到负面的评价。这其实暗含着"重产品轻过程"的价值取向；关注点就算不是唯一地，也是明确地再次放到了**内容**上。那么，重新发明已经存在的事物到底有什么好处呢？难道这不是浪费精力吗？难道发明不应该是关于进步吗——如果是的话，那么返回之前拜访过的地点又怎么能实现进步呢？正如我们之前指出的，进步本身充满了积极的评价，被典型地想象为线性运动——前进的运动。另一方面，重新发明被概念化为循环的运动，被当作重复的运动，因而也就没有创造性，还常常被归于无知或自大，或兼而有之。按这种逻辑，循环——重新发明就是循环的表现之一——是无效的和徒然的：它不能带我们去任何地方。但是，这种意象所忽略的事实是：循环运动——有些矛盾地——产生了推动力。甚至仅仅从我们所开的车和驾驶的飞机看来，我们都能更清楚这个道理。在内燃机中，活塞在汽缸中的线性运动转化为传动轴的圆周运动，从而驱使轮子转动；正是喷射式涡轮旋转的叶片推动了飞机的前进。循环性完全没有阻挡前进，反而推动了前进。前进依靠循环性。

而且，重新发明并不是关于生产更多同样的**内容**。一个不同的**人**，以不同的**方式**，在不同的**地点**和**时间**，创造出来的必然是一个不同的**内容**。一个非常有名的例子可以证明这一点。人们现在普遍承认（例如伊芙丝[Eves]，1969：340），微积分是被两位伟大的思想家艾萨克·牛顿（Isaac

Newton）和哥特弗里德·冯·莱布尼茨（Gottfried von Leibnitz）几乎同时，即17世纪晚期，分别独立发明的——或者，如果你想用"发现"这个词也行。即使两位发明者得到了相似的结果——相似的程度足以引起人们对所谓的剽窃进行长时间的影响恶劣的争议——但他们是独立完成的，并没有意识到对方的工作的存在。最关键的是，他们以非常不同的方式来考虑基本概念："对牛顿而言，微积分是几何学的；而莱布尼茨将微积分用于分析"（塞姆 [Sem]、阿加瓦尔 [Agarwal]，2015：73）。换言之，他们各自以不同的**方法**接近微积分的**本质**。按理来说，如果莱布尼茨不是按自己的方法，而是依赖于牛顿的方法，那么我们所理解的微积分的**内容**可能不会是现在这样——理解**方式**也可能不同。这样的话，我们对微积分的理解肯定不如现在这么清晰，因为莱布尼茨的微积分符号以及他的**方法**被证明更适合广泛的应用，最终得以更加流行。正如数学家马克·汤福德（Mark Tomforde, 2007）所言："微积分的创造并非在畅通的高速公路上行进，而是进入了一片陌生的荒野，探索者常常在那儿迷失方向，并走了许多弯路"。我们再次被提醒，作为一种过程，进程很少是线性的。在旅行（对我而言，特别是帆船运动）、探索、重访和转向时，其过程无论按线性的角度来看有多少错误，它都是有价值的。

我们在本章重读解释学家，得到最重要的一个洞见就是循环的过程——包括重读和（复）译——都是积极的、创新的，具有创造性的。简而言之，

> **理解**的循环不是邪恶的。
>
> （海德格尔，1996：143）

伽达默尔进一步指出："海德格尔的解释学反思的观点与其说是证明循环的存在，不如说是表明循环从存在论的角度看来具有积极的意义"（2004：269）。以下是我对这个论述的理解：旋转的车轮产生了离心力，导致边界的扩展。如果像乔治·斯坦纳所坚持的，"语言中有离心的冲动"（1998：32），那么这句话一定也适用于翻译，因为翻译作为一种解释学的过程，天生就是循环的：

> **理解**的运动不断地从整体到部分，再从部分到整体。我们的任务是离心地扩展**被理解的**意义单元。
>
> （伽达默尔，2004：291）

翻译的离心力通过其循环运动而产生，带来知识、意识、含义和意义的拓展。翻译从来都不是关于复制或转移。它揭露、发现、打开、解锁，将意义带到表面，并开始运动。作为理解的过程，它带来更完整的理解，因此可视为等同于更完整的理解：

> 我们将这种领悟的发展称为**理解**。
>
> （海德格尔，1996：139）

这回应了施莱尔马赫之前的论述：

> 所有知识的发展既依靠演讲，也依靠**理解**。
>
> （施莱尔马赫，1977：97）

为了得到发展，知识需要演讲、文字描述以及对语言的承诺——否则它仍然是一种内在的神秘经历。但知识也需要翻译，目的在于重新语言化、复述、对理解的探索、关键的参与、询问以及植入新的语境和应用。未被翻译的知识仍然是种族中心主义的，意识不到自己的局限、简化、偏见与盲点。带着翻译的解释项来阅读德国的解释学家，远非必要的恶，而是必要的善。它具有存在论上的积极意义。

这种阅读不仅能带领我们去思考翻译与语言、文化的关系，更引导我们去思考翻译的价值论地位。在接下来的章节中，我们会转向思考、语言学和人类学，去寻找更多关于翻译的洞见。

第三章　过程思考：翻译即过程和信念

近几十年来，人们越发质疑"对等"这个基本概念，导致翻译理论中"忠实"这个相当粗糙的观念经历了惊人的消亡，如今只有在翻译批评这个大众的和相当简单的形式领域存在。我很高兴看到这个进展：翻译的忠实是一个非常可疑的概念，我认为它对翻译的反思弊大于益，因为它假装是客观的、自然的和描述的，而实际上是主观的、任意的和评价的。虽然"忠实"的根源是保持信念，但我并不认为放弃这个概念已经真正影响到翻译与信念之间的联系。就我所见，翻译中有许多地方涉及信念。这也是为什么"信念及其理性反思的阐释学"（哈利克，2012:106）可能对翻译的思考贡献合理和宝贵的观点。我追随约翰·B. 柯布（John B. Cobb，2017:106），相信"关于终极关怀的任何合乎逻辑的论述，承认支配它的观点来自信念的共同体"。无论这些论述是什么，都可以从其他的视角——包括哲学、语言学、历史、社会学、心理学、艺术和翻译的视角等——来研究和反思。这些关于重要事情的论述还会常常涉足其他学科共享的领地，因为它们与其他的思考方式共享了研究的主题，而将它们与其他的思考方式区分开来的是它们的**方法**，这也是我觉得有趣、有启发和有用的地方。

这一章的许多内容都会探索信念和翻译可能相关的各个方面。不过，在那之前，我们需要考虑某种"信念的共同体"——广泛涉及现象学和形而上学——所提供的洞见。这种智性传统由数学家、哲学家阿尔弗雷德·诺尔司·怀特海（1861—1947）所发展，常常被描述为"过程思考"或"生成的存在论"，为促进跨学科交流，特别是哲学和数学之间的交流（这一点由怀特海的双重背景可以预见），提供了一个概念的平台。它的潜力正是在于"跨"，实际上挑战了学科划分，打乱了长期以来人们已经接受，并认为是不证自明的公理的那种臆断。据我所知，也令我意外的是，过程思考还没有被广泛应用于翻译研究（《目标》[*Target*]的专刊《口笔译过程研究中的跨学科性》[2013]并没有专注于过程，与我此处所探索的意义截然不同）；而接下来所讲的内容可以被当作初步的尝试。

那么过程思考到底贡献何在呢？它的中心焦点在于生成，而非存在——关注正在发生的，而非现存的——从而引导我们将世界考虑为事件和过程的组合体。它挑战了西方哲学的许多观点——也挑战了某些翻译的观点——它们建立在物质的本体基础上，不仅预设了稳定性，还预设了非时间性。"本体—形而上学将现实看作快照，特别关注永恒主义的存在和**此在**；而过程哲学家不仅分析生成和**正在发生的内容**，还分析**发生的方式**"（塞伯特[Seibt]，2013；原作黑体表强调）。换言之，此处的关注点从**内容**转向**方式**、**时间**和其他的语境要素。"过程思考指向穿越时光的经验流"（柯布，2012）；因此，它鼓励我们研究总是处于语境中流变的关系、影响和经历，而不是基于静态的系统去思考。仅凭这一点就很好地预示了一个新的翻译理论视角——翻译完全依靠语境。

同时，我发现过程思考具有不可抗拒的吸引力，因为它没有从认识论的自负出发。相反地，它更注重提出问题，而非提供答案，这是认识论的谦逊所具有的特征。它常常遵从古老的 *via negativa* 的传统，承认在形而上学的领域中，我们最终被还原为否定——关于"事物的**否定**方式"的论述——于是必须不断地承认我们理解的局限。因此，我们的许多概念重构的洞见将会是否定的形式；它们将会设法动摇和挑战某些传统上被接受的信念，但不会为了保持其稳定性，而用新的信念去替代旧的信念。正如我将要展示的，真正的信念必定伴随着真正的怀疑。

我们如何将这种过程思考应用于翻译呢？当然，翻译可以被理解或描述为过程——一种活动、出现和变化过程。因此，当过程思考者从总体上论及过程时，他们有没有可能会说出关于翻译的最根本的重要内容呢？过程思考要怎么样才能促进和充实翻译研究呢？在我试图回答这些问题时，我将会从怀特海大致的形而上学见解开始，接着转向怀特海的杰出追随者小约翰·柯布。追踪他们的思考并将之与翻译关联起来，并不总是一段轻松的旅程。过程思考往往十分晦涩难懂，而且在概念上要求很高，但是我相信它的贡献远超我们在思考过程中所付出的必要努力。与西方理性的和学术的传统相反，过程思考致力于接受矛盾，而不是追求清晰，因为清晰常常被证明是伪装的还原主义。事实上，过程思考主张：清晰——西方议论文体的圣杯——也是一个信念问题。正如怀特海指出的：

> 在对思想的研究中，我们必须要记住：坚持不带感情的清晰，却恰恰是源自感性的情感。这就好比一层迷雾，掩盖了事实的复杂性。不惜一切代价地坚持清晰纯粹是基于对人类智力运作模式的迷信。我们的思考试图抓住稻草般脆弱的前提，漂浮在推理的蛛丝上。
>
> （怀特海，1967:72）

矛盾的是，这是一个相当有力的观点。这个论述试图承认翻译的复杂性，因此"期待它很清晰"也许本身就是个错误。也许无论是在实践还是理论中，翻译都不能与矛盾、概念的张力和神秘感相分离。也许这就是信念的源头。我必须承认，我发现带着**假设的问题**去思考很自由，不会因为担心观点的不可能性和非兼容性而受到限制。为了成功地识别新事物和未经试验的事物，实验必须享有足够程度的自由——包括试图抓住稻草，浮在蛛丝上，以及偶尔在数据不充分的情况下仍然放手一搏。我希望以下的段落能提供许多有趣的观点——如果并不总是完全"清晰的"——它们将会更新和拓展我们对翻译的反思。

"翻译即过程"和"过程即翻译"

乍一看，过程思考可以轻易地应用于翻译理论，而翻译理论通常将翻译作为产品和过程加以区分。然而，我们很快就遇到一个悖论——它既承认又挑战这种二分法：即使作为产品，翻译也是过程性的。不仅生产是一个过程——那已经足够明显了——产品也是在接受、体验和使用的过程或事件中逐步被感知、经历和使用的。由此可见，时间维度是必要的；换言之，物质不能与时间相分离：

> 在**过程**的节奏中，创造产生自然的脉动，而每次脉动又形成一个历史事实的自然单位 [……] 牛顿对物质的描述是将物质与时间分离开来，将物质看作"瞬间的"[……] 如果**过程**是最根本的，那么这种分离是错误的。
>
> （怀特海，1968：88–89）

据怀特海所言，一件历史事实的单位——例如书面文本或口头表达——特征是自然的脉动；"自然的"产生于"事物的本性"，意义为"常规的、明显的和不可避免的"。如果翻译像斯坦纳（1998）所说的那样涉及"阐释的运作"，那么德国阐释学家详细说明的是这个概念中第一个形容词性的要素——"阐释的"（我们在之前的章节中所考虑的就是这一点），而过程思考者强调的是第二个名词性的要素——"运作"。怀特海主张，"'存在'（在任何意义上）都不能与'过程'相分离。'过程'和'存在'这两个概念预设了彼此的存在"（1968：96）。现在，让我们停下来考虑这个主张的全部范围，因为它与翻译理论中我们通常持有（或者我们应该说"相信"？）的许多观点截然不同。以下段落颇具代表性，来自出版时间相对较近的出版物，从题目可见其试图概述"一门新兴学科（即'翻译研究'）的观点"：

> 我想提醒大家注意，口笔译活动本身与它所带来的作品之间存在着不同之处。很明显，作为一种活动，"口译活动"与这项活动中所产生的"口译成品"是区分开的。"口译成品"是以口头或书面形式呈现的文本。同样，我们可以将作为活动的"笔译"和笔译所产生的"译本"区分开来。
>
> （布勒 [Bühler]，2002：58）

然而，根据过程思考，这种区别完全不明显。事实上，它们不仅不明显，而且是错误的。它们保持并增强了这样一种幻觉：世界上存在着客观、稳定和自我运行的文本，而文本中"包含"某种"内容"，可以与时间、方式、感知者区分开来——简言之，与语境区分开来。

过程思考在很大程度上将语境化的概念问题化。然而，我们常见的情况是：在翻译研究中将重新语境化简单地考虑为"将文本从原本的框架和语境中取出，再放入一组新的关系和具有文化条件的期望中"（豪斯，2006：356）。但是谁来负责取出和放入？从原本的框架中取出文本，再将文本放入新的一组关系和预期中——这个过程对文本造成了怎样的影响？谁意识到这些预期？他/她如何决定是否遵从这些预期，或在多大程度上顺应这些预期？奥托·凯德（Otto Kade, 1968：35）通过翻译情况的固定性来区分翻译和口译；他认为，"源语文本是永久可用的，能按人们的意愿再现于目标语文本中，而目标语文本在任何时候都可以被更正和重复"（黑本施特赖特[Hebenstreit]，2009：22）。然而，过程思考带领我们拒绝这种天真和反事实的观点。即使对于同一个读者而言，文本都从来不是"同一个文本"；在挑战文本稳定性的电子通信时代，这种假设的荒谬性更加明显。当人们丢失了电子邮件信息，却仍然可以回复邮件时；当人们翻译来自实时网站的材料，或者为实时网站翻译材料时，都不会认可文本具有稳定性这个说法。对源语文本的静态理解完全忽视了阐释学的维度。大多数时候，我们读文本时看到的是自己想要看到的信息，而非"原本存在的"信息。

排除主体间的差异，即使同一个人，对同一个文本，也并不总是做出同样的反应。如果是那样的话（也就是说，如果文本仅仅是那么简单地在它们的读者中生成反应），计算机辅助翻译工具将毫无必要，因为变化的机率将是极小的。印刷的文本也许是永恒的、固定的和永久可用的（尽管事实并非如此），但是从一个时刻到另一个时刻，译者并不是同一个人。他/她将受到各种语境因素的影响：他/她可能是专心的或分心的，饥饿的或饱食的，放松的或紧张的。甚至自从上一次接触文本后，他/她所读到的、听到的和经历的事情，都会对他/她的翻译造成影响。事实上，这也正是为什么译者遇到困难或难解的文本时，要进行研究的原因：他们希望通过研究使得情况发生好转，当再次回归文本时能拥有更多自己需要的知识。他们并不想以自己初次看到文本时所用的**方式**来再次接近文本；他们进行研究，希望能有更好的、更全面的**方式**。从过程的角度来看，基于所谓的"书面文本永恒的可用性"来区分笔译和口译是毫无意义的：即使文本在某种程度上是固定的，译者也不是固定的。过程思考拒绝以下概念——静态的、不受时间影响的和脱离语境的存在。存在——无论在何种意义上——总是要出现、移动和脉动。

译者（口译员）或读者（听众）都会经历这种创造性的过程，即翻译的这种自然脉动。当我们在上一章中考虑翻译过程的循环特性时，我们论及了译者的经验。现在，让我们暂时采用接受者、用户、客户和评论者（这些角色也许并不是由同一个人所扮演的）的视角。根据怀特海的论述，将物质与时间、产品与过程相分离是错误的——但是大部分翻译批评（无论是专业的还是大众的）仍然在犯这种分离的错误。它将已经出版的或者以其他方式传达的文本当作"最终的版本"，即译者能力最巅峰的代表作，好像他/她拥有全世界所有的时间来消化源文，或打造译文（再次想起凯德提出文本的永久可用性，以及翻译的无限重复性），好像没有任何残留的疑问。这一点在口译中最常见，例如：现场直播的同声传译的录音被发布到网上，紧接着在脱离语境的情况下被自称为专家的人——特别是当他们有机会获得原始演讲稿的文本时——以书面语的标准评判为内容或语言上有缺陷的。他们通常会大声朗读演讲稿，而不是自然地进行演讲。（在口译实践中有一条特别难走的弯路：如果稿子是被朗读出来的，而非自然地演讲，那么这种情况下的同声传译将会是一场噩梦，因为这属于符际翻译，涉及了媒介及其特征的改变。事实上，与我们直觉相反的是，能让口译员工作轻松一些，提高口译的质量，演讲者可以做的不是坚持朗读稿件上的文字，而是用真正的口语自然地呈现演讲稿的内容。）但是，翻译的产品，以及翻译中的特例"同声传译"的产品，都不能与过程以及时空的、上下文的嵌入相分离。正如我们所言，即使作为一种产品，翻译仍然具有过程性：当回顾译本时，人们基于书面语的标准将某个译本称为有缺陷的。然而，这个译本常常被证明在现场（*in situ*）受众的眼中是完全恰当的。

彼时彼地，在交际现场，它运作良好并成功地实现了自己的目标。当我们反转这种符际交换的方向时，情况也是如此：字幕翻译完全不同于仅仅翻译转写的对话列表。将字幕翻译与它所处的语境相分离，把它仅仅当作一种"产品"，基于一些普遍化的标准来评判它，这不仅在方法论上是错误的，而且在伦理上是不公平的；这不仅类似于在比赛期间改变规则，还相当于在比赛结束后又修改了规则。

作为一位数学家，怀特海提出"同所有的发明一样，数学发明不仅促进了人类的理解，还产生了新的错误模式。它的错误在于引入了缺少'生命和运动'的形式原理"（1968：93）恐怕这种错误的思考已经从自然科学的各个领域延伸至人文科学的各个领域。"形式原理"盛行于关于翻译的许多传统和流行的思考。但是，翻译并不是一种无生命的、静止的和与时间无关的形式，而是一种复杂的和搏动的活动。它拒绝被还原为更简单的元素。科布斯·马拉斯（Kobus Marais）最近提议从复杂性理论的角度来提出关于翻译的理论。他主张：

> 翻译不可以被还原为任何一种构成现象或现象的组合。翻译本身是一种复杂的现象，而引起这种现象的因素太复杂，所以无法计算。此外，翻译的影响（即翻译的效果）同样也太复杂而无法计算。翻译既是由现象的复合物所引起的，又引起了复杂的现象；也就是说，这是一种新兴的现象。
>
> （马拉斯，2014：10）

将翻译看作一种新兴的现象，表明这两股智性思潮的显著融合：复杂性理论和过程思考都从"线性逻辑转向矛盾的逻辑，非线性的逻辑，或复杂的逻辑，由此能如实（在整体性和关联性中）展示现实的复杂性"（马拉斯，2014：17）。这两种方法对现实的解释都不仅仅是分析稳定和离散要素的内容——即分析它们是**什么**——而是分析"它们怎么样彼此关联的，或它们怎么样不断生成的"（马拉斯，2014：18），这便是它们的**方式**。从现实的角度来考虑，翻译完全是过程性的。

潜在性

对"翻译即过程"的认可——在怀特海对这个概念的理解中（标志是不定冠词的缺位：过程，而不仅仅是**一个**过程）——引领我们去考虑一些相关的概念。第一个概念就是潜在性。为了正确地理解此概念的来历，我们必须要对人类的思想史进行一些回顾。现实性和潜在性的二分法源自亚里士多德。他分别使用了术语 *energeia*（或 *entelecheia*）和 *dunamis* 来指代现实性和潜在性，并强调前者优先于后者：

> 现实性之于潜在性，亚里士多德告诉我们，正如"醒着的人之于睡着的人；睁眼在看的人之于视力正常却闭着眼睛的人；由某种物质构成的事物之于构成事物的那种物质"。
>
> （科恩 [Cohen]，2012）

这可能是——实际上已经成为——关于翻译的一种形而上学的思考方式。有人可能会争辩道，被理解为物质的文本自身具有某种潜在性，这种潜在性可能会，但也可能不会，通过翻译来实现。这种实现，即一个译本——实际上任何一个可能的译本——都已经潜在地包含在原始文本中了：如同休眠中等待被唤醒的对象，或者如同尚未用大理石雕成的雕像。同样的，事物如果自身不具有变成另一种事物的潜在性，那么除非它失去自己的本性，否则是无法生成另一种事物的。橡子可能（也可能不会，此处是潜在性和现实性的区别之一）长成橡树——但肯定不会长成桦树。受环境的影响，它可能会长成各种形式的橡树（脆弱的或结实的），但每棵都肯定是橡树。橡树的形式是潜在地存于橡子这种物质中的。这种思想应用于翻译时，假设在源语文本和目标语文本之间存在一种有机的和本质的（在形而上学意义上的"本质"）关系。无论翻译成为什么，无论翻译取得了什么成就，那都只是实现了原作的潜在性。这并不意味着翻译必然要比原作逊色——如我们所言，在亚里士多德看来，现实性优于潜在性（因为

"真实的"胜于"可能的")——但它在本质上总是衍生的。人们期望翻译会传达原作的"意义",忠实于原作的"精神",或表达原作的"语义主因"(这是斯坦尼斯瓦夫·巴兰恰克[Stanisław Barańczak]所用的术语[1994:21]);如果翻译与原作的这种关联被打破,那么翻译从某种意义上就会成为自主的,它的地位也会受到质疑。它充其量成为过于宽松的改写本,而最坏的情况则成为误译,破坏了原始文本的本质(意义、影响、效果等),不能实现原始文本的潜在性。根据亚里士多德的说法,潜在性是无法被定义的,只有从具体的案例中才能体现(科恩,2012);换言之,它不易用于理论解释。同样地,我们最接近"原作的精神"、"忠实的翻译"或"语义主因"这些观点的理论化是通过模糊的和主要凭直觉的对等概念,这归根结底是"一种信念结构"(皮姆,2014:37)。西奥·赫曼斯很好地总结了这一点:

> 对等[被理解为]价值和地位的平等,并不能从文本的比较中推断出来。对等并不是从文本中提取出来的,而是在特定的体制背景中通过外部干预施加于文本的。[……]对等是被宣告的,不是被发现的。
>
> (赫曼斯,2007:6)

事实上,对等是被宣告的——我们难道还需要一个更好的论据来证明广义的形而上学与翻译的理论反思之间的关系吗?传统上翻译的核心概念之一——对等——实际上是信念的问题和宣告的对象,这难道不是最好的论据吗?

让我们从经典的亚里士多德意义上对潜在性的讨论回到怀特海对这个概念的理解,看看能否得到有关翻译的激动人心的见解:

> 如果我们一开始将过程看作最根本的,那么当前的现实情况是从过程中衍生出它们的特征,同时也将它们的特征赋予将来。即时性是实现了过去的可能性,也储存了未来的可能性[……]即时事实中的可能性组成了过程的驱动力。
>
> (怀特海,1968:99–100)

潜在性的过程概念是时间的，而非物质的。怀特海谈到了"过去和未来的可能性"；在他看来，它们不存在于物质或事物的"真正本质"中。让我试着剖析这个论断：文本或发言不是永恒的"物质"（还原为它的**内容**），而是现存的"即时性"——过去与未来的可能性在此融合。这种融合与语境密切相关，即以独特的方式不仅嵌入时空背景（**地点和时间**），还嵌入主观的和个体的方面（**人物和方式**）。翻译的驱动力——**是否以及为什么**——来自"即时事实的可能性"，这绝不能被还原为**内容**——即文本静态的、亚里士多德式的潜在性。人们可以采用一种全新的和出乎意料的方式来理解、翻译和使用文本，无须源语文本的授权，而取决于谁、在哪里、什么时候、怎么样以及为什么这样做。让我们注意，在这种方法中，可能性被认为是复数形式（而潜在性是单数形式）。时间没有被概念化为一维的线条（这导致极端简化的序列性和因果性的观念），而是作为三维的空间。在这个空间中，可能性非序列地出现，彼此处于平行的关系。文本的翻译方式受到一系列因素的影响，远远超出"文本中的内容"。我们可以考虑为可能性的这些因素本身包括译者对其他文本（即互文性）有意识或者无意识的依赖；他/她因个人历史所形成的敏感性（主观性）；目前遇到的干扰、得到的灵感和受到的压力；简言之，这一切都可以被归于复杂的"当下的刺激"。翻译的接受也是如此。翻译的过程将会在结果的文本上落下烙印（也就是说，一个译本必然与其他译本不同），但翻译的过程并不会决定对译本的理解和应用，因为那属于另一个不同的过程。源语文本的内在属性（被理解为"质"）及其保存的程度并不能预先决定译本会成为什么样的——或者不能成为什么样的。过去和未来的可能性都是无限的。"在超越原作的地方，真正的翻译暗示源语文本拥有自己所没有实现的可能性以及储存的元素"（斯坦纳，1998：318）。这个观点不仅与之前提到的复杂性理论非常相似（例如：马拉斯，2014），而且与解构主义的见解也有很强的相似性。解构主义基于类似的反本质主义立场，挑战意义稳定的观点，而将翻译看作变形（具体的讨论见皮姆，2014：105ff）。从这个角度来看，解构主义者的激进主张不再显得如此激进。过程思想已经预示了他们的主张。

然而，在这一点上，我们可以提出一个问题：我们真的还在思考翻译吗？如果我们放弃建立在物质和转化这两个概念基础之上的思考，如果翻译所实现的可能性不是从原文出发，那么到底什么是翻译？翻译与创造性的活动有什么区别？它并没有直接遵从任何其他的实体或事件，而仅仅是置身于受到各种影响的多层网络中，既延伸到过去，又拓展至未来。我想很少有艺术家会宣称自己具有绝对的创造和美学自主权（即不受任何其他人的艺术所影响），但我们却并未将他们的作品称为译作。为什么不呢？如劳伦斯·韦努蒂（2012b：4）所争辩的，如果"在任何翻译研究和评论中关键的概念是［……］翻译的相对自主权"，那么难道我们不需要相对成分和与其他事物的关系来避免这个概念彻底丧失吗？有没有什么能将翻译与（其他）有自主权的文本相区分开呢？为什么有一些过程，包括文本，被称为翻译，而其他的一些却没有被称为翻译呢？我相信，关于这些问题以及类似问题的答案，至少有一部分可以在过程思考所发展的身份／同一性和因果律的概念中找到。我们必须再次意识到，对它们二者的理解，有时候会不同于经典或通俗的理解。

身份／同一性

由于过程思考的核心是随着时间推移产生的经验流，那么主要用时间的术语来构建身份就不足为奇了。身份首先是自我同一性；它是使自我之所以成为自我的一种可延续的连续体。离开时间观，身份的概念变得毫无意义，因为没有任何一个特定的实体（或个人）应该是相同的——或者严格意义上更准确的词是——一模一样的。在谈论身份时，我们主张存在的时间连续性。然而，身份的存在应该被理解为动态的发生，而非静态的存在——简言之，即"过程"——因此，我们不能将身份的同一性简单地视为与"来自一个不同时刻的"自己之间静态的、不受打扰的关系。从小说中对这种主题的探索可见，这种理解可能是有问题的。史坦尼斯劳·莱姆（Stanisław Lem）的《星球日记》（*Dzienniki Gwiazdowe*）提出了一个相关的思维实验：主人公伊琼·蒂奇（Ijon Tichy）在第七次旅行时掉入了一系列的时间漩涡,遇到七个自己的复制品——这七个不同的"自己"来自过去和未来的相邻时段。从外部观察者——读者的视角看来,这种经验似乎很滑稽有趣(事实上,莱姆在此也充分展示了他的天赋),但是蒂奇却主要感受到,与来自不同时间的自己之间的疏离感很快转变为不耐烦、恼怒和公开的敌意。来自不同时间的实体、个人或事物在某些意义上是相似的,但在其他意义上又与自身不同。在过程思考中,身份与存在一样是流动的、不稳定的和动态的。过程思考者强调即使在分子的层面上,我们谈论静态的身份也是无意义的。物质处于不断的运动中:从一个毫微秒到另一个毫微秒,包括我们的身体在内的实物都不是同样的原子和细胞的静态集合。简言之,"随着时间的流逝,没有绝对的自我同一性"(柯布,2007:35)。

从某种意义上来说,二者之间已经存在着紧密的联系,特别是当身份被认为是一种社会文化的概念,而不仅仅是形而上学的概念。身份的概念对于翻译理论来说是多么有用呢?或者至少可以说是多么有趣呢?在第五章我们还会进行更广泛的讨论,届时我们将采取更加社会文化的视角。现阶段我只想说明翻译以一种有力的方式触及身份,因为二者都涉及同一性的保持和变化之间的矛盾关系。让我们仔细地研究以过程的视角发表的论述,并尝试从翻译的角度将它们重新概念化。

> 尽管他们似乎唤起了历史中过去的起源,并继续与源头保持一致,但事实上多个**身份**是在生成而非存在的过程中,使用历史、语言和文化资源的问题。
>
> (霍尔[Hall],1996:4)

就我所见,这种论述与两种见解产生了共鸣。第一种见解基本追随韦努蒂(2008)的知名论点,因此我仅作简要的陈述。翻译,正如身份的同一性,常常涉及一种幻觉:与"客观"事物、历史文本、言论或背景保持一致。事实上,翻译不仅仅是要保持一致,还有隐含的信念是:以同一性为基础来考虑翻译,实际上是使原作之前的存在变得不朽。原作和译作之间存在一种形而上学的联系,以保证本质的统一。依照这种幻象,翻译的相对自主权常常被贬低和最小化。许多翻译,不仅是文学作品的翻译,也包括商业和技术文本的翻译，在形式、文体和语言方面都几乎是透明的，事实上与接受语境中产生的本土文本没有区别，从而使译者"隐身"（韦努蒂，2008）。讽刺的是，译本越是透明和可读（用韦努蒂的话来说是"越流利"），它越依赖于目标语言和文化的资源——从这个意义上来看，源语文本融入了一个完全不同的语境，译本的自主权也就更大。最流利的翻译——如同最坚不可摧的各种固化的身份——从某种意义上来讲最不能"真实"地呈现完全归化的原作。将翻译的同一性理解为对等、不被打扰的一致性或本质的统一体都是一种幻觉。幸运的是，阐释学的模型强调，理解是阐释学家根据语境的领会，从而成功地消除了这种幻觉。

第二种见解没有那么流行，因而可能还更有趣：翻译是关于生成的问题，而不是关于存在的问题。从某种意义上讲，翻译更多的是关于语境及其历史、语言和文化资源的使用，而不是其宣称保持一致的来源。而且，这种一致性无法从本质主义的角度来理解：

> 与人们普遍理解的、看似固定的语义恰好相反，身份的同一性的概念并非暗示自我具有稳定的内核，从头到尾在展开过程中经历所有的变迁仍然一成不变；自我的每个部分也总是一直保持"相同的状态"，即使历经时间变化还是保持自己不变。
>
> （霍尔，1996:3）

via negativa 是一个经典的例子：我们了解到，身份的同一性并非真正涉及一个要求保持不变的稳定内核。现在，考虑到这种否定的论述，我们还能假设源语文本和目标语文本之间存在的是一种同一的关系吗？让我们想想"授权翻译"（也被称为"公证翻译"或"认证翻译"，此处暂且搁置一些术语的细微差别）这个例子。也许没有其他任何形式的翻译能与它的源语文本如此不同，而同时又能如此相似。授权翻译的语言常常是极其异化的，因为它试图重现源语文本和语境的独特性；它不允许句法的改变或文化的改写。在原始文件上盖有印章的地方，译文做如下描述："此处有红色墨水的国徽印迹，周围有以下刻字等"。如果签名难以辨认，译者并不会一丝不苟地再现签名，而是简单地标注为"难以辨认的"。认证翻译是

这样呈现的：它的身份在页眉或页脚处被清楚地标注出来（例如："源语为法语的认证翻译"），带有译者在官方登记的独一无二的参考编号，并由译者签字盖章。它与原始文件的区别非常明显，因此没有人会将之误认为是原始文件。但是从法律的角度来看，它被认为是"可信的"，即与原始文件是完全一致的——甚至可以用作证据。这种同一性的主张并非基于形式的相似，而是基于国家正式赋予译者的权威。宣誓译者实际上是政府官员，他们已经通过了要求的测试，隆重地宣过誓——也许我们可以说是"被指定的"？——就像公证人或法官一样。从现在开始，**人物**和**方式**与**内容**同样重要。从法律的有效性来看，原始文本和它的认证翻译是完全相同的；然而，在其他的几乎所有方面，它们都是截然不同的。以下来自过程思考的洞见与这种情况正好是相关的：

> 如果想要追求新的身份，我们绝不可能保持完全的自我同一性。唯一的问题是，损失的是否与这个论点的目的相关。在摇篮里的婴儿和成年后的中年男子在某些意义上是同一个人，在其他意义上又不是同一个人。
>
> （怀特海，1968：107）

那么，源语文本与它的译本之间的关系是否可以比作婴儿和这个婴儿长大后会成为的女人/男人呢？这的确是个有趣的想法。为什么我们会认为两者是同一个人呢？让我们牢记同一性这个概念所涵盖的广阔范畴，暂时搁置其他的维度（例如：心理的维度、文化的维度等），仅仅聚焦于一个方面，即这个肉体的同一性。如我们所说过的，从分子的层面而言，严格意义上的同一性并不存在：组成两个实体的原子在任何指定的时间点上都不是相同的原子。从构成肉体的更高层次来看，这就变得更加复杂了。尽管人体内不断有新的细胞替代旧的细胞，但各种细胞组织替换的速度是不同的。例如：脂肪细胞每年大约有10%的替换率（斯伯丁[Spalding]等，2008），但是某些脑细胞、海马神经元的年周转率仅为1.75%，其中只有三分之一的脑细胞可以被替换（斯伯丁等，2013）。因此，从脑细胞的层面来看，我们只能谈到相对的同一性：我们出生时体内的一些细胞,直到我们死去,仍然属于我们身体的一部分。但是,除了看起来挑战了连续的个体同一性的这种细胞替换率以外,还有能通过基因测试来确定的基因层次的同一性:不同的生物材料样本被发现来自一个器官,它们的相似度如此之高,几乎可以确定是来自于同一个器官。两个样本都具有某种独特的模式、某种核苷酸序列和相同的 DNA 片段,由此可以推断其来源的同一性。

表面看来,我们在这场讨论中已经偏离了翻译的同一性问题,但事实并非如此——事实上,DNA 采样与基于语料库的翻译研究颇有共通之处。文体学研究已经论证了对最常用的词进行词频分析(英语中最常用的词包括 the, to, and, of, I, a, in, that 等),能够成功用于原文及译文的作者归因。扬·里比基(Jan Rybicki)在最近的研究中采用布罗斯(Burrows)的 Delta 文体距离计量法,发现"除了少数高度改编的译本外,这种方法[……]常常无法识别译者的身份,却能识别原文作者的身份"(2012:231)。这意味着翻译大量地保存了源语文本的文体特征——甚至可以据此来识别原文作者的身份。里比基认为,"最常用的词中显现的'指纹'不仅有助于文学文本的作者归因,还有助于类别和年代的归因"(2014:68-73),而从文体的层面来看,译者常常或多或少地保持"隐身"(2014:83)。文体计量学提出,至少从语言层面来看,翻译的"相对自治"确实是非常有限的,文本和译本之间的关系理论上涉及某种同一性。

此处对同一性的限定条件("某种")提醒我们,文体不能被还原为词频,尽管"同一性"这个概念可能有助于形成翻译理论,但人们必须充分地意识到其复杂性。即使严格地从生物术语的角度来看,有机物的身份都是非常复杂的,既是固定的,也是变化的。如果翻译涉及同一性,它们将总会"保留"一些东西,也会"改变"一些东西(我将这些动词放入引号是为了表明它们的非本质主义的意义),因为这正是同一性所涉及的。它从来不是完全的:

> 无论是星球和石头,还是生物,都见证了同一性的广泛保存。但它们同样也见证了这种保存的不完整性。就目前所知的事实,在已经发生的事实中,没有任何事物能与先前的自己保持完全的一致性。在

> 已经发生的事实中，与自我的一致性只能是部分的，存在于某些过程中，并影响了某些种类的过程。但是在其他种类的过程中，差别却是非常重要的，自我同一性只是个有趣的故事。对于房产的继承而言，三十岁的成年人身份与他／她之前的十个月大的婴儿身份同等有效。但是对于驾驶游艇而言，成年人和孩子的身份有根本的差别；这两者的同一性陷入形而上学的无关性。
>
> （怀特海，1968：94-95）

翻译中的同一性是主导的和本质的，还是"陷入形而上学的无关性"，对我而言是个开放性的问题。译文是否被认为以某种方式与原文保持同一性，这不仅是目的和视角的问题，也是信念的问题。对认证翻译而言，法律上的同一性至关重要，可以通过严格坚守某些规范得以保障（有趣的是，这并不排除存在矛盾的译本）。但是，最终赋予认证翻译法律上的同一性的是译者的权威。在大多数其他的语境中，必须强调的一点是，我们所涉及的总是处于某个特定的阐释情境中的一个（而非某个特定的）译本。从伦理的视角来看，强调翻译与原文之间存在着可感知的同一性，可能会导致译者及他／她的角色被抹掉。因此，我们必须用对翻译流动性的认识来制衡对翻译固定性的讨论。关于这种张力和它隐含的矛盾，可以言说的内容很多；在第五章，我们将会重回同一性的概念，进一步讨论这个问题。但是现在，让我们转向另一个密切相关的过程概念，那将帮助我们探索翻译的诸多**内容**和**方法**。

因果关系、产生结果、影响关系和质的连续性

承认过程的概念为基本概念，这将带领我们去考虑时间的关系。如我们所言，同一性——特别是其原型形式，即自我同一性——是与自我的历时关系。那么与其他实体的关系如何呢？这是由因果关系的概念所提出的问题，从多方面看来更符合我们的目的。无论译文与原文的"相对自治"程度如何，毫无疑问的是，译文与原文之间存在时间的先后顺序。从定义

上看，译文出现在原文之后。一些术语实际上强调了这种时间的连续性。印地语的"翻译"（*anuvad*）就是一个很好的例子。这是"一个梵语和印地语的术语，专指笔译，大致意义为［……］'重复'或'以后又说'"；根据这种概念化，翻译是"不断更新和阐述的过程"（皮姆，2014：2）。但我在此还想补充一些观点：简单地将翻译看作结果，将原文（或源语文本）看作原因，恐怕会错失重点。因果关系是一个很有前途的理论概念，因为它涉及双方 *relata*（快速的术语提示如下：*relatum* 是 *relata* 的单数，表示一段关系所涉及的一方）。的确，"因果关系"这个术语在英语中是从较早的一方（*relatum*）——即"原因"——的视角出发来概念化过程，"因果关系"这个概念的名字也是由此而来的。如果我们站在相反的视角，那么过程应该被概念化为"果因关系"。我们必须记住，无论我们选择的概念化是什么样的，我们所考虑的都是整个过程，从原因或结果出发，来看原因和结果之间的关系。让我们谨记这一点，然后将柯布关于因果关系的论述应用于翻译：

> 人们能感知到的结果，往往是发生在过去的原因所引起的，原因总是先于结果而存在［……］换言之，处于同一时期的不同场合中并没有因果关系。

（柯布，2007：6–7）

同样，同一时间的结果之间并没有翻译关系，或者我们用正面的术语来说：翻译关系只发生在时间上有先后顺序的事件中。事件的连续性是关键，但是从原因出发的视角不应该垄断对整个过程的感知。原因和结果这两者都很重要。结果需要原因，同时原因也需要结果（否则，原因将不复存在，只剩下单个的孤立的事件）；原因和结果以彼此的存在为先决条件。同样地，只有当文本被翻译时才能成为原文；在翻译开始之前，原文的概念是毫无意义的。实际上，这意味着我们需要谨慎行事，在概念重构中灵活处理。**翻译**可能被替换为**因果关系**，由此表明所涉及的因果关系，但我们并不能自动地用原文或源语文本来代替原因。过程思考者将事件、结果和已发生的事情又看作原因；如果将这些还原为文本，将压制它们的过程性本质,而翻译被重新概念化为因果关系(此处我们对"因果关系"这个词的理解应该超越词源学的范畴)时可能产生的丰富见解也失去了其重要意义。让我们牢记这个警告,看看怀特海对"翻译即因果关系"所做出的假设反思:

> 仔细想想我们关于因果关系的概念,一个事件如何成为另一个事件的原因?首先,没有任何一个事件能够完全地、单独地成为另一个事件的原因。
>
> (怀特海,1968:164)

没有任何翻译是完全地、单独地源自它的原文,或者完全地、单独地由它的原文所驱动。翻译总是既涉及读出(exegesis),又涉及读入(eisegesis)。正如我们在上一章所提到的,我们带给翻译过程的不可能仅限于源语文本的**内容**:

> 没有任何事件能够完全地、单独地成为另一个事件的原因。整个先前的世界一起共同作用,产生了一个新的**结果**。
>
> (怀特海,1968:164)

但是因果关系是一个复杂的概念(翻译也是如此——这也是它们可以解释彼此的原因之一)。这种复杂性意味着在这个特定的篇章中,我们可以用不同的方式来解释和重新概念化"一个新的结果"。因果关系并非总是一种简单的双边关系。一个结果可能变成另一个结果的原因。在某些环形的结构中,将原因和结果孤立起来几乎是不可能的。翻译无疑是一个新的结果,但源语文本同样也是一个新的结果。跟随怀特海,我们可以断言整个先前的世界共同作用产生了新的译本——但同样也产生了新的源语文本。对于翻译而言,某物在何时、何地、怎么样和为什么成为了新的源语文本是一个极其复杂的问题。想想之前鲜为人知的文学作品,在获得文学奖后译本突然激增。例如,奥尔罕·帕慕克(Orhan Pamuk)的小说的所有波兰语译本(我推测还有其他语种的译本)得到委托和出版都发生在

第三章·过程思考：翻译即过程和信念

2006年他获得诺贝尔文学奖之后（有些甚至就发生在诺贝尔文学奖公布后的数天内）。选择什么材料来翻译（以及什么时候翻译）通常受到市场需求或时尚（事实上二者常常是一回事），个人品位或兴趣，以及之前经验的影响，有时还取决于委托人（例如出版商、编辑和作者）的判断，或是译者自己的判断。在选择翻译的材料时，脱离语境考虑到的文本优点，远不如文本当前的时事性和政治重要性重要，因为后者才是市场潜能的真正驱动力。与人们阅读一些学术研究时可能产生相反的观点，译本的出现并非仅仅是因为对某个文学天才的认可，或思想的某种不可阻挡的迁移；它们得到委托往往是出于个人和政治的原因，或者完全是由利益所驱动。在大量可能的原因中——在整个前世复杂的共同作用中——通常有一个主导因素：

> 某个结果以一种重要的方式决定了**后继者**的形成。
>
> （怀特海，1968:164）

我们跟随这条论述，从因果关系来到影响关系，而影响关系也因此成了概念替代的另一个候选对象。怀特海接着说：

> 我们应该如何理解这种**影响关系**的过程？单是质的转换这个概念就让人完全无法理解。
>
> （怀特海，1968:164）

翻译的模型建立在转换的基础上，并隐含了翻译作为一种交流渠道的暗喻——这种观念直到最近实际上还操控了西方对于翻译的思考，很大程度上使相关现象变得模糊。这个现象是很好理解的：转换的概念预设了主流的基于物质的形而上学的观点，这个观点中有各种盲点，其中最明显的一点是，它排除了其他的语境因素，仅仅关注于**内容**。与以上模型所提倡的观点相反，意义并非由发出者"编码"，以声波或文字的方式由语词来"运输"，紧接着被接受者"解码"。如果交流和翻译是基于转移的，那么一旦源语文本被译入一个新的环境，就应该从源语语境中消失。当形式的容器被改变了,意义的本质也就不能保留了;事实上,整个内容与容器的二分法从根本上是有缺陷的。被翻译的内容并不是文本客观"言说"的内容。意义生成和翻译(二者常常是同一回事)总是置于语境中的,受到一系列因素如个人的、社会的、机构的、政治的、文化的、历史的以及其他因素的影响。这也是为什么我们会有不同的反应、理解和翻译。这也是为什么翻译永不完结、完整或终止。让我们回到这个问题:因果关系和影响关系如何帮助我们理解翻译?为了解答这个问题,我们需要再次提起翻译的"相对自主权"这个概念。事实上,这种自主权必须是相对的,而非绝对的。

> 假设两个事件确实可能是分离的,即使我们不参考其中之一,也能理解另一个事件,那么它们之间所有的**因果关系**或影响关系的概念就难以理解。在这种假设中,其中一者所拥有的任何特质绝不会影响另一者所拥有的同种特质或其他特质。在这种信条中,世界上质化连续的作用与相互作用成了虚无的事实。由此可见,如果超出直接观察的范畴,任何关于过去、现在或将来的结论都无法得出。假如我们不将任何对将来的期望或对过去的悔恨纳入这条实证主义的信念中,那么它是完全自洽的。
>
> (怀特海,1968:164–165)

很明显,这种关于理解性和创造性完全分离的假设——与一些提倡译者的自主性和原创性的观点相似——实际上将我们推离任何合理的翻译理论。至少就我所理解的,翻译正是与对将来的希望和对过去的悔恨相关。事实上,翻译正是由这两者所驱动的。翻译是与关联和关系密切相关的,而许多关联和关系本质上都是与时间相关的,因此翻译理论要服从于因果关系这一概念。当我们假设事件(即文本或言语)之间存在着因果关系(例如翻译关系),我们实际上可以用"质化连续"(最重要的是,**方法**的再现)来解释这种关系。如我在第一章中所提出的,质是**方法论**。给空间模型增加一个时间维度——换言之,放弃物质的形而上学,以过程思考取而代之——打开了崭新的理论视角。也许原作的某些本质并没有"转移"给译作,而是在译作中"重生"、"显现"和"再创造"?但是我们如何用理论的术语来做出解释呢？让我们再次到怀特海的论述中寻找灵感：

> 关于**因果关系**唯一可以理解的学说是基于实然性的学说。
>
> （怀特海，1968：165）

的确，对因果关系进行形而上学的反思通常始于对"实然性"的考虑。最初的问题之一是：是否 *relata* 是具体的，并位于时空中（即实然的），或者是抽象的、非时空概念的（即超然的）？"如果关系（relata)是超然的，那么它们就是事实。如果它们是实然的，那么它们就是事件，或用另一种说法，例如特征、比喻或情况"（谢弗［Schaffer］，2014）。面对这种选择，怀特海坚持因果关系的概念（我们也许可以加上"翻译"的概念）只有基于实然性才能产生意义。在因果的（和翻译的）关系中，*relata* 是事件、特征、比喻和情况。正如我们讨论阐释学的洞见时所说的，文本不会对每个人以同样的方式"言说"，甚至对同一个人，在不同的时候，都不会以同样的方式"言说"。文本和它们的译本——总的来说，*relata*——不是抽象和客观的事实，而是感知主体在时空中"产生结果"的经历"（这将我们带到另一项概念重构）：

> 每一个**结果**都预设先前的世界在构成自己的本性时扮演着积极的角色，因此，各种事件相对于彼此有明确的身份；同样因此，在每一个当前的**结果**中，过去的质化能量被合并入质化能量的一种模式。
>
> （怀特海，1968：165）

那么也许我们将原作与译作的关系（同样，作者与译者的关系，以及读者与听众的关系）用能量流的角度来理解，会更有益处？难道怀特海所称的"质化能量的一种模式"不就是**方法**的力量吗？也许那就是翻译的首要特质呢？当我想起一些来自不熟悉的语言学或文化语境的译本时，它们之所以令我感到震惊、着迷或困惑，并不是因为它们所说的内容，而是它们所用的方式。翻译的一个中心争议话题"异化和归化之辩"难道不是聚焦于如何代表他性和差异吗？这将我们带到另一个概念的区别。

采纳与排除

翻译的过程涉及创造；因此，以下段落中的"创造的"可以被重读为"翻译的"：

> 整个世界共谋来产生一项新的**创造**。它向**创造的**过程展示了机遇与局限[……]一个复杂的整体中所有要素促成了某个结果，排除了其他的结果。这个**创造的**过程既是采纳的过程，同样也是排除的过程。二者的关联在于："排除"意味着放弃与美学统一性不相关的一切；"采纳"则意味着引入与美学统一性相关的一切。
>
> （怀特海，1926：113）

如果翻译最终是关于选择，那么它必然涉及将未选中的留下。"翻译是一种非常模糊的活动"，将"开放的阶段"与"封闭的阶段"并置在一起。这不仅与语义和美学的维度相关，还与伦理的维度相关：每一个译本在强调一些内容的同时，也在隐藏另一些内容。翻译作为一种阐释的行为不可避免地将面临两难的困境：选择一种解释，不仅意味着不选择其他的解释，实际上还使它们更难以辨认，将它们推离了聚光灯。这实际上是一个过程，"一个复杂的整体中的所有要素促成了某个结果，排除了其他的结果"（怀特海，1926：113）。我不得不注意到：怀特海反复地提到整个世界是怎样"共谋"来产生一项新的"创造"（1926：13）和"结果"（1968：164），我建议将"创造"和"结果"重读为"翻译"。这意味着这个过程并非完全透明的，而是穿越了汹涌的暗潮，受到了持续的干扰，并经历了权力的斗争。翻译有着危险和神秘的一面，也许是因为我们无法完全地对它做出解释。某种神秘的要素仍然尚未被公开——也许这就是造就翻译的另一个特征。与问题不同，神秘的事物并不要求立刻的解决方案，而是要求更深刻的反思、谦虚以及对矛盾的欣赏。过程思考正是在这一点上能有助于翻译变得更加丰富。

第三章・过程思考：翻译即过程和信念

翻译即信念

因此我们来到本章的第二个主题：信念的问题。我们从形而上学走向存在主义，我们的视角将会从抽象和普遍转向个人和存在。谈论信念——尤其是个人的信念——是一种脆弱的行为。我们离开相对安全的哲学思考空间（我们中有多少人会因为讨论实然性、因果关系或影响关系而感到自己被触动或被冒犯了呢？），来到关于个人信念的敏感空间，常常感到无法交流的痛苦。我在接下来的反思中，会将翻译概念化为信念的各个方面。我承认，对我而言很有启发和说服力的事情也许并不会对每个人都同样有吸引力——那仅仅是一种美好的期望。通过聚焦于信念的问题，我们正进入感觉、经验和启发的国度，不再进行冷静的说服和不可辩驳的论证。

我将主要从捷克精神治疗师和哲学家托马斯·哈利克（1948年生）的作品中提取供我们反思和重新概念化的言论。严格意义上讲，他并不能被当作过程研究的代表人物（尽管他的观点常常听起来与过程研究的中心论点颇为契合），但我感到与他在经验上和智性上非常相似。首先，我们之间存在着不可否认的地缘政治学关联以及部分的个人联系：我与哈利克具有广义上相同的文化背景（除了东欧以外，波兰和捷克共和国的文化差异几乎可以忽略不计）。但我究竟是怎样从他的著作中读出与翻译理论的关联呢？以哈利克为例，原因之一在于他的注解的广度：结合了哲学、历史、政治、社会和心理学等各个领域的视角（也许还涉及其他的领域）。鉴于我将翻译看作超学科的观点，我们很自然可以预料到我的观点与他这种涉猎广泛的方式会有数不清的融合之处。然而，在很多时候，我无法准确地解释自己为什么发现某个观点很有启发或有趣；真正的原因仅仅是哈利克思考的**方法**。当我首次遇到他的反思时，我震惊于它们的真实和深度——而且立刻感到他对于信念问题的思考有很多与我对于翻译的思考是相似的。这种相似性最好的证明来自哈利克最近的著作的开篇第一行——当我们将"**信念**"替换为"**翻译**"时——理想地抓住了我在自己的研究中试图遵从的方法：

> 整本书中所谈论的"**信念**"（即促成本书的"信念"）在本质上是矛盾的。因此，一个人必须诚实地、不肤浅地用矛盾来书写信念；一个人只能诚实地、不肤浅地生活在矛盾的信念中。
>
> （哈利克，2012:1）

哈利克认识到矛盾在所有具有灵性的事物中（也可能在所有的翻译中）所扮演的关键角色，产生了以诚实的方式书写它们的伦理冲动——我相信其中还包括了个人和存在的视角——我能感受到类似的精神轻松地盘旋在学科的边界上空。哈利克的作品带给我的亲切感在此也从现实中体现出来：不同于我在本书中重读的其他作家，我必须要依靠自己来翻译哈利克的见解，因为我认为与自己的研究最相关的这本书《不会摇摆的是不稳定的》（*Co je bez chvěni, není pevné*）尚未用英文出版。这也意味着接下来的反思也容易附上我在翻译中理解的烙印。

将翻译考虑为信念（的行为），二者复杂和矛盾的本性很容易突显出来，而我们常常发现自己在追随 *via negativa*。让我们从提出"信念不是什么"开始。信念不是清楚持有的观点的集合。信念不是基于纯粹的理性、冷静的估算或对客观事实的理性接受。信念不能被还原为一套言论、社会文化实践或心理情感状态；信念并非一个人能想到、感到、说出或者去做的任何具体事情。相反，它在完全不同的层面上运作，关系到我们接近周围世界的方式。如哈利克所言，信念是"对待现实的一种特定的态度"（2012:13），我提议可以用一个中心概念来总结：信念实际上是关于**方法**。正是基于这一点，信念与对于翻译的反思密切相关。像信念一样，翻译并不是纯粹的激进主义。翻译也不仅仅是一种理性的活动、一种思想实验或一种情绪的反应。翻译必然会涉及非常现实的事情——例如交流的活动以及真实的相遇——但它不能被还原为某个特定的文本、语言或社会活动。信念和翻译都涉及思考、感受和行动。二者都有内省的、关联的、（常常是）语言的或文本的方面。让我们看看在将翻译重新概念化为信念的过程中我们能得到什么，以及我们如何"主要用对待现实的一种特定态度"（哈利克，2012:13）来谈论信念。

第三章 · 过程思考：翻译即过程和信念

"不会摇摆的是不稳定的"

就我所见，有点令人惊讶的是，哈利克的观点中最基本的主旨是"真正的信念并非不可动摇的"——这与流行的观点完全相反，这表明他在思想上非常强调过程性。哈利克认为信念不可能是固定的和静态的，或——用他最喜欢的词来说——不可动摇的："我们的心并非不可动摇的，这意味着我们的心并非石头做成的；我们的信念（最广义上的含义）并非不可动摇的，这可能仅仅意味着信念是活的"（2002：12；本书作者所翻译）。生命暗示着运动。稳定的常常是死去的。但这个观点也有实用和伦理的维度：

> 我们所居住的世界因改变和转换而摇摆和晃动。也许那些没有采取固定立场的人，允许这个时代所有的震动和爆发在体内搏动——同时不断尝试寻找一个平衡点——不会那么轻易地垮掉。尽管我所想的不稳定性常常由焦虑和担心所构成，但它并非由于懦夫的恐惧所带来的结果。对我而言，这种运动是生命自身的脉动 [……]，从而避免我们变得僵化，内部僵硬，并失去了敏锐度。我无法找到更好的句子来表达下面这句诗人所说的话：不会摇摆的是不稳定的。
>
> （哈利克，2002：14；本书作者所翻译）

哈利克所宣扬的是革命性、非正统的信息：健康的、真实的和真正活着的信念与怀疑是不可分割的，怀疑与信念是一对"姐妹"（2002：13，48）。信念和怀疑是同一枚硬币的两面。维持二者之间健康的平衡关系需要灵活性，还需要有能力重新分配质量和重新调整重心——保持毫不动摇的姿势必然会导致崩溃。因此，一种活着的信念本质上是可以动摇的，并且会不断地摇摆。

如果翻译像这种信念，那么它必然会有所摇摆。我碰巧发现，道格拉斯·罗宾逊最近在他的著作《翻译和摇摆的问题》（*Translation and the*

Problem of Sway, 2011）中将这个术语——以及概念——引入了翻译理论。当然，正如罗宾逊本人所承认的那样，译者因受到文本和文化的压力而摇摆并非什么新鲜事："两千多年以来，人们认为翻译在进行的过程中至少受到源语文本或源语作者，甚至整个源语文化的影响而摇摆"（2011：17）。罗宾逊的贡献在于提出将"摇摆"作为涵盖了规范和偏见的更高一级的范畴，将"摇摆"定义为"影响翻译的生产和接受的力量、压力和指引渠道"（2011：x）。我们应该从描述的意义，而非评判的意义上来理解"摇摆"：它不仅是"对理性的干扰"，也是"理性的来源"；不仅是"思想的混乱、失败，也是成功和有效组织思想的首要的和共同的渠道"（2011：11）。据我所理解，在罗宾逊的观点中，"摇摆"是不可避免地伴随翻译的要素——因此也在某种意义上定义了翻译。

如果翻译像信念一样，那么我们可以不仅仅将摇摆当作翻译的一个不可避免的要素。相反，摇摆是应该被珍惜和欣赏的要素，它提醒我们翻译不仅需要动脑，还需要用心。当我重新概念化关于信念的观点时，最打动我的一点是：当我们意识到翻译与一些更伟大的事物交织在一起时，我们就能体会到在翻译中带着一些谦逊和责任感是有益的。这种谦逊在哈利克的言论中处处可见：

> 我的**信念**并非不可动摇的——相反，它持续不断地摇摆。[……]它由于各种原因而摇摆：[……] 我为自己难以避免说大话而感到尴尬[……] 我恐惧那些"拥有真理"的人所带来的危险；当面对残酷的现实时，我想到信念的微弱与无用。
>
> （哈利克，2002：13）

我们把他的观点应用于翻译，就会发现：作为译者，我们经常发现自己处于科学或政治辩论的中心，这些辩论往往围绕着我们共同创造或激发的某些陈述而展开。随之而来的是责任的问题。译本具有影响感知的能力，因此也可以影响其依靠者的态度——这也是为什么它们如何代表相似与差异会如此重要（这一点我们以后会再谈到）。但是，意识到翻译不稳定的本质——如哈利克所称，翻译的"软弱"——并不代表我们可以对研究、追求知识或理论化采取不那么严肃的态度。事实上,翻译这门职业要求不断的发展和知识的拓展。由于担任笔译或口译的工作,我才有机会去到一些本不可能有机会去的地方,或者从未打算去的地方,遇到之前从来不曾遇到的问题。翻译就是去提问,去寻找答案,去学习和探索。

> 无论是在更高的理论层次,或是在具体的实践层次,我们都不能轻易地放弃寻找答案。当然,答案总是不充分的;我们之所以要去怀疑,目的就是要充分暴露这种不充分性,并抵抗错误的确定性所带来的自满——如果我们的答案和想象是绝对化的,那么我们的信念将变得琐碎而僵化。
>
> (哈利克,2002:47)

这再次提醒我们:翻译是一个过程,是"形成过程"而非"存在"。它最大的敌人是对所谓的"终极的、稳定的和不可动摇的解决方案"感到自满。如果我们诚实地承认翻译是一种阐释的行为,我们就必须要承认多种理解和译本存在的可能性和合法性,而且无论我们多么努力,自己总会有一些残留的不确定性。在翻译中,我们不能盲目地宣称一个最终版本,而排除其他的可能性。否则,我们将面临教条主义和僵化主义的危险,这正是哈利克急切地想要暴露给公众的问题和警示的内容:

> 我害怕人们拥有不可动摇的信念。在我个人的经历中,我常常遇见一些人,他们思考问题非黑即白,并且认为自己的信念是"不可动摇的"[……] 我立刻本能地感到 [……] 我与他们没有任何的共同点 [……] 是的,我害怕并避免接触"不可动摇的人们",因为我从他们身上嗅到了一丝死亡的气息,并感受到他们对生命及其运动、温暖和多样性的敌意;我避开他们,仅仅是因为我不相信他们所宣称的——信念的确定性。
>
> (哈利克,2002:12–13)

翻译中不可动摇的确定性——如同信念中不可动摇的确定性一样——

熄灭了它的生命、活力和温度。如果我们坚持认为翻译过程在某种意义上是具有生命的,其特征是自然的脉动和过程的形成,那就意味着,如同活着的信念,它"总是以问题的形式出现"(哈利克,2002:22;本书作者所翻译)。我们可以这样理解:翻译所提出的问题,远远多于它所给出的答案。活着的翻译更多的是关于开放,而非封闭;关于启发,而非固定;关于动摇,而非稳定——如同信念一样,"翻译需要批判性的提问,才能被唤醒、激活和困扰"(哈利克,2002:27;本书作者所翻译)。这句话有力地回应了我们前一章讨论的阐释学观点,阐释学和翻译的任务也由此"变成了不断地提问,而且在某种程度上总是可以如此定义"(伽达默尔,2004:271)。事实上,这些问题的不断涌现可以说明为什么翻译被理解为信念:

> 这种提问的焦虑正是我们人生在世的脉搏;没有任何事物能让它停止[……];一旦试图停下这种脉搏[……]就意味着偏离**信念**之路。没有这种不断地寻找和提问,**信念**还能活着吗——它还能是**信念**吗?
>
> (哈利克,2002:22)

把翻译当作信念,必须一直检查其产生的语境,使其符合接受语境,并且愿意做出调整,以使信息得到最好的交流。与其他文本相比,译本更需要对修订和改进的版本保持开放的态度。事实上,修订和改进的版本应该得到鼓励。翻译中适当的焦虑和谦虚不仅值得表扬和推崇,而且是必要的。从一种真实的意义来理解,翻译中的傲慢是致命的:它使过程的脉搏停止跳动,因为如果翻译像信念一样,那么它"不仅能征服和消除怀疑,还能容忍和宽恕怀疑"(哈利克,2002:40;本书作者译为英语)。

从复杂性理论的角度出发,马拉斯认为"活着的翻译"需要"无法逾越和平衡的张力"(2014:43)。但有趣的事发生了。这种张力和怀疑的出现并不会阻止我们采取具体的翻译立场并为之辩护。我们不断意识到批判的问题,但这并不意味着我们应该只生产不愠不火、无趣无害、政治正确和四平八稳的译本:

当我捍卫"有疑问的信念"时，我完全没有打算要捍卫或提倡任何"折衷的**信念**"。

（哈利克，2002:41）

但是，如果翻译不可避免是偏颇的，我们就会遇到另一个涉及质量和平等的矛盾。

平等的问题

问题是：阐释的不确定性和翻译的谦虚是不可避免的，我们怎么样才能将它们与需求和欲望，或者仅仅是必要性相调和，从而在翻译中站稳自己的立场呢？如果翻译从来不是中立和客观的过程，而总是从某个视角出发，朝着某个目的而去，那么我们可以基于什么理由来衡量这些视角和目的呢？或者也许我们不得不承认所有的译本都是同样合理和珍贵的？将以下论述中的"信念"重新概念化为"翻译"，或许可以为我们提供一些洞见。

"religio"这个单词有时被解释为"re-legere"的派生词，意思为"重读"。的确，**信念**是一种重新演讲 [……]：我们从一个全新的角度，在更广的语境中，带着距离感，从超越人类的视角来俯瞰，以更深刻的理解来重读 [……]。

（哈利克，2002:20）

难道这不正是翻译所做的吗：提供全新的视角、不同的观点和更广阔的视域？因此，让我们试着更进一步探索这一矛盾。一方面，

信念意味着不再仅仅聚焦于自身，意味着（对自己的）开放——当然，也包括对他者的开放。

（哈利克，2002:197）

由于我们坚持信念和翻译应该伴随着建设性和自我检查的疑问，以上观点当属意料之中。当我们翻译时，我们（在理想状态下）对他人开放——"他人"指的是源语文化和目标语文化中的人们——当我们的世界与他们的世界相遇时，我们种族中心主义的焦点开始拓宽：

> 我们总是置身于自己的"前理解"中，但是，当我们与他者相遇时，我们可以脱离自己的"前理解"[……]。仅仅是与 [……] 邻居（事实上，最重要的是与那些不同于我们的"异质者"）之间的一场对话就能动摇我们的自信，给我们带来超棒的惊奇体验：至少在那个时刻，我们可以透过他者的眼光看到世界和我们自己。正是在那个时刻，我们的视野变得更加清晰并开始扩大，"客观性"逐渐产生，而且在我们二者世界的相交处出现了互相认可的领域。
>
> （哈利克，2002:119；本书作者所翻译）

在此基础上，才能产生对话、尊重差异和欣赏多样性。的确，翻译可能使我们眼界开阔；但是当我们暴露在差异面前，特别是当那些差异完全不同于在特定的团体眼中看似自然的、正常的、普遍的、传统的、符合逻辑的、重要的、美丽的或受推崇的事物时，我们会明显地或含蓄地，有意识地或无意识地带着评判的成分去比较。避免比较的唯一方法看似宣告全体平等，避免任何的价值判断：强调相似之处；忽略或贬低差异。然而，也许有些令人惊奇的是，这种方法实际上与哈利克所采取和提倡的立场相差甚远：

> [……] 随着我越发意识到它们的多样性，每当我要表达任何关于它们的合理性的判断时，我就益发谦虚和克制。虽然我的本意是出于礼貌将它们全体都降格到一个相同的层次，但是它们并不相同，我们之所以感到它们是"相似的"，这很大程度上是源于我们所用的透镜聚焦不良，我们用于观察它们的望远镜品质不佳。至于它们的价值是否几乎相同（以内容为标准来测量？），哪一个的价值"更多"，哪一个的价值"更少"——我想重申我的观点——这是一个人类无法回答的问题。
>
> （哈利克，2012:105）

有些人的工作就包括了对翻译的绝对价值做出标准的评价，对于这部分人而言，哈利克的观点是一个相当可怕的观点——我这样说是半开玩笑性质的。事实上，给翻译打分是我最不喜欢的一项学术工作。我非常享受与学生和同事一起讨论各种译本，探讨和尝试各种选择——但这并不包括给各个译本打分，因为打分意味着我将本质上很主观的判断变成了客观的结论。培训机构试图通过双重打分来淡化这种主观的效果，但那并不能从根本上解决问题。细化评估标准也不能解决问题——它们虽然看似一个有用的幻觉，但终归还是一个幻觉。翻译是否展示了"对这篇文章很好的理解"，并"足智多谋地"处理了问题，"所生产的英文译本读起来清楚而有说服力，没有任何的误译或文体的粗劣"（引用英国一所知名大学对翻译的评分规则）？这些问题明显取决于评分者的喜好，评分者根据自己想象中的接受语境来评判清晰度、说服力或粗劣程度。如果翻译是再现，那它就不能脱离一系列的语境因素，因为正是这些语境因素使它成为独一无二的再现。

但是，如果我们要以此为结论，我估计大量的译者、翻译的用户，尤其是译员培训师，不会感到满意，因为他们认为这有悖于他们的常识、经验和正义感。我们也许不相信完全的或完美的对等（或者已经完全不相信对等了），我们也许会承认阐释过程的复杂性、理解的理论多样性以及意义的不稳定性，但最终，我们还是倾向于去比较那些有竞争关系的译本，并对它们做出价值评判，而我们当中的培训师、测试员或评论员从职业的角度上也有责任这样去做。相对的评价在某种程度上比绝对的评价要容易一些：当明显的质量差异存在时，将翻译从最好到最差进行排序并不那么困难，但是我们会发现最终自己所依靠的往往是基于自己的价值体系的主观判断。当然，当面对的是几个特别好的（或特别差的）翻译时，我们很难确定哪一个是最好的（或最差的），那么我们可以欣然承认——尽管只是以一种不同的和非评判的方式——它们都是同样的好（或差）。但是我们应该如何区分好的和差的翻译，又如何将这种区别理论化呢？

当我们必须做出定性评估时，例如在教学或职业的环境中，通常通过引入权威的方式来解决评价的问题：讲师或教授——相当于学术界中的受膏神父——以及外来的测试员或评论员被委任的机构赋予权力，宣布质量的好坏并给予评分:"通过"或"不通过";而他们的判断或多或少是决定性的。除了常识推断告诉我们"专家往往很有经验"以外,这种解决方案并没有任何的理论基础。这套体系的弱点在于,它理所当然地预先排除了创新性和非常规性。关于规则和例外的永恒问题,只能通过承认另一个矛盾才能得到解决:例外不仅不会使规则失效,而且事实上还可以证明规则。自然地,这种两难的局面并不仅限于信念或翻译中。如果我们所采用的方法挑战了统一准则的存在,承认相对论的有益影响,那我们就可能遭遇这种两难的局面。与一些极端主义者提出的过于简单化的反对意见相反,这种相对论并不意味着"一切都会发生"。怀疑绝对性的存在或可行性,并不意味着所有追求绝对性的尝试都是平等的——或者,如罗纳德·兰盖克(Ronald Langacker)所言(1987:14),"没有什么事物是完美的,并不等于所有的一切都是平等的"。相反地,"解构主义的非审判性需要充满实践智慧的阐释学来补充〔……〕,以帮助我们更好地辨别正义与不公"(科尔尼〔Kearney〕,2003:72)。

翻译与道路

将翻译重新概念化为信念的最后阶段是"道路"。关于信念常见的隐喻就是将其比作踏上旅途,走上道路——我认为这一点和翻译非常相关,因为它将我们迄今为止在讨论中遇到的关于翻译的几个方面汇总到了一起。一场旅行——是一个典型的过程的概念。一场旅行往往出于躁动、好奇心,以及对于冒险、挑战和改变的需求。正如在上一章中所描述的关于帆船运动的隐喻,翻译有自己的必要性,并且翻译本身就是一种必要性,这种必要性不能被还原为其他的原因或目的。实际上,"道路就是目的,而目的就是道路"(哈利克,2002:268;本书作者所翻译)。信念和翻译不是最终结果、目的地或最终产品,而是一个过程。翻译,作为一种信念,从来不会给我们提供一个最终的、不动摇的和毋庸置疑的解决方法。正好相反:

> 如果我们仅仅将**信念**当作战胜怀疑的最终胜利时刻，那将严重地削弱和篡改**信念**的真正意义。
>
> （哈利克，2002：40）

的确，翻译的过程有时会涉及顿悟时刻或灵光乍现的启示，但更多的是努力和坚持不懈的付出，或不断地试错。尽管翻译的抽象方面将它拔高到了近乎神圣的地位——再现相异性、承认改变等等——翻译，如同信念，"是尘世间的现实，[……]这种生活经历中不可或缺的一个成分[……]是其脆弱性以及人们在这一路上遇到的一系列阻碍，包括不断出现的紧迫问题[……]和怀疑（哈利克，2002：40；本书作者所翻译）。

这时，宏大的理论变为痛苦的实践。问题和怀疑可能从哲学角度来看是合理的，但从经验和存在的层面来看，它们往往是令人不快、不安和不舒服的。当我们在旅途中接触相异性，与他者相遇时，我们常常发现自己"遭到猛烈的攻击，被剥光了衣物，被剥夺了解释权"（科尔尼，2003：80–81）。因此——

> 如果我们提起**信念**时，仅仅谈论那些崇高的事情，而不提**信念**首先是一条道路，这是诚实的吗？在这条路上人们必须忍受那么多难以摆脱的问题和怀疑，我们能对路上的黑暗和乏味保持缄默吗？如果我们不试着分享一些个人的经验，我们能有信服力地谈论这些事情吗？
>
> （哈利克，2002：16）

就我看来，以上最后一个问题是对翻译研究最有价值的潜在贡献之一。也许翻译是一种这样的现象：摆脱了纯粹理论的、抽象的和不掺杂个人情感的言论。也许为了说出关于翻译的有意义且可信的话，我们必须得将它与个人经历联系起来。当我想起那些和我说话时富有洞察力和可信度的翻译理论家时，我确实发现他们自己都在进行翻译实践——而这种实践往往是需要付出代价的，他们也都公开承认了这一点。真正的翻译，正如真正的信念，绝不是廉价的。翻译不是一场轻松的旅途：人们可以快速而舒适地走过很长的距离——这将使翻译在另一种非常不同的意义上变得很昂贵——翻译实际上伴随着真实的风险、危险、重担和不适。其中一些存在于外部，而另一些，有可能是最艰难的那些，都存在于内心。如果翻译是一场旅行，那么它既是一场外部的旅行，也是一场内心的旅行：

> 旅行 [……] 给我带来的不仅仅是万花筒式的印象；实际上，我的内心世界和思维方式不可能不受它们影响 [……] 也就是说：有勇气离开熟悉的圈子，接受自己的眼界会变得不确定和扩张的风险；带着必要的耐心去感知和倾听最初看似陌生和不清晰的事物；虚心地学习；最后还有，感到惊讶——不是惊讶于"世界"本身，而是对于自己的家园的惊讶，在归来时，将自己的家园置于更广阔的语境中，用不同的眼光来审视它。
>
> （哈利克，2006：12）

关于我们之前讨论的质量、评价和洞察力的问题，在这里也许能找到部分的解答。翻译的经历使我们不仅能欣赏别人的想法和价值观，还能欣赏自己的想法和价值观。翻译是一段向着陌生和不熟悉的领域行进的旅程，但也是一场进入自己内心的旅行。这样看来，翻译就是一种勇气之举，这一点在翻译研究中益发得以强调。只要我们对自己足够诚实，翻译就能使我们面对自己在内心中发现的自我与他者的关系。每个人都能在以下茱莉亚·克里斯蒂娃（Julia Kristeva）的《陌生的自我》（*Strangers to Ourselves*）的选段里找到同感：

> 正是通过理解对象的转移——这是相异性、对他者的爱／恨以及我们灵魂中的异质成分的主要动力——我们才能在他者的基础上，与自己赖以生存和引以为乐的相异性-异质性和解。我们经历的精神分析，如同一场旅行，进入自身中熟悉和陌生的领域，所追求的伦理规范是尊重不相容的事物。
>
> （克里斯蒂娃，1991：182）

翻译带我们走上矛盾之旅。我们与不同的、其他的和陌生的事物越来越熟悉,却与属于我们自己的事物——或者,我们经常发现,在某种意义上曾经属于我们的事物——变得疏远陌生。确实,翻译改变了一切(韦努蒂,2013),而我们作为翻译的践行者,也失去了我们曾经的角色、身份和方式。我们发现"异质存在于自身:我们对自己而言是陌生人,我们是分裂的"(克里斯蒂娃,1991:181)。当试着"真诚地将他者当作陌生人来拥抱时",我们也"接受了某种自我价值的去中心化,这使我们打开自己的内心,去接受其他的、不和谐的和预料之外的事物"(科尔尼,2003:77)。这正是翻译——被概念化为信念——的全部意义:

相信意味着放弃熟悉的思维模板,也就是"思想的网络",转而勇敢又富有创造力地打开自己的内心,去接受那些超越描述范围的事物。

(哈利克,2002:93)

如果我们承认阐释学的方法,以及在合适的语境中理解文本的艺术,那么同样的方法就能发现这种哲学家(例如伽达默尔、科尔尼或怀特海)、语言学家和文学学者(例如兰盖克和克里斯蒂娃)所支持的观点之间有惊人的相似之处。这种契合丝毫不会让我感到惊讶——毕竟,在思考、相信、演讲、写作和翻译中真正重要的是"**方法**"。

第四章　语言学：翻译即意义、概念化、识解和隐喻

"翻译"这个术语从最传统和典型的意义来看，显然不可避免地与使用语言联系在一起。但我们也可以换种方式来表达：语言具有翻译性，这是必然且深刻的。如果我们接受"我们学说话的同时也在学做翻译"（帕兹[Paz]，1992：152）以及"说话（甚至是一个人在说母语和自言自语时）就已经等同于翻译了"（科尔尼，2006：xv，转引自耶尔沃利诺[Jervolino]，2004），那么理解言语（更广义上讲即语言）是如何起作用的应该会有助于我们对翻译的理解和翻译的理论化。

但是，与大多数长期关系一样，翻译学与语言学之间的关系也非常复杂。这种关系可以被形容为"一种爱恨交织的关系［……］，其特征是存在不可抗拒的吸引力［……］，但有时却变为相互讨厌"（罗霍[Rojo]、伊巴雷特—安图尼亚诺[Ibarretxe-Antuñano]，2013：3）。翻译学和语言学之间有很多共同点——这一点从未引起过严肃的争论；人们争论的焦点在于一门学科是否真的包含了另一门学科（参见马尔姆凯尔[Malmkjær]，2005）。一些早期的翻译研究方法是围绕语言分析发展起来的（其中最有影响力的如维奈、达贝尔内[Vinay & Darbelnet]，1995；奈达[Nida]，1964；卡特福德，1965；奈达、泰伯[Taber]，1982），从而在某些圈子中助长了"翻译研究只是应用语言学中的一个领域"的这种认识。一些学者仍然坚持这一观点：朱莉安·豪斯在最近出版的著作中（尽管书名是《翻

译:一种多学科的方法》[*Translation: A Multidisciplinary Approach*])将翻译归入"应用语言学中的一个日趋重要的领域"(2014:13)。但是,这一观点不再受到普遍认同。实际上,随着领域的发展和视野的扩大——这反映在翻译概念的不断扩大以及相继的"转向"中(参见斯内尔-霍恩比,2006)——相关的语言学研究范围似乎在缩小。从回顾的角度来思考,假定在翻译转向更广阔的研究问题如文化、身份、权力、跨学科性和译者的复杂角色之前,人们用"语言学转向"来描述翻译研究方法。毋庸置疑,这种语言学转向听起来含有贬义,因而在一些对以语言学为中心的研究方法持怀疑态度的翻译学者眼中,语言学可谓声名狼藉,被视为生硬而不自然的,阻碍了翻译学科的发展,就算与翻译现象的探索有点关联,其意义也微乎其微。这种看法从以下例子中可见一斑:《翻译研究》(*Translation Studies*)期刊在描述自己的办刊宗旨和范围时,提倡对翻译学领域内的新概念框架进行讨论,受邀参与讨论的学科包括"文学理论、社会学、人种学、哲学、符号学、史学和历史编纂学、性别研究、后殖民主义以及相关领域",但语言学却明显没有被列入受邀的学科中[①]。更讽刺的是,出于影响因子的考虑,出版商将这本期刊划入语言学领域。这种令人困惑的现象之所以存在,是因为忽视了这样一个事实:当代语言学研究在很大程度上已经变成了广泛的跨学科研究,加上了一系列前缀如"人种、神经、心理或社会"。简而言之,语言学与翻译学很相似,已经不再是一门边界清晰的学科。这两个宽广的领域之间存在着许多重合之处与交汇点。

翻译和语法

首先,语言学——尤其是其原型核心,即语法研究——与翻译一样,经常遭受偏见。类似于"在外语授课中,语法总是通过机械的练习来呈现"(兰盖克,2013:3)之类的抱怨难道不是给教授翻译的老师敲响了警钟吗?翻译难道不是同样在课堂上仅仅以机械练习的方式,例如单词和语法结构

[①] 信息来自:http://www.tandfonline.com/action/journalInformation?show=aimsScope& journalCode =rtrs20(2016年1月27日登录网页)。

的替代，来呈现和实践的吗？它难道不是常常被还原为一种检查理解的便捷工具——回译吗？这当然鼓励了人们过于简单地理解翻译的过程，并形成了这样一种观念，即老师脑中存在唯一正确的译文或预设的译文，必须由学生去发现。难怪以上描述的情景被忽视，甚至被鄙视为简单、枯燥和乏味的。在认识到这种相似性之后，让我们接着测试本章的第一个重新概念化，试着将"认知语法"替换为"翻译"。

> 许多人在与**认知语法**的有限接触中，建立了一种印象，即**认知语法**"很简单"，他们的评估显然是基于**认知语法**具有相对的自然性，对意义很关注，[……]，并且看似缺乏限制。对于这些观点，我至少是部分同意的：想把**认知语法**研究搞砸是件很容易的事，做得一般也绝非难事，但想要做好就难得多了。
>
> （兰盖克，2013：12）

让译者和译员培训者最懊恼的是人们广泛持有的这种臆断：翻译所需要的只是关于两种语言的知识，一旦这个条件被满足，一切就能轻松地进行。当然，现实要残酷得多。有时翻译是"自然"发生的，但这往往是由于经验丰富。翻译聚焦于意义，而且显然缺少严格的规则和约束，这突出了其解释和伦理的维度，也正因为如此，翻译可不简单。在大多数情况下，翻译是关于选择解释和伦理的立场，关于参与，关于放弃中立的省事态度，因为翻译是一种具有社会文化学内涵的阐释行为。蹩脚的翻译以及委托不合适的译者意味着追求简单、快速和廉价的解决方案，而忽略所需的经验、精力和责任。成熟的翻译理论和语言的认知理论在这一点上意见是一致的。正如翻译所涉及的不仅仅是机械的和漠然的单词替代，许多当代语言学家所假定的语法也远超传统语法概念的范畴：

> 也许令人惊讶的是，尽管人们对于**语法**的刻板印象是枯燥、乏味和纯粹形式化的，但实际上**语法**广泛地依赖于虚构的现象和思想的建构。
>
> （兰盖克，2013：4）

第四章・语言学：翻译即意义、概念化、识解和隐喻

本章考察了其中一部分虚构的现象和思想的建构，试图通过重新概念化来实现更多的相互交流。我要再次说明，我在选择引用某些特定的作者及其作品时，向来带有个人的主观意见，但我并不为此感到内疚，因为我主要是在探索如何使方法变得更丰富，更富有勇气，更具有创新性。毫不奇怪，我选择从翻译的角度重读的所有语言学家，如罗纳德·W. 兰盖克，乔治·莱考夫，马克·约翰逊，佐尔坦·科维塞斯（Zoltán Kövecses）和伊丽莎白·塔巴科夫斯卡等，都提倡语言的认知理论。正如我一直所主张的那样，在理论化时，**方法**与**内容**同样重要。我认为认知语言学可以提供许多有趣的**方法**（例如：哈文森，2003；2010；2013；2014；罗霍、伊巴雷特-安图尼亚诺，2013）。认知语言学与其他地位相近、主张不同的语言学理论明显不同之处不仅在于其对语言的论断，也在于其更广泛的认识论意识。认知语言学意识到我们提问的方式将会影响获得的答案。

创建 [翻译] 理论的原理

作为认知主义最具影响力的理论家（或许我该用"倡导者"这个词）之一，罗纳德·W. 兰盖克在与其他语言学理论家讨论认知主义时，声称认知语法"无疑是一种非标准的观点，这种观点在语言学中的**正统**训练中被完全忽视了"（2013：3），他对所谓的"标准语言学**教义**"（2013：19）深感不满。以上黑体的语词对信念的暗指是成体系的，即使被用作幽默或讽刺，也让人难以忽视。它们突出了认识论范式在所有反思（包括对语言学或其他方面的反思）中至关重要。事实上，认知语言学，特别是兰盖克的认知语法，为我们提供了这样一些"教义"或哲学原理，以指导我们随后的反思。

其中第一条是"赞成包容性和统一性的融合原则。它强调考虑和协调多种来源信息（如语内、语际和跨学科）的重要性"（兰盖克，2013：14）。这种原则是本书遵循的方法之核心，因为我试图整合其他学科的洞见，并将其与翻译关联起来。由于知识融合模型基于对**方法**可转移性的认可，因而融合原则实现了对这种综合知识模型更广泛的承诺。洞察力和观察力，

113

可以较少地依靠于语境，被成功地再次应用于别处，并且很可能保持其创新性和启发性。这种对融合的强调也体现在接下来的第二条原则——

> 自然性原则。该原则坚持认为**语言**经过适当的分析，从它的符号学功能和融合功能以及生物学、认知和社会文化基础的角度出发，总体上是合理的、可理解的。[……]实际上**语言**中的一切都是由这些术语所驱动的（即使很少能被精准地预测到）。
>
> （兰盖克，2013：14）

尽管我们不可能按理论化物理或自然现象的方式去理论化翻译（如上文中兰盖克对语言的论述所言），即预测它未来会出现的特征，但我们仍然可以按它们的动机来回顾性地解释和理解一系列的翻译现象。实际上，动机及其对**为什么**的关注是认知语言学中的关键概念，这一点将认知语言学与先前的方法区分开来。结构主义语言学和转换生成语言学并没有真正致力于探索**为什么**。事实上，它们所暗含的推论之一是著名的索绪尔 [Saussure] 假设，即"语言符号具有任意性"。但是你想想这个假设，称某物是任意的，其实就是承认自己缺少知识或兴趣，或者既缺少知识，又缺少兴趣。这等于说"仅仅是因为"或"事实就是如此"，或简单地说"这没有理由，你能不能停止提问"，这些说法很像一些父母厌烦了孩子不停地问为什么而作出的反应。然而，如果你曾经真诚地努力与三岁的孩子交谈，采取的态度诚实而不傲慢，你就会明白他/她的一些问题可能让你深受启发或备感困扰。这仅仅是因为他们并不将一切视为理所当然——那往往是大人们在成长中逐渐习得的"技能"。认知语言学放弃了这种简便的自以为是的方法，而是探索"生物学的、认知的和社会文化的基础"（换言之，即语境），以试图理解**为什么**。如果像我所论证的那样，翻译（研究）是围绕**为什么**和**怎么样**而进行，那么它必须考虑以上的所有领域。近几十年来，翻译的社会文化方面已经引起了很大的关注，但关于翻译的生物学维度和认知维度（简言之，即身体的维度）的研究仍然严重匮乏，这是认知语言学正推动我们进行研究的一个方向（稍后我们再谈这个方面）。最后，

第三条原则是要有耐心，也就是告诫人们不要本末倒置。其一，不要对尚不成熟的问题妄下判断［……］其二，在对发生的事情有基本的概念理解之前，暂缓做出明确的判断。但是，该原则并不意味着不愿提出强有力的主张和可行的假设。

（兰盖克，2013：14）

良好的、有意义的理论化（包括对翻译的理论化）需要多种美好品质。之前的章节中哲学家所强调的勇气和谦虚又被语言学家在此重提，他们挑战了"［……］理论家不屑一顾的评论中常常可以被发现的自负态度和科学的确定性"（兰盖克，2013：93）。当然，我们并非必须从严格的道德或伦理的意义上来理解这些美好的品质，而是强调态度和反应的重要性。这些态度和反应并非"自然而然"就产生的，通常也不是"轻易"得到的——不同于草率下结论、笼统地概括或期待得到即时满足（或启示）。总而言之，要承认翻译理论中的某些问题可能尚不成熟，关于它们的任何回答充其量只是暂时的，这需要谦虚、勇气和耐心，也许还有其他的美德。但是，我要再次重申，这并不意味着我们不能提出有力的论点并形成工作假说——因此，让我们现在就这样做吧。

重新定位

有了这些指导原则，我们就准备好开始探索了。正如桑德拉·哈文森（Sandra Halverson）最近所提出的，"认知的方法对翻译最有趣和最前景的（尽管可能引发争议）影响之一在于它们将［……］导致我们对研究对象的概念进行重塑，并彻底地对翻译现象的研究重新定位"（2014：117）。这种重新定位可能涉及将我们的注意力和研究聚焦于身体或情感的因素，这些因素可以很好地解释翻译中存在的许多至今仍被边缘化或视为理所当然的事情。但是，再次强调：无论这种重新定向的实际方向是什么，必须首先承认所涉及现象的复杂性。尽管我们大多数人都能不太费力地熟练使用语言，但是无论讲话还是翻译都做不到简单明了或直截了当。反之，

> **交谈**从根本上来看是一项复杂的活动，[……]我们必须将**语言**视作自己所从事的事情，而非自己所拥有的事物。
>
> （兰盖克，2013：216）

这种见解与我们先前的观察产生了强烈的共鸣。即使我们经常像谈论物体一样谈论语言和翻译，但这涉及"概念上的具体化"（兰盖克，2013：95），可能会误导我们，且对我们毫无帮助。语言绝不仅仅是一种仅供使用而不会对使用者产生影响的工具。我们不只是拥有语言或使用语言。我们的语言自有一种方式来定义。维特根斯坦提出"语言的界限就是世界的界限"（1922：74）；海德格尔意识到并不是我们在说语言，而是"语言在说我们"（皮姆，2014：95，转引自吉尼翁 [Guignon]，1983：127）。后者很好地回应了前者。这确实是对常见的观点进行了重新定位和颠覆。无论我们是否参与生产或接收译本的环节，我们都不是**拥有**静态的译本，而是**从事**动态的翻译。翻译并不是固定在纸上的，而是作为过程实时发生的——这解释了为什么不同的人和/或不同的时期会对"相同的"翻译作出包罗万象的回应。即使作为文本，翻译也不仅仅是存在；相反地，它们在本质上是过程性的。翻译为我们指引了某条路径（认知语言学家称之为组合路径），我们可以沿着这条路径前行，也可以偏离这条路径。我们进行翻译，但翻译同时也会对我们产生反作用。它可以将我们赶出自己的舒适区，挑战我们对世界、对自己和对他者的理解，并改变我们对"正常"和"自然"的认知。维特根斯坦的语言观不仅是对局限性的承认，还包含了对可能性的认识。也许某人的世界很广阔，很大程度上是因为他/她的翻译视域拓宽了他/她的世界？但是，这种视域不仅仅涉及事物、思想和理论。我们必须牢记，尽管翻译涉及一种内在的认知体验，但它绝不是一种脱离社会的行为。我们总是在自己与他人之间，或在不同的个体与群体之间进行翻译，这就使翻译与交谈很接近。

交谈可以[……]被描述为基于社会文化的认知活动。像任何复杂的活动（例如盖房子、做生意或打棒球）一样，它需要动用各种各样的资源，并要求一整套复杂的普通能力和特殊能力。

(兰盖克，2013:216)

认知语言学能对反思的贡献在于它复杂而统一的语言观和翻译观。根据人们的假设，语言不仅涉及文化、社会、伦理、文本和其他的许多维度，更重要的是涉及自然的（确切地说是生物学的）维度——翻译也是如此。因此，

> 追问**语言**在本质上是认知的还是社会文化的毫无意义，因为它显然既是认知的，又是社会文化的。

(兰盖克，2013:218)

在本章和下一章中，我们将通过进一步的重新概念化来仔细地审视这两个领域。在第一个领域（即认知领域）中，我们将会倾听语言学家谈论意义、意指过程、代码性（在皮尔士符号三分法中，象征符号属于符号的子范畴）以及更具体的意义生发机制，例如概念化、解释和隐喻。接下来，让我们先思考语言学家对意义、意指过程和代码性的论述，再将翻译和意义关联起来。

意义即翻译，翻译即意义

翻译研究和语言学都是围绕意义和含义的中心问题而展开的。认知语言学家尤其"认同意义的中心性，并试图对此作出既有意义，又能让人心理上感到信服的解释"（兰盖克，2013:11）。这通常始于采纳符号学的观点。文本和话语是（由）符号（组成的）：这些符号不仅仅是符号本身，而且代表、象征、交流、传达（简言之，即指意）超出自身范畴的其他事物。符号与其指称之间的关系（在索绪尔［1986:67ff］之后常被描述为**能指与所指**）可以被称为"意指关系"，或被简单地称作"意义"。然而，我们很难解释这种关系，从而将意义理论化：它是任意的还是有动机的？是

系统的还是特异的？是固定的还是流动的？是由个人解释还是在主体间解释？有趣的是，人们也常常对翻译提出这些问题以及类似的问题。从某种程度上来说，意指关系有没有可能本质上是翻译的？能不能通过翻译的概念来理解意义的复杂概念呢？这正是罗曼·雅各布森（Roman Jakobson）早在1959年就在论文《论翻译的语言学问题》（*On Linguistic Aspects of Translation*）中提到的：

> 对于我们来说，无论是作为语言学家，还是作为普通的语词使用者，**任何语言符号的含义都在于被译为某个更深层次的其他符号**，特别是皮尔士——对符号本质最深刻的探寻者——反复陈述的那种"让其意义得以更充分发展"的符号。
>
> （雅各布森，1959:233-234）

如今，这项论述影响深远。翻译不仅在于意义的生发：翻译不仅仅传达意义，它本身**就是**意义。我们可以更进一步地思考这个观点：如果意义需要翻译——如果意义即翻译——那么离开翻译，意义也就不复存在。克尔斯滕·马尔姆凯尔（Kirsten Malmkjær）提出：

> 翻译与意义之间的联系可能并非完全是单向的：也许不仅仅是根据意义来定义翻译；也许如果我们想要弄清意义的概念，那么这个概念也必须相应地与翻译现象联系起来。
>
> （马尔姆凯尔，2011:109）

考虑到翻译与意义之间的双向关系，翻译研究的洞见应该也能够为语言学理论提供有用的信息——事实的确如此。翻译语料库的研究已经证实了皮尔士和雅各布森的观点：翻译最普遍的共性之一是显化，即阐明意义，而非隐含意义［参见奥洛汉（Olohan）、贝克，2000；奥洛汉，2004］。占主导地位的流行观点认为意义通常会"在翻译中丢失"（从大众文化中这类陈词滥调的流行可见一斑），但我们的观点却与之截然不同：我们认为不同的译本提供了一种"更充分发展的"意义，它们通过打开可能的视域而

第四章·语言学：翻译即意义、概念化、识解和隐喻

创造出过剩的意义。（从以下引文可以一窥本章稍后关于翻译和隐喻的讨论："隐喻思维创造了过量的意义，这种意义既不能完全被回译到字面的意思，也无法用字面的释义来解释完全（古尔丁 [Guldin]，2010:182）。然而，这并不是自动发生或普遍存在的。这种意义过剩发生的关键条件是**什么**与**怎么样**、**在哪里**、**什么时候**以及**谁**之间的互动作用。认知语言学家反复强调的正是这种信息与语境之间的相互依赖以及**什么**与语境之间的牵连：

> 在某个语境中说出的一句话所激发或传达出的内容，可能远超这句话实际上想表达的意思。基于之前的话语、理解的能力、常识和解释性知识，相较于从显性要素中衍生的意义，对这个句子的充分**理解**可能会复杂得多。
>
> （兰盖克，2013:39）

这意味着翻译能使效果倍增，而不仅仅是使效果相加；它引起了转变而非转移。"充分的"翻译只能被理解为在单个开放性池子中装满所有可能性，这些可能性绝不会在单一的文本中全部实现。如果翻译是（语义的）再现，那么它总是局部的和不完整的。这正是认知语言学家对再现的断言：

> 没有任何的**语义再现** [……] 曾被认为是详尽无遗的 [……] 完整的**语义再现**不可能被逼真地想象出来。任何现实的描述必然局限于全部意义的某些方面，对于具体的直接目的来说，这些方面要么重要，要么相关。
>
> （兰盖克，2013:11）

这种见解再次强调意义与翻译具有流动的、动态的和依赖语境的（简言之，即主观的）特性。翻译的过程不可避免是选择性的，只生产了多种可能的译本之一：

> 一个 [……] 词项并没有完全确定的**意义**。相反地，它的**语义**值存在于通往知识的开放性领域的常规路径中，这些路径中有些是人们常

119

走的，有些是人们不太常走的。

（兰盖克，2013：42）

这既是总体上翻译的价值所在，也是文本的翻译值所在。翻译提供了通往知识的道路，但也可以消除某些道路，从而毁灭某些知识模式和知识形式，正如克伦·本内特（Karen Bennett, 2007; 2013）对"知识灭绝"（epistemicide）①的研究中所充分展示的。

重要的是，我们必须强调所有这些路径在某种程度上都是常规的，否则我们就完全不会意识到它们是路径。但是在其中的一些路径上行走的人确实很多：公认的和经典的翻译证实并强化了我们关于一切异国的、异质事物的想法，往往由于感到熟悉而产生自满之情。那就是归化的一个效果。"归化"这个词在翻译研究中应用非常广泛，以至于它已经失去了许多优势，而且它本身也变得为大家所熟悉。但是这个术语背后强大的意象仍然有可能被复活。我更愿意去思考"归化"（domestication）这个术语最初应用于生物时的本义，即"驯化"（domestication）。从遭遇驯化的动物这一方面出发，驯化意味着最初的怀疑、野性和不可控性。如果不是真正的野生物种，那么它是无须驯化的。这与驯服是不同的，因为驯服指单个动物接受训练，从而克服天生的恐惧，容忍人类的在场。相比之下，驯化会影响整个种群的几代传承，更重要的是，驯化的目的在于使整个种群发生变化，强化养殖者想要的特质。在翻译研究中，驯化受到如此重视是有充分理由的。首先，整个概念是基于权力的不对称和支配的欲望：总是更强壮、更发达的物种去征服和驯化更脆弱的物种。同时，驯化产生了持久的甚至是永久的效果，能适应满足驯化者的需求。受驯化的文本和语境已经被驯化者预先设定了理解的轨迹，几乎没有留下任何空间让读者能注意到在遭遇可能具有危险行为的（曾经的）野兽时所感受到的恐惧和怀疑。因此，通过常走的路和"驯化"的翻译，我们所能获得的是传统的、公认的知识，

---

① "epistemicide"是由葡萄牙的社会学家波旺楚睿·德·苏萨·桑托斯（Boaventura de Sousa Santos）所生造的，克伦·本内特在论文"Epistemicide!"中解释为"系统地毁灭竞争对手的知识形式"，参见 Bennett, K. Epistemicide! The Tale of a Predatory Discourse [J]. *Translator*, 2007, 13 (2): 151-169.

经过打磨后更加符合我们的期望。它不是全新的、令人震惊的、让人感到不舒服或不安的。它不会伤害我们，但也不会动摇我们。

可是，世上还存在着一些其他的通行路。它们不太常规，也不太常有人经过，所以人们需要付出更多的努力才行，因为他们必须在灌木丛中开辟出一条路来，就如同多种译本将焦虑与不舒服以及对危险的真正恐惧混合在一起，激发出一种冒险的精神。通过这些翻译所获得的知识领域的确是开放性的。人们总是不清楚这条路什么时候会转弯，它可能有多么陡峭，以及它最终将带领我们走向何方。

平衡翻译

我想强调的是，我并不认为一种方法优于另一种方法，也并非想论证异化比归化更具有伦理的优势。我倾向于赞同这种说法：快乐的生活需要在两种极端之间寻找某种程度的平衡。如果生活过于稳定，停滞和无聊的风险将随之而来；如果生活过于无常，人类不可或缺的安全感将被剥夺，生活也将变成在生存线上疯狂的挣扎。一个遍布野兽的世界并不适合居住；而如果一个世界只存在驯化的动物，又会缺乏挑战性，无法刺激人类的发展和创造力。同样的道理也适用于社会的维度：我们既需要朋友，也需要陌生人（甚或是敌人）。朋友能跟我们分享经历，陌生人将向我们提出挑战。前者就像游览熟悉的地方，带给我们轻松和安全的感觉，而后者犹如探索新领域，为我们提供冒险的刺激。而且，哪些路人气旺盛，哪些路人迹罕至，当然是相对的，很大程度上取决于语境。

接下来我将为这些稍显宽泛的说法赋予语境。当我写到这个部分时，我正好待在中国，而我对这个国家的语言一无所知。无论是在用英文写便条或与人用英文交流时，还是在我对指示牌和所处情况的理解中，我都不得不全程依赖翻译。尽管我常常因语言的局限而感到沮丧，为自己的词不达意而感到尴尬，但每当我用几个有限的中文词语（毫无疑问我的发音很不标准）与人成功地交流时，每当我对语义的预感被证实时，我都感到难以言喻的兴奋和满足；当我对语义的预感被证伪时，我会更加兴奋，只不过那种兴奋属于另一种类型。事实上，总体而言，我正在享受而非憎恶这次经历，这在一定程度上是因为我并非首次来到中国。一方面，我能预料到大概会发生什么；另一方面，我也期待会有惊喜。也许这种方式就体现在令人愉悦的翻译中，实际上也体现在令人享受的认知体验中：一种熟悉和意外的愉快组合，一种舒适与惊吓之间的平衡。

以上对平衡的讨论将我们引向下一个相关议题。认知语言学的根本贡献在于其哲学和认识论的立场，即兰盖克所称的"意念论"。意念论支撑着我们理论化的**方式**，但每当应用这种理论时，我们都必须牢记：

> **意义**的意念论并不像一开始看起来那样不证自明，它需要我们的恰当解释。
>
> （兰盖克，2013:28）

此处的恰当解释包括平衡意念论与其他立场之间的关系，其中有些立场已经广为传播，常常被认为是"不证自明"的。以下就是其中之一：

> 客观主义立场——在哲学、逻辑学和形式语义学领域仍然很流行——以一系列假设为真的条件句为前提来确认句子的**意义**。这些"真值条件"与世界客观存在的样子相关，与这个世界可能被概念化的样子无关。
>
> （兰盖克，2013:28）

现在，当客观主义立场被用于翻译时，问题不在于它并非是完全错误的，而在于它仅仅是部分正确的。毕竟，翻译中并非一切都是流动的，并能包容不同的观点。我不愿意承认存在"完美的"或"正确的"翻译，我确信误译是一定存在的：由于某种原因，文本和言语提供了难以接受的、误解的或"不真实的"再现。事实上，有些"真值条件"以及潜在的违反与概念化无关。无可辩驳的是，如果从文本表现的角度来考虑，翻译有时可能包含事实性错误的信息（例如不正确的数字或日期、观点的溯源错位和年代错误等）。同样，不包含这些错误的翻译在这些方面可以被认为是

第四章・语言学：翻译即意义、概念化、识解和隐喻

"正确的"。但是处于极端形式的客观主义立场会导致

> 只有一种实体能被看作表达的"特定**意义**"，这是过度简单的臆断。
>
> （兰盖克，2013:29）

> 根据客观主义者对**意义**的观点，思想中的象征符号通过与世界上的事物（特定的事物或各种类型的事物）对等而获得**意义**。
>
> （莱考夫，1987:xiv）

这种推断源自翻译研究中因年代久远而地位崇高的对等理论，因而也广为流传，但却很容易被驳倒。翻译并不揭露真相和永恒的对等，而是揭示可能性。译本的"正确性"通常不是其内在属性的问题，而是能在多大程度上与人们对其角色和功能的某些预期保持一致（因此，这段话中，我给"正确性"这个词加上了引号）。鉴于客观主义立场的严重问题，

> 交互作用的立场更为合理，它将**意义**看作是在话语和社会互动中动态地不断涌现出来的。意义不是固定的和预先决定的，而是由谈话者在自然的、语言学的、社会的和文化的语境中积极协商而产生的。
>
> （兰盖克，2013:28）

这里所表达的立场，特别是关于功能的观点，与翻译理论和教学法中的假设比较接近。翻译，同意义一样，并非固定的或完成的，而是需要依靠多方面的语境。这就回应了之前在第二章（哲学）中将翻译看作理解和解释，以及在第三章（过程思考）中将翻译看作过程的现象。意义总是会生发新的意义，如此一来，它就不可避免地被放入语境中。因此，大多数时候它不可能被还原为遵守一系列的真值条件。但是这种交互式的观点也可能被带向极端，而兰盖克警告我们应该远离极端：

> 一种极端是认为意义毫无灵活性可言：一个词项具有固定不变的

123

> **意义**，而一个句子的**意义**完全可以由语义成分预测出来。认知语义学明确反对这种观点。另一种极端是认为没有任何事物是传统上已经确立的：一个要素的意义在每次使用前都要从零开始协商，对其可能的价值没有任何提前的预期。
>
> （兰盖克，2013：30）

也许对于劳伦斯·韦努蒂最近的提议——即完全拒绝，甚至解构任何的"语义不变量"（无论如何理解），我们可以进行修订，采取一种折中的说法。首先，"语义变量"和"语义不变量"的设立是一种错误的二分法，语义要素并不一定是完全"不变的"，也许具有一种可识别的倾向（tendency）就足够了。作为一位译员培训师，我定期同学生讨论文本及其译文。但是尽管存在各种不同的观点和一系列详细的评论（例如有些同学注意到了文本的一些方面和属性，而其他同学则忽略了这些地方；或者同学们对于这些属性、程度、角色和功能等发表了不同的意见等），但是大体而言，对于给定的文本的大致内容以及特定目的，同学们能够达到高度一致。当然，任何文本都可以具有艺术用途——但那正是因为大多数人对不同文本类型的理解有一种共同的倾向，所以这种艺术用途才能够挑战和颠覆大多数人的共同倾向，带来全新的体验。简而言之，我们不必为了挑战关于翻译的工具性和本质主义的观点而假设不存在任何"语义不变量"。正如兰盖克提醒我们的，"没有任何事物是完美的，这个事实并不能推导出一切事物都是平等的"（1987：14）。我们不能不分精华糟粕地全盘否定。

既然我们已经意识到完全传统和完全创新的错误，那么我们不得不采取中庸之道。然而，这不仅仅是停留在一些相当肤浅的评论上，例如新的、不熟悉的意义总是要与熟悉的意义放置在一起；即使最异化的翻译也必须纳入一定程度的归化，否则它们将变得难以理解。在这条中庸之路上，我们还必须意识到其他维度的极端情况，其中的一些我们已经提到过了，例如内在性和外在性、潜在性和现实性、主动性和被动性：

> 一方面是为**有意义**的互动创造出可能性的不同情况；另一方面

是参与互动的个人的实际心理体验。我们必须 [……] 在二者之间进行区分。

(兰盖克，2013：29)

这是一个关键的区别。翻译既非完全外在的，也非完全内在的；既不是完全由我们所控制的，也不是完全失控的。一个人必须积极地参与翻译，但这种参与的结果却超出我们的控制，因为它们所依靠的可以被称为"翻译的可能性"，这被兰盖克归入外在的维度：

我们周围环境中无数的方面确实承载着**意义**的可能性 [……] 将相关的环境描述为"充满了**意义**"或描述为"**意义**的一部分"也无可厚非，这是在语境中的一种表达。[……] 它包含了**说话者**对环境的理解，发掘环境带来的**意义**可能性，但不能等同于这些环境。

(兰盖克，2013：29)

当翻译的可能性首先被理解，然后被发掘时，翻译也就发生了。当然，我们也许想知道这种可能性是不是客观存在、人人都能看到的？或者只存在于当事人眼中呢？如你所料，认知语言学家拒绝以这种二元论的形式来回答这个问题。人们普遍认同：要想成为一个优秀的译者，需要拥有的一项能力是识别在文本、情景或语境中的翻译可能性。好的译者能在别人看不到的地方发现这种可能性，但那是否意味着他们创造了可能性呢？现实性需要从潜在性出发；但没有实现的潜在性仍然不是事实，从这个意义上来看，也是不存在的。根据另一位认知语言学家的说法：

不是所有"事物"都存在于物质世界。有一些事物，也许大多数事物，不过是人类概念化的结果。友谊、爱、数学、悲剧、母性以及许多其他事物 [……] 不是独立于人类概念化而存在的实体，而是存在于人类的经验之内。

(克热绍夫斯基 [Krzeszowski]，1997：23–24)

有没有可能翻译也包含在其中呢？我在此邀请您重读另一个概念。

翻译即（重新）概念化

如果将翻译当作意义，我们就必然会被引至此处的讨论，因为"意义存在于概念化"（兰盖克，2008：31）。当然，将翻译看作概念化并非全新的观点。认知语言学家芭芭拉·莱万多斯卡-托马斯奇克（Barbara Lewandowska-Tomaszczyk）提出，"总体上来说，交流，特别是翻译，涉及对源语信息进行大量的重新概念化，最终在目标语中展现出来"（2010：107）。重要的是，我们不能在静态的意义上将重新概念化理解为重塑，或理解为翻译过程的最终产物，而是将其当作一系列动态的理解行为，这种行为始于接触到源语信息："信息起源于源语作者，被源语接受者所接受并重新概念化。这些接受者各自有着不同的生活经验和背景知识，处于各种可能的语境中。译者也是接受者之一"（莱万多斯卡-托马斯奇克，2010：108）。

但是，将翻译归入接受的一个子类，这种观点未免太过于保守。事实上，我建议将这种分类反过来：接受在本质上是翻译的。接收信息，即理解信息，事实上包括为自己翻译信息。参与交流的所有人——甚至仅作为信息的接受者——都是在真正的意义上通过概念化进行翻译并体验翻译：

> 任何时刻，我们都在不同的意识层面和各种心理体验的领域从事**概念化**的活动。那需要动用各种能力（感知能力、运动能力、智力）和大量的知识储备（专业知识和常识，自然知识、社会知识和文化知识，个人知识、传统知识和语境知识）[……]伴随着任何语言表达的生产或理解的是复杂的、多方面的**概念化**过程。
>
> （兰盖克，2013：36）

简而言之，思考和说话就是在翻译。当然，

> 承认意义存在于**概念化**,这本身并不能解决任何问题,反而只会让我们产生新的问题:**概念化**到底是什么意思?
>
> (兰盖克,2013:31)

我不愿意给翻译下定义并缩小它的含义。我从认知语言学家的做法中得到了启发:他们在遇到概念化和相关概念(例如识解和精神意象)时,常常交替使用,反对做出明确的术语判断。然而与此同时,兰盖克又对具体概念(concept)、抽象概念(conception)和概念化(conceptualization)作出了非常清晰的区分:

> 具体概念指固定或静态的可以感知的概念,概念化表明动态性,而抽象概念中和了二者的区别。但由于每种抽象概念在足够短的时间范围内来看都是动态的,所以概念化也被用作可以充分概括二者的术语。
>
> (兰盖克,2013:46)

乍一看来,这为我们用翻译的解释项来重读这些洞见增加了复杂性,但无论如何,让我们姑且一试:

> 意义并非由**具体概念**确定的,而是由**概念化**确定的,"概念化"这个语词之所以被选中,正是为了强调意义的动态本质[……]即使"**具体概念**"被当作静态的,**概念化**也不是静态的。
>
> (兰盖克,2013:30)

在重读这段时,我们可以用"**译本**"(translations)来替代"具体概念",用"**翻译**"(translation)来替代"概念化",但英语并不特别适合用来表达这些细微区别,因为此处关键的差别不在于语法(即对比单复数),而在于概念。在第三章中,我们将翻译当作过程——不仅仅是**一个过程**,这与我们现在对语言学洞见的思考有非常相似之处。如同概念化,翻译并不是我们所拥有的事物,而是我们进行和经历的事情;因此,

翻译是"动态的,因为它随着时间的进程而展开"(兰盖克,2013:32)。的确,

> **概念化**在本质上就是动态的,它不是静态存在的事物,而是动态发生的事情。它存在于思维的处理(或神经的活动)中,因此发生在整个处理的过程中[……]每一次**概念化**的发生都需要一定的处理时间[……]**概念化**如何随着时间而发展和展开与动态性有关,特别是在较长的时间范围内,**概念化**的影响可以通过内省而获得。
>
> (兰盖克,2013:79)

当我们将翻译看作概念化时,实际上是在重新概念化翻译(我希望你们会原谅此处的术语纠缠,我实在无法避免这种情况),并开始以一种全新的方式来理解翻译。在这种新的理解中,翻译即概念化"应该被看作参与这个世界的主要手段"(兰盖克,2013:29)。我们和这个世界之间存在着中介,而这个中介就是翻译。这个观点提醒我们要警惕自己的主观臆断:我们所能获得的是自己对世界的翻译,而非世界本身。翻译回馈我们的是源语文本的一个译本,而非源语文本本身。

> **概念形成**的过程必然涉及认识论和价值论的设定:**概念化者**不断致力于特定的一套信念和价值观。[……]认识论和价值论的方面应该被看作**概念化**不可分割的组成部分。
>
> (塔巴科夫斯卡,1993:59)

通过翻译参与这个世界——而且这是唯一的参与方式——使我们产生现象学、认识论和价值论的焦虑。我看明白、听明白了吗?我真的理解到它的意思了吗?还有其他的理解方式吗?有没有可能别人会有不同的理解呢?最重要的是:我的翻译有意义吗?它听起来合适吗?感觉对劲吗?好的译者会不断地问自己这些问题,无论他们是否有意识地这样做。兰盖克认为:

第四章 · 语言学：翻译即意义、概念化、识解和隐喻

> **概念化**的定义很宽泛，包含了心理体验的每一个方面。
>
> （兰盖克，2013：30）

尽管我对下定义持保留态度（之前已经解释过其哲学原因），但如果我不得不对翻译下一个唯一的定义，我的陈述将会和兰盖克非常相似。我们的思维和心理体验的每个阶段都能发现翻译；正如我们之前所言，思考在本质上就是翻译的。但是翻译所涉及的领域甚至延伸得更远：翻译的确是无处不在的。这是因为"心理体验"在语言的认知观念看来并非"唯心灵至上"，即局限于智力的抽象领域。事实恰恰相反：

> 尽管**概念化**是精神现象，但它却基于生理现实：它基于大脑的活动，大脑是身体运作不可分割的一部分，而身体又是世界运作不可分割的一部分。
>
> （兰盖克，2013：4）

内部和外部之间存在辩证的相互作用：

> 我们所持有的**概念化**无疑是属于内部的，因为它发生在大脑中，然而它又延伸到大脑外部，是对外部世界某个方面的回应。
>
> （兰盖克，2013：28–29）

因此，

> **概念化** [……] 被理解为不仅包含 [……] "智力"概念，而且还包含感官、运动和情感的体验。
>
> （兰盖克，2013：30）

当这个观点被用于翻译时，它听起来相当激进，也许甚至称得上是范式转换。如果我们认真对待这个观点，就必须承认不仅是语言学家、哲学家和其他（通常被称为）心智探索者应该研究翻译，神经生物学家、医务

人员、心理学家、心理分析家、人类学家和许多其他探究人类全方位体验的专家也应该研究翻译。确实，我们这里可能表明了翻译研究中的一些新的、有前途的研究领域。但是，承认我们需要一种综合的方法，这个观点真的有那么新吗？

以下的论据可以支持跨学科的对话，或者用更哲学的术语来说，即**怎么样**的可传递性。早在 1991 年，道格拉斯·罗宾逊在《译者登场》(*The Translator's Turn*) 一书中就提出了"翻译研究的另一范式——这一范式并非心灵主义的，而完全明确是身体主义的"(1991: ix–x)，依靠"更忠实于人类现实的更为复杂的模式，而不是最近一些翻译理论家所青睐的心灵主义或控制论的模式"(1991: xi)。就我看来，罗宾逊在他的书中没有提到认知语言学（尽管他几乎在每一页都讨论了认知问题），也没有提到兰盖克（那时还算早期）或莱考夫的著作（尽管他批判性地提到了索绪尔、乔姆斯基 [Chomsky]、里昂 [Lyons] 和其他几位语言学家），但是，在对翻译的身体学的论述中，他为认知语言学可能最令人惊讶的假说提出了一个极好的论据：心智从根本上是具身的——因此语言从根本上也是具身的。这种整体主义观点将语言视为与其他官能密不可分，认知语言学家对此引以为傲，认为这一点足以让他们与对立的理论家相抗衡，因为那些理论家倾向于用模块化的、孤立的方法来研究语言，遵循经典的"心智—身体"二元论，而无视于情感反应和身体反应的作用。1999 年，乔治·莱考夫和马克·约翰逊合作出版了《体验哲学》(*Philosophy in the Flesh*)，这本书的副标题"亲身心智及其向西方思想的挑战"(The Embodied Mind and Its Challenge to Western Thought) 很好地概述了全书的重点。然而，虽然鲜为人知，但罗宾逊早在约十年前就已经看似从翻译的视角支持了乔治和约翰逊的思想，他的观点如下：

> 在任何情况下，"心智"，如最近脑神经学家所论证的，只是身体中相当专门的一个功能，（在西方）被极大地高估了。或者用更专业的术语来说，大脑皮层的分析选择性——我们往往乐于称之为"思维""智能""理性""逻辑"等，只是神经系统中一个相当专门的功能。边缘系统的内在过程，特别是"情感的"（即各种运动和自主的）

第四章・语言学：翻译即意义、概念化、识解和隐喻

反应[……]，构成了神经系统的另一功能，而这一功能已经被西方的心灵主义、唯心主义和逻辑主义的智性传统系统地降级了。

(罗宾逊，1991:x)

在某些观点中，(翻译)实践远胜于(语言)理论，因为(语言)理论向来只意识到一些非常明显的事情。罗宾逊的观点有没有可能就属于其中之一呢？那些真正做翻译，而非试着将翻译理论化的人能够证明：翻译不仅仅是一种局限于冷静的语言分析的智力活动。翻译绝非如此！翻译很大程度上是在本能回应和直觉反应的基础上进行的，简而言之，翻译是真正的身体经历。优秀的口笔译者不会仅仅基于严格的语义标准来选择单词或短语；实际上，他们常常对字典上的定义或同义词词典提供的建议持怀疑态度。相反地，他们追求那些看起来、听起来、感觉起来——有时甚至可以说是尝起来和闻起来——合适的词语(参见罗宾逊，1991:xii)，尽管有时他们也无法解释这种行为意味着什么。让我再次强调，从翻译实践的视角来看，这并不是一个全新的观点。人们常常描绘译者如何为词神伤，苦苦找寻感觉合适的词语，这些描述不乏老生常谈——翻译是一场永无止境的探索，而且常常只能取得部分的胜利。然而，在历史上，这类论述常常为智性思维的理论家视为不重要的，认为它们是凭印象而论，没有成体系，或仅仅是"不科学的"。出于基本上一脉相承的理由，一些认知语言学家的分析常常受人质疑，因为那些人仍坚持严格意义上的心灵主义范式(对这种趋势的详细阐述可参见库尼亚克[Kuźniak]，2004；莱考夫，1987；莱考夫、约翰逊，1999)。

尽管有人担心认知语言学家的分析只是纯粹依靠印象、个人偏好和偶然性，但罗宾逊坚持认为，"我们确实拥有共享的语言规范，但它们既不是认知的，也不是先验的，而是身心的和情境的。"(1991:14)莱万多斯卡-托马斯奇克部分地证明了这个论点，却也部分地提出了质疑。他认为，翻译主要是一种话语行为，其本质是"认知的和交互的，既是心智的，也是情境的"(2010:109)。(或者，如果两位作者以略微不同的方式来理解"认知"一词，也许他们的观点并没有真正的矛盾之处？)另一方面，"总有一些身体反应是完全具有个体特质的，那源自我们特有的经历，即只有我

们才有的,其他任何人都没有的经历"(罗宾逊,1991:15)。这也解释了为什么"译者的作品[……]将受到其个人语言史及手头任务的细节影响"(哈文森,2014:123)。但是另一方面,"我们的语言使用与个人的身心相关,但其中一大部分并非源自个人的,而是源自集体的:它或多或少地受到整个社会成员的影响"(罗宾逊,1991:14)。

在将翻译理论化为概念化时,我们必须在某种程度上平衡个体与集体的视角。所有的语言学理论都会面临这个问题。在语言的各个层面上,说话者之间存在着非常明显的差异。仅仅从语音层面来考虑,由于方言差异、社会方言差异、文体差异和单纯的个体差异造就了特定的韵律特征(这是生理特征中可以测量的部分),不仅没有任何两个说同种语言的人会以完全相同的方式拼读同一个单词,而且在通过韵律实现交际功能的过程中,也存在着很大的个体差异和语境差异(参见佩珀[Peppé]、马克西姆[Maxim]、威尔斯[Wells],2000)。简单来说,我们每个人都有一种非常独特的讲话方式,而我们的讲话方式又足够相似,这不仅能保障成功的交流(即使带有外国口音,但只要讲话清晰就可以实现交流),还可以利用语音识别,研发高效的数码应用。从语言的句法或语义——语用的层面来考虑,情况也是如此。我们每个人说的仅仅是一种个人言语,而不是一门语言。那么,有没有可能我们所称的语言仅仅是所有个人言语的共同点的一种具体化呢?显然,尽管不同的个人言语存在多样性,但总体上具有足够的相似性,从而允许从实践和理论两方面进行某种概括。这也使我们能够从个体的语言(和翻译)的经验进行推断,发现语言(和翻译)总体上的运作方式。因此,分析单个译本以及不同译者所采用的翻译方法——简而言之,即案例研究——在理论化翻译时仍然占有一席之地,但它们不应该成为唯一的方法:

> 我们不能仅仅依靠直觉或内省[……]参与**概念化**与了解其运作方式不同,不仅仅是眼见为实那么简单。
>
> (兰盖克,2013:85)

将翻译当作概念化可以产生丰富的洞见,其中最根本的一点是:翻译总是动态发生的，并涉及各种心理体验和身体体验。实际上，如果"心智本来就是具身的"（莱考夫、约翰逊，1999：3），那么"什么是精神的，什么是身体的"这个问题就变得无关紧要了，甚至完全没有必要去区分。因此，如果翻译（像）是概念化，那么将其局限于对等和平衡的静态关系是非常荒谬的。相反，翻译总体上通过理解、解释、过程、认同、潜在性、因果关系、质的连续性、信念和意义生发等现象而发生，并存在于这些现象中。但是我们还能考虑更多具体的概念关联，只要我们同意以下这一点：

> 其他各种虚构的现象对**概念化**也至关重要 [……]。隐喻是强化和构建我们精神世界的重要手段。
>
> （兰盖克，2013：36）

这是我们接下来要讨论的内容：首先是识解，然后是隐喻。

识解

识解这一概念体现了翻译的**方法论**：翻译不仅是指一个特定的文本，而且本身就是一个过程。认知语言学家意识到并反复强调：

> 某种表达的**意义**不仅在于它所激发的概念内容，同样重要的是该内容是如何被识解的。
>
> （兰盖克，2013：55）

说实话，翻译这一概念可以很好地解释识解的含义，因为那正是翻译的要旨——以某种**方式**呈现和构建某种**内容**。翻译不仅包括提供信息，还包括构建信息所处的情境，表达对信息的态度以及将信息语境化。如果意义是"广泛地 [……] 包括概念内容以及识解该内容的特定方式"（兰盖克 2013：43），那么，

> **识解**就是指我们以不同方式构想和描绘同一情景的显而易见的能力。
>
> （兰盖克，2013：43）

很有说服力的是，人们在讨论识解时常常将它当作可供选择的（"可供选择的"一词修饰"识解"[alternate/ alternative construals]是认知语言学研究中公认的一种搭配［参见克罗夫特、克鲁斯（Croft & Cruse），2004：60；科维塞斯，2006：227ff；兰盖克，1987：117；1991：13，61；沃奇（Wąsik）、萨奇卡（Czajka）、扎韦尔纳（Szawerna），2012］）。一个相当典型的描述是："通常有几种不同的方式来概念化同一个'事物'。我们称概念化同一事物的不同方式为可供选择的识解，这种识解可能通过各种认知操作来实现"（科维塞斯，2006：227）。识解这一概念与翻译的直接关联是显而易见的。如果从抽象的意义上说，识解是"理解世界某个方面的一种方式"（科维塞斯，2006：227），那么我们也可以说，

> 某种特定的**识解**，反映的仅仅是构思和描绘所讨论的情景的无数种方式之一。
>
> （兰盖克，2013：4）

那么，这难道不是认识论和解释学给我们的绝佳提醒吗？从定义上来看，翻译是面向多元化和可供选择的再现而开放的。但是，将翻译重新概念化为识解，使我们能够超越那些概括性的陈述，而深入考察这些替代方案的细节。我们假设识解涉及多个维度，而这些维度共同构成了相当有效的工具套装，可用于翻译分析、翻译评估和翻译批评。例如，我建议，与其从对等这一模糊的概念来讨论译本，不如从兰盖克假定的识解的四个维度（2013：55），即详略度（specificity）、调焦（focus）、凸显（prominence）和视角（perspective）来进行讨论，将更具启发性和实用性。或者我们也可以通过注意力（attention）、判断和比较（judgement and comparison）、视角和总体结构（overall structure）（科维塞斯，2006：227）来讨论翻译活动。这样一来，除了指明更合理的哲学立场外，我们还具备了实践和教学的优势。为了帮助学生提高翻译的悟性，我们可以

鼓励他们提出以下问题：这些文本及其再现所提供细节的水平有何不同，分别关注什么，最凸显的要素是什么，采取什么样的视角？当然，对这些问题的回答将在很大程度上取决于个人的感受，而不是某些客观的语言属性或文本属性——而这就是重点。认知语言学家一再强调，识解是"一种概念现象，存在于我们对世界的理解中，并不是世界本身"（兰盖克，2013：72–73）。将翻译当作识解来对其进行理论化和分析，突出了选择、创造性和责任的重要问题，从而削弱了客观主义者的幻想。就像翻译一样，识解很难与理解和概念化分开：

> **识解**是理解这个世界某个方面的一种方式[……]，此处意味着理解和概念化。当我们说某个实体或情景以某种特定方式被**识解**时，我们的意思是：它以某种方式被理解或概念化。
>
> （科维塞斯，2006：227）

对于识解的语言学分析很有实践意义，因为它依赖于感知（主要是视觉）现象，而这些现象拥有确实的心理真实性，这就可以合理地解释为什么在不同的文本和不同的接收者之间，会存在不同的反应。让我们简要地讨论一下识解的四个维度，并考虑它们与翻译的关联性。

详略度论述的是"描绘情景的精确度和细节丰富度"（兰盖克，2013：55）。详略度的高低取决于受众的看法，因为：

> 特定的**识解**[……]不仅取决于谁在何时何地说了什么，还取决于我们推断听众对情景的了解程度。
>
> （科维塞斯，2006：237）

换言之，

> 最重要的是我们如何**识解**情景，这就要求我们不仅具有全方位的想象力和解释力，还要有常识和语境知识。
>
> （兰盖克，2013：88）

作为译者，无论我们在这方面做出了什么样的推断，就要对此负责。事实上，最简单的解决方案就是假设源语文本和目标语文本的接受者的文化程度和知识种类都完全相同。这种方案听起来荒谬至极，但在"忠实于原文"这个误导性概念的指导下，人们往往会带有这样的期盼。翻译总是涉及一定程度的评估和判断，这一点可能在识解的下一维度中得到了最明显的体现，因为这一维度与凸显和调焦有关，并且包括图形—背景关系以及射体—界标关系。在这个领域，

> 多种不对称性都借用了前景和背景的隐喻描写 [……] 只要一个概念先于另一个概念出现，并以某种方式促进了另一个概念的出现，那么我们就可以合理地将二者比作前景和背景。从这个广义上来讲，我们可以说语言表达援用背景知识来作为对其理解的基础。
>
> （兰盖克，2013：58）

当然，我们可以根据译本所预设的背景知识来对其进行分析（这一点和显化概念有关，参见百隆·库尔卡 [Blum-Kulka]，2000：300ff；卡斯顿 [Carston]，2002：366；奥洛汉、贝克，2000：142；维奈、达贝尔内，1995：8）。但是在另一个层面上，前景和背景的区别不仅可以用于讨论同一文本的不同译本之间的关系，也可以用于讨论译文与其源文之间的关系。传统的观念认为，"源域相对于目标域更有优先权"（兰盖克，2013：58），而译文应该源于原文，并根据原文进行校验。同时，我们也通常假定，译文属于目标文化，并不会真正影响源文化。但是，关于识解的论述有效地揭露出这只是一种幻想。背景这一概念，只有在与前景形成对比时，才具有意义。即使通常情况下，"源域为目标域提供观察和理解的概念背景"（兰盖克，2013：58），在这个概念背景下观察目标域"导致杂合认知域或混合空间的出现"（兰盖克，2013）。这一看法明显与爱德华·萨义德（Edward Said，2003）和霍米·巴巴（Homi Bhabha，2004）提出的混杂性和第三空间这两个知名概念十分相似。源语文本和语境并非不受翻译影响。即使观察这个行为也涉及解释，随之出现的是语言学领域承认和描述的"观察者悖论"（拉波夫 [Labov]，1972：209）。因此，鉴于这种相互影响，更为合理

的结论如下:"源域与目标域共同构成了混合概念所出现的背景"(兰盖克,2013:58)。尽管这些术语(即"源—目标"的隐喻)的选择令人遗憾,但是这种混合空间的观点实际上挑战了对翻译的线性理解,即从源语境到目标语境的单向运动。翻译行为发生后的源语境已经发生了变化:某些源语文本后来的版本封面上印刷的营销信息宣称该文本之前已经被译入多种语言,这往往可以证明翻译对源语境的影响。实际上,翻译可能有助于在源语境中重新发现源语文本,并提高其可见度。毕竟,只有经过翻译的文本才会被当作"源语文本"。但是,在翻译过程中,并未规定什么将成为明显可见的或被前景化的,而是取决于选择、判断和比较:

> 我们也许会问,图形—背景关系与判断/比较有什么关系?简单地说,我们在每种情景中都会无意识地决定哪个要素是图形,哪个要素是背景[……]经过比较和判断,我们以一种特定的方式(利用适当的图形—背景关系)将情景**概念化**。
>
> (科维塞斯,2006:235)

我们可能会注意到,描述空间关系的语言(例如图形与背景、射体与界标等)在理论化那些涉及语言、交流和翻译的抽象现象时,得到了普遍应用。例如,多元系统理论是建立在延伸的空间隐喻(即中心和边缘的隐喻)的基础之上。我们惯常谈论重叠的语义场、最接近的对等词以及意义的传达,而且还将知识和文化的区域及领土概念化,并将其映射到地理位置上(例如,阿普特[Apter],2006;克罗宁、西蒙,2014;科斯基宁[Koskinen],2014;西蒙,2006;2012)。总的来说,即使我们脑中存在着高度抽象的实体(例如思想、文化习俗的意义),我们也会讨论"一个实体相对于另一个实体的位置,以及一个实体相对于另一个实体的移动等"(科维塞斯,2006:234)。所有这些的前提都是识解这一丰富概念。

识解的最后一个维度是视角。认知语言学家强调了一个显而易见的事实(然而,这一事实在言辞激烈的辩论中却经常被压制),即每一次观察的行为都预设了一个观察点:

> 如果**概念化**（从隐喻意义上来说）是对情景的观察，而视角是观察排列 [……] 观察排列的组成部分就是预设的观察点 [……] 人们可以从无数的不同观察点来观察和描述同一客观情景，产生不同的**识解**，它们可能会带来明显不同的结果。
>
> （兰盖克，2013：73–75）

如果翻译被理解为概念化和识解，那么它必然包括采取观察点。这一事实强调了各个行为主体（包括作者、译者、客户、接受者和批评家等）的语境位置和意识形态定位，并对翻译伦理产生了深远的影响。（是否）委托、（是否）翻译、（是否）接受和（是否）评论在某个时间和地点，来自某位作者的某个文本，这些选择既表明了某种立场，也支持了某种立场。译者不能通过声称保留了作者的观察点来推卸这一责任——翻译已经是他/她自己的选择，因为"出于语言目的而假定的观察点"，包括出于翻译目的所假定的观察点，"不一定就是说话者实际的位置"（兰盖克，2013：76）。实际上，

> 我们可以轻松地采取一个想象的观察点，想象从这里看出去的情景 [……] 这种虚构地采取或至少适应一个非真实的观察点的能力让我们能够从听众或其他个体的视角来描述一个情景。尽管观察点这个术语暗示了空间和视野，但它对其他认知域（特别是时间）而言也是有用的描述概念。
>
> （兰盖克，2013：76）

只要我们有勇气承认自己的视角，并不再躲藏在源语文本和原作者的明显权威背后，上述观点就可以为译者在同理心和创造力方面开发更多激动人心的可能性。鉴于视角的必然性及其高度个人化和个体化的方面，当译者改变了观察点，从一个不同的视角出发，由一双不同的眼睛来观察，由一张不同的嘴巴来描述来叙述译本中的故事时，也许我们不必对于由此产生的译本感到那么惊讶（或生气）。无论我们是否愿意承认，在新的时间、

地点、文化和语言中,当一个文本由另一个人来叙述,并讲给不同的人听时,它已经**是**一个不同的故事了。语言学家乐于承认和欣赏这一事实,而无须通过价值判断,既不会质疑说话者的完整性,也不会因采用了不同的观察点而导致的明显背叛而感到悔恨。难道有些翻译学者和评论家不应该也将那些没有经过检验和毫无益处的对等及忠实概念抛诸脑后,而去探索一些更有益的观点吗?但是,这当然需要对那些被人们广泛接受的假设和期望进行重大的修订,因为它们将翻译当作一种现象和实践,并将译本当作文本。

在应用于翻译时,识解这个概念的丰富性和复杂性非常有用。翻译的许多方面都可以根据其**方法论**进行讨论。以下是另一个例子:在翻译研究中,一个具有重要的理论和实践意义的问题是译者是否应该只能——或至少优选——译入自己的母语(对这场辩论的高质量总结参见博科恩[Pokorn],2000;2004)。通常,支持译者只能(或至少优选)将外语译入母语的论据是基于语言的被动知识和主动知识之间存在的差异,但也同样基于某些隐含的假设,即好的翻译应该是什么样的。例如,彼得·纽马克(Peter Newmark)认为,译者"通常知道,他每次用外语写几个复杂的句子,就一定会写得不自然和不地道"(1981:180),因此,"译者无疑应该将外语译入自己的母语"(1981:189)。我不打算重提一些常见的棘手问题(例如归化与异化、自然性与他性的二元对立等),甚至不会讨论"母语使用者"这个有问题的概念,而只是指出此类断言隐含地迫使译者加入了目标语言和目标文化社区——这比起仅仅是自然纯正的讲话或书写复杂得多。毕竟,当我们在考虑到母语的流利程度时,只能通过它相当粗略地推测某人的文化、意识形态或政治上的观点,这主要是因为它与某人的出生地之间仅仅存在着静态的关联。但是,有时出于某种原因,而没有生活在自己的母语区之内的那些译者,应该如何归类呢?那双语或多语译者的情况又如何呢?与先前那些简化的结论和声明相反,将翻译视为(涉及)识解,强调了审查译者的观点、视角、距离和态度等的重要性。需要注意的是,译者的观点、视角、距离和态度等都是基于译者与源社区和目标社区、委托者和文本主题等之间的复杂关系——最重要的是,这些关系都具有现象学的本质和流动的本质。

隐喻

　　如果说，翻译研究中有些主题没能充分得以探索或者被忽略了，那么隐喻绝对不属于其中之一。仅查看过去十年的出版物，很多经典著作都以这种或那种方式来讨论隐喻，例如《劳特利奇翻译学百科全书》(*Routledge Encyclopedia of Translation Studies*)（贝克、萨尔达尼亚 [Saldanha]，2009）、《翻译研究手册》(*Handbook of Translation Studies*)（甘比尔、范·多斯拉尔，2009；马尔姆凯尔、温德勒 [Windle]，2011；米兰 [Millán]、巴特里纳 [Bartrina]，2013）、《劳特利奇翻译研究指南》(*The Routledge Companion to Translation Studies*)（芒迪 [Munday]，2009；贝尔曼、波特 [Porter]，2014）或《翻译研究读本》(*The Translation Studies Reader*)（贝克，2010a；韦努蒂，2012a）。似乎每位有抱负或有建树的翻译理论家在某种程度上都觉得，自己不得不就翻译中的隐喻或关于翻译的隐喻，写一篇论文或至少是几段文字。对于这种广为传播的嗜好，我也不能免俗（斯基宾斯卡、布朗钦斯基，2009）。从词源来看，翻译源自隐喻——它最初源自希腊语中的单词"隐喻"(*metaphora*)，然后被译为拉丁语，接着再译入一系列其他的欧洲语言。但是抛开其词源问题，翻译作为一种复杂的、多方面的现象和实践，产生了许多隐喻性的表现形式，其中一些是众所周知的，例如脱衣服和再穿上衣服（范·威克 [Van Wyke]，2010），而另一些则很有创新性，例如挤水母（亨尼蒂克 [Henitiuk]，2010）。当然，通过"审视与翻译相关的当代隐喻"来"定义在特定的语境中的翻译概念"益处良多（铁木志科，2014：167），但我在此并不关心这些好处（相关出版物的基本参考书目可以参见圣安德鲁 [St. André] 2010 或以上提到的任何一本书的索引）。相反，我感兴趣的是探索隐喻和翻译的概念如何在元理论水平上相互关联，以实现启发彼此的潜力。目前为止，我所知的类似尝试只有两次，即赖纳·古尔丁（Rainer Guldin）的专著《翻译即隐喻》(*Translation as Metaphor*, 2016) 以及他早期的论文。他在专著及论文中追溯了"这

第四章·语言学：翻译即意义、概念化、识解和隐喻

两个概念的理论生涯及其相似的概念含义"，并认为纵观历史［……］，隐喻评估的转变常常能在翻译研究中相应的重新评估中找到共鸣（2010：162）。古尔丁强调"基于隐喻理论来阅读翻译理论的有效性"（2010：165），并指出"不幸的是，到目前为止，翻译理论［……］似乎忽略了隐喻理论对自己的理论贡献"（2010：188）。在接下来的几页中，我打算用认知语言学家的论述来将翻译重新概念化为隐喻，从而回报隐喻理论对翻译理论作出的理论贡献，但同时我也将从另一个方向来看待这种关系。克里斯蒂娜·谢芙娜（Christina Schäffner）已经认识到翻译和隐喻之间的这种相互交流的潜力，她提出：

> 通过描述译者在处理隐喻时选择的策略，并解释某个具体的解决方案对读者和文化的影响，或预测它的潜在影响，翻译研究这门学科可以为隐喻研究作出宝贵的贡献。
>
> （谢芙娜，2004：1257ff）

但是，与此同时，"采用认知的方法来研究隐喻［……］也可以为翻译提供新的启发"（谢芙娜，2004：1257）。分析隐喻与翻译之间的概念联系具备了很好的时代背景：在20世纪，"这两个概念都被彻底地重新定义［……］所采用的方式暗示了隐藏的、含蓄的相互融合"，从"二元论变为一个全新的动态概念，专注于行动、转换和创造力"（古尔丁，2010：163–164）。

隐喻与翻译甫一融合的瞬间就展示出值得进一步分析的可观前景，因为隐喻和翻译二者都存在明显的概念模糊。"隐喻"这个术语通常用于双重含义，即抽象意义和具体意义。它基于对一种机制及其效果的转喻识别：它既是一个过程，也是这个过程的产品。尽管一些语言学家时而提起需要"将概念隐喻与隐喻的语言表达区分开来"（科维塞斯，2010：4），但是他们经常避免在理论陈述中作出这种区分（我们将在下文中讨论其中的一些理论陈述）。然而，这并非因为他们学术不严谨；相反，正是由于认知语言学家具有极好的哲学和认知论基础，他们才不愿意将具体意义同抽象意义相区分，也不愿意将规则及其例证分离开来。能从具身化中提取出

来的纯粹的柏拉图理念已经不复存在，也没有任何抽象的隐喻能与具体的隐喻意象和表达相分离。隐喻至少应该能适用于一些实例，否则隐喻本身并没有什么可说的（这个观点追随了认知语言学的另一个基础——基于原型的分类，与经典的亚里士多德的分类观相反，我们在第一章中已经对此进行了较为详细的论述，因此这里仅作简要说明）。因此，在许多关于隐喻的理论讨论中，形式与意义、媒介与信息、抽象与具体，甚至过程与产品之间的区别都遭受到质疑。

在我看来，对精神世界和物质世界、抽象事物和具体事物进行这样的全面考虑，正是最有创意、最有潜力的思维方式的特征。这就是为什么在大多数情况下，当我反思翻译时，不会具体说明我究竟指的是抽象现象还是实际产品，无论它是书面文字、口头言论，或者仅仅是一些具体的精神体验。说实话，我所指的对象通常要么是其中的一种，要么包括了以上的所有类型。有人认为存在着固定且有限的文本，它与生产和接受的过程完全分离，但"自身"却仍然是有意义的，这个观念是站不住脚且十分荒谬的。甚至提到生产和接受都具有误导性，因为这两个隐喻概念的前提都是基于物质隐喻的形而上学。然而，作为信息的文本既不是像鞋子或钟表那样被"生产"出来的，也不是作为物质对象被"接收"的。相反，这些文本深受其"生产"过程的影响，并在其"接收"过程中发生了根本性的转变。你会注意到，仅仅在这几行字中，我已经改用引号来表示对这两个概念（"生产"和"接收"）所暗示的意象的怀疑——这是我能想到的质疑这两个概念内在隐喻的最好办法。我们也许可以尝试并找到其他更能捕捉传播流的概念，但是，这种尝试从一开始就必然注定要失败，因为"捕捉"、"流动"和"传播"的观念也是概念隐喻。事实上，我们可能无法构想出任何一种完全与隐喻无关的方法来谈论和思考翻译。我们无法避免使用隐喻这种基本的概念工具，特别是涉及抽象和复杂的现象时，更是如此。这种观点的确是认知语言学中最有影响力的隐喻理论的重要主张之一。正如乔治·莱考夫和马克·约翰逊在 1980 年出版的著作《我们赖以生存的隐喻》（*Metaphors We Live by*）以及后来的所有作品中所坚持的，隐喻绝非关于诗意的选择或文体的装饰，而是"我们赖以生存之物"。在理解经验和构建理解时，隐喻确实是不可或缺的：它是一种基本而普遍的认知机制。正如我所论证的，翻译也是如此。

如果我们在很大程度上是采用隐喻的方式来思考，如果翻译在概念上与隐喻如此接近，那么莱考夫和约翰逊关于隐喻的大部分观点——以及他们表达观点的方式——都应该可以提供与翻译相关的见解，同时也能在翻译经验和翻译实践中得到证实。最重要的是，莱考夫和约翰逊的理论的核心主张与本书中提出的关键论点相似：翻译如同隐喻，而且从隐喻的角度来看，确实是无处不在的：

> **隐喻**思想在我们的精神生活中是常见的、无处不在的。
> （莱考夫、约翰逊，1980/2003：244）

但是，将隐喻（和翻译）等同于精神生活中常见的、普通的要素，这一观点并没有得到普遍的认可或承认。陈旧的、传统的、狭义的隐喻概念与翻译概念仍然徘徊于流行的观念和日常的话语中：

> 对于大多数人而言，**隐喻**[……]不属于日常语言，而是一种不平常的语言。此外，隐喻通常仅仅被视为语言特征，关乎言语而非思想或行动。因此，大多数人认为就算没有**隐喻**，也可以很好地生活。
> （莱考夫、约翰逊，1980/2003：3）

同样的态度也适用于翻译。但是，难道我们一点都没有意识到自己的日常生活多么受益于翻译，多么依赖于翻译吗？即使从最寻常的层面来看——基于对翻译这个概念最狭义的、跨语言的理解——我们也不知道究竟有多少翻译已经发生，有多少翻译正不断地进行，才使我们能够在世界的许多地方享受相对自由的人员、商品及服务的流通。想一想，每天都会有成千上万份合同、证书、发票、手册、应用、批准和上诉等转手给他人，并发生语言的转换，再想一想当翻译（因质量问题）陷入突然的停顿或脱轨时，会发生什么呢？从更抽象的层面和更广义的翻译概念来看，翻译可以促进或阻碍思想流通和知识共享。有多少知识的传递不仅包括了内容的传播，还包括了不同语言、文化和媒体之间的简化、复杂化、改编、解释和语境化——简言之,即语内翻译和符际翻译呢?另一方面,在何种程度上,翻译的缺失可能会成为这一过程中的巨大障碍呢?翻译和隐喻的相关性和重要性绝对不可低估:

> 我们如何以**隐喻的方式**进行思考是非常重要的。它不仅决定日常生活的平凡选择,还决定战争与和平、经济政策与法律抉择等问题。某次军事进攻究竟是一种"掠夺",还是"对我们安全的威胁",抑或是"一个族群对恐怖主义的反抗"?同一场军事进攻可以用以上任何一种方式进行**概念化**,从而产生非常不同的军事后果[……]严重的**隐喻**分歧可能导致[……]冲突。
>
> (莱考夫、约翰逊,1980/2003:243)

当我们将以上见解与翻译关联起来考虑时,最近的翻译研究为其提供了充足的证据。莫娜·贝克承认"笔译和口译是战争制度的一部分,因此在冲突的管理中起着重要作用"(2006:1-2)。莫伊拉·因基莱里(Moria Inghilleri)称译者为"全球事件的关键参与者"(2008:212;转引自贝克,2010b)。维森特·拉菲尔(Vicente Rafael)在一系列地理的和历史的语境下(包括菲律宾[2015b]、西班牙哈布斯堡王朝和现代美国[2009;2015a;2016]),探索了语言和翻译的武器化。翻译的重要性绝不"仅仅"在于语言问题。或者换言之,语言(和翻译)问题要比人们之前认识或承认的深入得多:

> **隐喻**在日常生活中随处可见,不仅存在于语言中,而且存在于思想与行动中[……]如果我们认为自己的概念体系在很大程度上是隐喻的,而且我们的这种认识是正确的,那么我们的思维方式、经历以及日常行为无疑都是**隐喻**的问题。
>
> (莱考夫、约翰逊,1980/2003:3)

到目前为止,我们最重要的主张是:**隐喻**不仅仅是语言问题,即单纯的词汇问题。相反地,我们认为人类的思维过程在很大程度上是

隐喻的 […]。**隐喻**之所以可能作为语言表达，恰恰是因为人的概念系统中存在**隐喻**。

（莱考夫、约翰逊，1980/2003：6）

简而言之，**隐喻**是一种自然现象。概念**隐喻**是人类思维的一个自然组成部分，而语言**隐喻**是人类语言的一个自然组成部分。

（莱考夫、约翰逊，1980/2003：246）

在这种类比的基础上，我们可以说语言翻译（即文本和信息）之所以成为可能，是因为概念翻译发生在我们的思维和大脑中。但是，这种无处不在且不可避免的翻译究竟由什么组成？隐喻如何帮助我们理解和解释这种翻译？为了回答这些问题，让我们再次转向《我们赖以生存的隐喻》：

隐喻的本质是基于一种事物来理解和体验另一种事物。

（莱考夫、约翰逊，1980/2003：5）

难道这个定义不妙吗？它多么简洁！同时，无论是在抽象意义上，还是在具体意义上，它都有力地捕捉到隐喻和翻译的中心运动。翻译是基于另一种事物来理解和体验（注意此处对整体的强调）一种事物（注意对质的强调：不仅仅是"一个事物"，而是"一种事物"）。翻译以一种复杂的关系将一些"事物"（例如：语言、文本、习俗、文化、成套的价值观和信念以及实践等）联系在一起，而这种复杂的关系包括主张相似性与差异性、熟悉性与他性并存，并让我们通过某一"事物"的**方法论**（精神上）理解和（身体上）体验另一"事物"的**方法论**。

隐喻构建 […] 是部分的、不完整的。而这种不完整性本身也体现了个人的偏好。如果隐喻构建是完整的，那么一个概念就会等同另一个概念，我们无法基于其中的一方来理解另一方。

（莱考夫、约翰逊，1980/2003：12–13）

翻译与隐喻的映射总是既非完整的，也非中立的（这正好对应了"partial"这个词的两种含义）。它们的力量在于"揭示现实新维度的动态交流"（古尔丁，2010：183）以及定义"能重新评估熟悉的思想和意义的新观点"（古尔丁，2010）。这是翻译光明的一面，带来了扩展的和丰富的认识论经验。但是光线越明亮，就越容易致盲。光线越强，投射出的阴影就会越暗。我们在所有隐喻的和翻译的事物中都要意识到这一点，因为

> 正是系统性让我们能够基于一个概念，来理解另一个概念的某个方面[……]，然而系统性必然也会隐藏这个概念的其他方面。**隐喻概念**将阻止我们专注于这个概念中与该**隐喻**不一致的其他方面。
>
> （莱考夫和约翰逊，1980/2003：10）

凭借其隐喻力量，翻译可能既揭露某些观点及事实，也可以隐藏某些观点及事实。"译本不可避免是部分的／偏颇的；文本中的意义是多种因素决定的，因此，源语文本中的信息和意义总是比翻译所能传达的更多"（铁木志科，2000：24）。但这涉及的远远不只是"翻译的损失"。

> 这种**不完整性／偏好性**并不仅仅是翻译中的一种缺陷、缺乏或缺席，它也是使翻译行为**具有个人偏好**的一个方面：译者有意或无意地带着个人的价值观来参与翻译活动。事实上，正是**不完整性／偏好性**将相同作品或类似作品的多个译本区分开来，使它们变得灵活多样，才能**参**与权力的对立、政治话语的前进过程以及社会变革的策略。
>
> （铁木志科，2000：24）

以上断言有悖于大众的观点和期望，难免有些令人不快。翻译难道不应该是公正的吗？难道不应该是为我们提供接触原文的机会，并表达原文的意旨吗？我们常常对翻译怀有一种过于简单化的期待，例如，翻译具有同一性、相同性和透明性；翻译是原文的忠实再造，故而必然会有所损失。基于这些观点，我们往往乐于呈现翻译内在的积极作用，如突破障碍、极限和传播知识等。流传最广的一个隐喻是将翻译比作搭建桥梁。但是翻译

也可能有阴暗面吗？迈克尔·克罗宁（Michael Cronin）提醒我们，"从本质上来看，翻译从来都不是一个良性的过程，而将翻译描述为良性的过程本身就是一种误导"（2003：142）。古尔丁也赞成这种观点。对他而言，"翻译远远不是在固定不动的实体间架起桥梁，而更多的是关于震惊、移位和表述不清"（2010：187）。将隐喻和翻译这两种"事物"放在一起往往会引发爆炸，就好比让两个物体猛烈地相撞。由此而产生的那种令人惊诧、苦恼和愤慨的效果也许正是我们喜欢生动的隐喻和创造性的翻译的主要原因之一。在生动的隐喻和创造性的翻译的文本中，以及他们文本外所产生的影响中，存在着令人困扰之处。这一点古尔丁在下文中作出了很好的解释：

> 隐喻和翻译都代表着裂缝，使内部和外部分裂开来，但它们同时也是弥合裂缝的解决方案。隐喻在能指与所指之间开辟了一个危险的空间；一方面，翻译则质疑语言的代表身份和统一性，揭露语言、事物与观念之间的关系具有任意性：翻译的交流与协商表明语词最终只是事物的隐喻。隐喻的窘境在于它破坏了单一语言的稳定性，并指出一个事实，即没有任何语言能与自身和平共处。另一方面，翻译的窘境与不可否认的语言多样性有关，这些语言最终不能被还原为单一的通用语言。
>
> （古尔丁，2010：177）

此时，我们再次站在巴别塔的废墟之上，不确定应该对此进行诅咒还是庆祝。跟随认知语言学家的论述，将翻译概念化为隐喻，有助于我们认识和欣赏这种矛盾的二元性。

最终，坚持隐喻的中心性和深刻性，坚信隐喻的力量能引导或误导我们的行为，能使我们意识到反对和抵抗的领域，这一点看起来也与翻译非常相关。如果赌注很大，那就意味着有人会失去很多。自从《我们赖以生存的隐喻》第一版出版以来已经过去了二十多年，莱考夫和约翰逊以回顾的视角在第三版冗长的后记中陈述了大量与他们的发现和主张相反的意见，并试图进行反驳，他们的言辞听起来惊人地犀利。莱考夫和约翰逊特别指出：

理解**隐喻**思想的本质及其深刻性的四个主要障碍，意味着关于**隐喻**的四个错误观点。在西方传统中，以下错误观点至少要追溯到亚里士多德。第一、**隐喻**是语词的问题，而非概念的问题。第二、**隐喻**基于相似性。第三、所有的概念都是字面的，而不是隐喻的。第四、理性思维绝不是由我们大脑和身体的本质所形成的。

（莱考夫、约翰逊，1980/2003: 244）

概念稍做调整，以上论述也可以相当于一个综合目录，展示了长期以来关于翻译的误解：第一，仅仅从语言的维度来考虑翻译，而脱离了概念的（由此延伸至意识形态的、政治的、伦理的以及其他维度）；第二，要求翻译具有相似性、忠实性或对等性（所有的这些要求都很有问题，特别是当人们不经检验就用这些要求来评估翻译时，问题更为严重）；第三，翻译本质上是自愿的和衍生的，而非无处不在的和不可避免的；第四，翻译与广泛设想的身体体验相分离。我们之前已经大量讨论过前三个问题，所以在此仅专注于最后一个问题。隐喻的认知理论的见解经过重新概念化以后表明，翻译和隐喻"是一种神经现象"（莱考夫、约翰逊，1980/2003: 256），简而言之，这意味着"我们大脑中的某些相同部分不仅在感知和实践方面很活跃，在想象方面也很活跃"（莱考夫、约翰逊，1980/2003: 256）。就我看来，这个问题指向了一个很有希望的领域，亟待认知科学家、神经语言学家以及翻译研究学者去探索。理论家不可能脱离实践，仅凭空想就解决所有问题，因为"关于意义、概念化、推理和语言本质的问题需要实证研究，仅凭先验的哲学思维无法充分地回答这些问题"（莱考夫、约翰逊，1980/2003: 246）。

翻译也是属于需要实证研究的问题。例如，当我们翻译时，大脑的哪些区域处于活跃状态呢？要是我们发现大脑的活跃区域在翻译及玩填字游戏时和坠入爱河时大致相同，会怎么样呢？类似的情况如果发生在当我们经历痛苦或快乐时呢？当我们犹豫或分析时呢？当我们相信或怀疑时呢？当我们遇见朋友或面对陌生人时呢？当然，上述这些只是大胆的猜测和假设，但它们的目的在于说明一个关键问题背后的焦虑，即发现某些潜在的

第四章·语言学：翻译即意义、概念化、识解和隐喻

相关性将意味着什么？当然，这可能意味着我们需要"大规模地修正"我们理解"隐喻，甚至概念、意义、语言、知识和真理"的方式（莱考夫、约翰逊，1980/2003：245-246）。我们如何概念化并理解翻译对其他相关领域的深远影响，是翻译研究之所以重要的主要原因之一。

尽管莱考夫和约翰逊的研究主要被归入语言学（以图书馆编目系统为例），但他们的主张却远远超出了语言领域。那么，也许我们当中那些从事翻译实践、研究翻译和理论化翻译的人，也应该勇于断言自己所做的和所发现的具有更普遍的重要性。例如，我们能否从翻译的视角来重新概念化以下论述？

> 让**隐喻**思想成为公众关注的焦点［……］，［表明］我们需要在关于心智的研究中重新思考一些最基本的想法［……］，［而对隐喻思想的关注］在各个领域中都有深远的影响，不仅是语言学、认知科学和哲学，还有文学研究、政治、法律、临床心理学，甚至是数学和科学哲学。
>
> （莱考夫、约翰逊，1980/2003：243）

我坚信，翻译这个概念至少与隐喻一样强大并无处不在。让翻译成为众人瞩目的焦点表明我们需要重新思考同样广泛的一系列基本问题。我们已经发现反思性翻译的**方法**，特别是采用整体的和具身的方式时，与认知语言学中普遍存在的那种理论化方式非常吻合。这就是为什么在本章中讨论的许多重新概念化的见解——即使是那些在认知语言学领域中非常具体的观点——至少就我看来是非常自然且有说服力的。对与翻译相关的语言概念的调查已经证明，这些语言概念不能与认识论和价值论的承诺分离开来，意义不能脱离形式，而且从更广的层面来看，严格的学科划分实际上是虚构的和有欺骗性的。

第五章 人类学：翻译即一场和他人的相遇

在上一章里，我们联系语言来思考了翻译。需要注意的是，虽然我们主要探讨的是认知的维度，但翻译与语言在本质上既是认知的，也与社会文化相关。如果我们止步于此，就像之前许多理论家那样局限于讨论翻译的认知、过程或文本方面，当然更容易一些。然而，即使"与那些在其他被公认为'人类科学'的领域从事研究的同事们一样，翻译理论家也喜欢谈论文本、互文性、对等结构等——所有这些具体化的抽象概念[……]但翻译及所有人类交流的现实关注的主体都是人"（罗宾逊，1991：21；原文黑体表强调）。在这最后一章中，我打算采取一种完全以人为本的人类学视角，来提出以下问题：如果首先从社会建构主义的立场，而非从语言和文本的角度，来接近翻译并将其概念化，那又会发生什么呢？如果翻译从一开始就是一种人际关系，那又会如何呢？如果我们对翻译的认知，不仅源于与他人的相遇（他人在许多方面都不同于自身），还源于不得不应对这场相遇，那又会如何呢？而且这场相遇会引发一系列不同的感受、想法和回应：幻想、友情、怀疑、完全的冲突与敌意，又抑或是联系与承诺，那又会如何呢？如果某些描述，无论是口头的还是书面的，都是由这样一场相遇所引起的，我们又该如何对待呢？很有可能我们会把它当作次要的，而不是中心的或完整的。"头等重要"和"次等重要"的文本或创作之间的区别在这时便显得无关紧要了；核心的人际经验无须涉及口头交流,与之相比,所有的文本都是次要的。事实上,我确信,如果我们的翻译的首要概念就是人际交往和人际关系,它们在各方面都充满了丰富的情感和反应,那么文本——无论是特定的口语还是书本上的标记——就不再是关注的中心。在许多情况下,"**什么**"会被"**谁**"和"**怎么样**"所掩盖,从而带来对翻译完全不同的理解。

威拉德·V. 蒯因(Willard V. Quine)在著作《语词与对象》(*Word and Object,* 1960/2013:23ff)中假想了一位"本地人"和一位"语言学家"的见面,关于这次见面的描写是想象这种相遇的起点,但也证明了迄今为止的许多讨论的局限性。蒯因思考了语言学家对本地人所说的话作出的解释带有不确定性,展示出我们有多么无知,因此才(不得不)做出臆断,只关注于抽象的、不带情感的智力层面,同时预设双方之间有清晰的等级关系。但是,让我们试着在此图景上继续拓展。首先,人类学家或人种学家与他者相遇,当他/她并不知道他者的意图、动机和武器时,这次会面并不一定对他/她有利。也许被研究和检查的人正是人类学家自身,而他/她却意识不到。其次,如果除了想要交换信息或获得知识的意愿(一个非常抽象且脱离语境的场景)以外,双方还有某个共同的目的:生存、脱险、搭建避难所、合作狩猎或共同准备食物,甚至一起唱歌,那又会如何呢?如果相遇的双方之间存在着一种性吸引力,那又会如何呢?他者不再仅仅是一种心灵主义者的构想,而是一个有血有肉的人。他/她用自己独特的方式去观看、行走、说话和闻香——他/她的方式也许是熟悉的,也许是迷人的,也许是可憎的,也许是以上所有特征的集合。而且,我认为如果被勾画出的这场会面不是发生在一个野蛮人和一个文明的男士之间(注意性别),他们就兔子这个主题(或无论 *gavagai* 真正的意思是什么)进行不成比例的交流评论,而是发生在两位女士之间,或一男一女之间,她/他们围在篝火旁分享着之前提到的那只兔子身上最美味的肉,或者在世界上最繁忙的大都市中心的咖啡馆偶遇,那么蒯因的描述,也许还有他的理论中的许多内容,都将会变得相当不同。请注意,在后面描述的场景中,去除不平等的文明所带来的影响,并引入性别的差异,会极大地改变我们对这场互动中动态因素的感知。扬·马特尔(Yann Martel)的小说《少年派的奇幻漂流》(*Life of Pi,* 2001)描绘了一场相遇及随后的共存中更丰富的意象：一个印度男孩和一只孟加拉虎流落到了同一艘救生船上，在太平洋上随波漂流，他们都挣扎着生存下去。谁对谁而言是威胁？谁征服了谁？男孩与老虎之间的关系如何随着多变的环境而发展与变化？如果他们的关系可以被看作具有深远的翻译意义，那么这种关系又能给翻译带来什么启示呢？

当然，通过联系人类学、人种学和社会学来探讨翻译具有悠久的传统（例如：阿萨德[Asad]，1986；巴赫曼-梅迪克，1997；2006a；2006b；汉娜[Hanna]，2015；尼兰贾娜[Niranjana]，1992：47–86；塞维理[Severi]、汉克斯[Hanks]，2015；西梅奥尼[Simeoni]，1995；沃夫、深利[Wolf & Fukari]，2007）。将翻译首先看作一种社会实践，关注翻译过程中涉及的行动者——特别是他们之间的权力关系——这定义了发生在最近的三十年左右的所谓的"社会学转向"（安吉莱莉[Angelelli]，2014：1；参见沃夫，2014）。正如克里斯蒂娜·马里内蒂（Cristina Marinetti）和玛格丽特·罗斯（Margaret Rose）所言：

> 近期在翻译研究中的社会学和人种学转向的成功，部分原因是人们希望不再局限于仅仅将翻译定义为历史的、文化的和文本的实践，而进一步去探讨翻译的社会维度。[……]在人种学和人类学的领域中，对翻译进行反思[……]有助于发展出更加动态的翻译概念，将翻译看作兼具对话性和变革性的文化相遇[……]给翻译研究提供了一套更复杂的工具，来探索翻译运作的多个文化维度。
>
> （马里内蒂、罗斯，2013：140）

概念的交流和理论的交流都是双向的。对于许多人类学家和人种学家来说，翻译是跨文化相遇、描写与理解的必要工具，而且还常常成为这种相遇、描写与理解的转喻或隐喻：无数的社科类书籍和文章都讨论"文化的可译性"（例如：贝德尔曼[Beidelman]，1971；保尔松[Pálsson]，1993），其中最有名的人类学文集之一就是《文化的解释》（*The Interpretation of Cultures*）（格尔茨，1973）。人们越发承认"翻译构成了所有文化以及文化这个概念本身"（阿尔丢尼、内加尔德，2011：12），并且"文化**在**翻译**中**建构自身；文化**是**翻译的"（巴赫曼-梅迪克，2006b）。这样，"翻译的范畴有了新的重点，由于人类学实践本身可以被理解为一种翻译的创造过程，具有综合性，这实际上'发明'了统一的文化实体"（巴赫曼-梅迪克，2006b：36）。最后，这里当然出现了文化翻译的概念：即使没有涉及特定的文本或言论，跨文化交流的本质在某种程度上是翻译的。文化和翻译这两个概念之间的关系如今正发生反转：

> 对文化的翻译以及不同文化之间的翻译不再是中心概念，而文化本身正在被概念化为翻译的过程。因此，翻译不仅可以被定义为转换中的一个困难的过程，还可以被定义为文化相遇的一个动态术语，也可以被定义为差异之间的协商。
>
> （巴赫曼-梅迪克，2006b：33）

以上正是我在这一章中所提议的接近翻译的方法：翻译即相遇，既是个人层面的相遇，也是集体层面的相遇。让我们从最广阔的视角出发，将翻译与对人类及人类之间互动和关系的研究联系起来。当我沿着人类学这条曲折的道路前行时，我最重要的引路人是克利福德·格尔茨。早在我将他的观点应用于翻译研究以前，我就认为他的作品非常迷人且具有启发性。关于格尔茨的观点，正如我在之前的章节中所提到的，我在这一章中也要表明同样的态度：我想探索新的领域，因此我不会聚焦于他的观点中那些已经融入翻译理论的部分，其中最有名的可能要属他提出的"厚描"概念（1973：3-30），被用作"深度翻译"（参见阿皮亚[Appiah]，1993；赫曼斯，2003）。将格尔茨看作一名翻译研究学者并不难：他许多的洞见都极具潜力，可应用于翻译研究。

基于他的学术立场，格尔茨也许最适合被称为"本质上非本质主义者"（施威德[Shweder]，2000：1511）。但对我而言，关键还是在于他的研究和写作"**方式**"。让我印象深刻的是：他的**方式**既严谨，又极具想象力与个性，而且他的自信与谦逊保持了很好的平衡，这体现在他的以下论述中："我们不必为了理解某事，而去知道一切"（1973：20）。格尔茨，引用他自己的话来说，对我而言是"终于将我们长期以来觉得自己差点就要说出来,但又无法清楚表达的想法给表达了出来的作家之一,是那些将我们刚刚产生的行为、趋势和头脑中的冲动用语词表达了出来的作家之一"(2000:xi)。那么克利福德·格尔茨会怎么去着手处理思考翻译和翻译研究呢?

翻译研究即人类学

首先,我要对术语作附加的说明。在这一章中,尽管不够精确,但人类学和人种学会被看作广义上的同义词——这也是格尔茨认可的"常见于标准点"(1988:v)的合并。如果我们想要更加精确,我们会说人类学指的是学科,而人种学指的是方法。然而,这种说法也是有问题的,因为很多研究形式(例如考古学、比较语言学和体质人类学)并非基于人种学方法的研究,但"也同'人种学'一样,被宣称合理纳入'人类学'的类别中"(格尔茨,1988:v)。这种术语的模糊并不会令我感到麻烦或困扰。实际上,我在此处特地强调这一点,就是为了确定一个重要的起点,这也是在格尔茨的许多作品中反复出现的观点:我们很难从本质上划分人类研究和文化研究之间的界限。历史学家詹姆斯·克利福德(James Clifford 名字听起来与克利福德·詹姆斯·格尔茨好像有什么奇妙的联系,因为后者的中间名正好也是詹姆斯)在其关于"重释人类学"(Rearticulating Anthropology)的论文中,决定"不再试着消除那些重要的分歧,反而认为正是这些分歧构成了人类学不断转移的边界和知识联盟"(2005:24)。通过不断变化的边界来定义一门学科看似自相矛盾,然而这正是我在此发现的洞见。当我将格尔茨对于人类学的思考重新概念化,再运用到自己的翻译研究时,正好切入要点:

> **人类学**就是将陌生的、不规则的事实纳入熟悉的、规则的类别[……],这种幻觉早就被打破了,但**人类学**到底是什么,尚不清楚。
>
> (格尔茨,1988:1)

让我们首先将这一洞见与翻译实践联系起来。从事过翻译并且反思过的人都体会过翻译带来的焦虑感。翻译会将"陌生的、不规则的事实纳入熟悉的、规则的类别",然后所有的一切就都能解释得通了,这一期待不过是对幻觉的追求罢了。恰恰相反,翻译对有思考能力和感知能力的人会起到相反的作用:它使我们遇见许多无法被轻易解释的陌生现象和反常现象,从而给我们带来更多的问题和困惑。不久后我们将会再次讨论这个观点。

那么翻译这个学科本身怎么样呢?翻译研究到底是在研究些什么呢?——或者反过来问,翻译研究到底不研究什么呢?——答案尚不清楚。翻译研究的范围没有被清晰地界定,其领域也没有被明确地划分。尽管人们总是热衷于引用詹姆斯·霍尔姆斯在《翻译学的名与实》(The Name and Nature of Translation Studies)一文中的开创性探索(1972/2000;参见根茨勒,2001:93;芒迪,2012:15ff;斯内尔-霍恩比,2006:3),但他的"地图"却没能很好地展现出翻译这个领域不断突变并延伸到其他领域的特质——这不仅仅是因为霍尔姆斯自己所评价的,"这张地图[……]并不代表翻译的所有领域"(2000:174)。就我看来,问题在于我们对固定领域的渴望,而不在于数据的多变性和情况的动态性。霍尔姆斯的分类以及——甚至在更大的程度上——吉迪恩·图里(Gideon Toury,1995:10)用著名的"翻译学地图"对霍尔姆斯分类的再现,可能从一开始就注定会失败,因为他们试图将"陌生的、不规则的事实划入熟悉的、规则的类别",然而翻译从本质上是拒绝清晰分类的。在过去的几十年里,翻译的定义不断地扩大。翻译是一个不断延伸的(元)概念,而非稳定的或不断缩小的(元)概念。但我们如何看待这种不确定性呢?以下是格尔茨的观点:

> 将**人类学**看作学术活动的好处之一,就是任何人,哪怕是人类学家,都没法清楚地知道**人类学**究竟是什么。
>
> (格尔茨,2000:89)

作为翻译的践行者,我们是否将它同样多变的状态当作优点呢?我认为这是个开放性的问题。在一些（主要是实际的）方面，我们倾向于给出否定的答案，特别是在授予学位或申请研究经费时，或当我们发现与那些研究领域更清晰确定的学者相比，自己处于劣势时，我们当然会给出否定的答案。但那正是超学科研究的风险和代价：如果你挑战并扰乱了传统的学术结构和管理结构，那么就别指望能同时从中受益。不过，我仍然认为，尽管可能导致学术上被低估，管理上被边缘化，翻译的模糊边界还是利大于弊。在这一点上，我只想提及一个重要的方面。作为一个包罗万象的、难以被定义的且不断扩大的概念，翻译提供了相当大的概念自由、方法多样化以及无限的研究机会。那些精力充沛的学者们总是需要探索新的领地来消解烦闷，对他们而言，翻译是一个绝佳的领域。这一点很重要，因为**"怎么样"**和**"什么"**将决定**"谁"**，反之亦然。一个领域的边界会被看作不稳定的或界限分明的，既取决于它所吸引的受众及其被描述和探索的方式，同时又反映在它所吸引的受众及其被描述和探索的方式中。那么翻译研究到底会吸引什么样的学生和研究者呢？翻译对他们的吸引力何在呢？格尔茨觉得人类学那令人难以抗拒的魅力又是什么呢？或者，我们再进一步问：如果格尔茨做了翻译，并对翻译进行研究，那么一开始是什么把他吸引到翻译领域的呢？

粗糙的土地和实地考察

格尔茨在其论文集的序言和副标题中都提到了"关于哲学问题的人类学思考"（2000），他将"后期的维特根斯坦"视为自己的导师之一，并表达了自己的感激之情。格尔茨从《哲学研究》（*Philosophical Investigations*）中引用了以下段落，并认为这段话深深地影响了他的研究方法：

> 我们正站在一片光滑而没有摩擦力的冰面上，这从某种意义来说是理想状况，但也正因为如此，我们无法行走。要想行走，我们就需要摩擦力，就得回到那片粗糙的土地上！

（维特根斯坦，2009：51e）

第五章・人类学：翻译即一场和他人的相遇

接下来他表达了个人见解：

> **人类学** […] 是去探索粗糙的土地，在这片土地上，思想有机会得以生发 […] 对我而言，获取摩擦力的想法不仅本身就令人难以抗拒，而且正是这个没有明确目标和系统阐释的想法最初带领我迁入了这片土地，也进入了人类学研究的领域。
>
> （格尔茨，2000:xii）

这也是我关于自己的研究领域长久以来的未尽之言。我发现翻译的过程（从而延伸至翻译研究这个领域）之所以迷人正是在于我们脚踏的这片粗糙的土地和航行的这片波涛汹涌的海洋。作为一种现象和一种实践，翻译给我们以必要的提醒：理论化不能无限地浮于半空中，并孤立地封闭在由理想化的、无菌的和脱离语境的条件所构成的幻影中。作为笔译者和口译者，我们不能仅仅猜测可能出现的交流障碍，或因此而感到绝望：无论在别人或自己看来，我们的尝试可能是多么的不充分或不如意，但我们都必须有所行动来克服障碍。我们应该投入精力，让我们的头脑、嘴巴和双手共同协作来创造出话语、文本或表演，从而被他人接受、使用、批评或赞美。每一件翻译作品都是一件工艺品，它是实实在在被**创造**出来的，而非仅仅是想象或虚构出来的。"重要的是真正说点什么，而不仅仅是扬言自己将会说点什么"（格尔茨，2000:18），而"说点什么"正是翻译所做的。

翻译的概念在其他地方（如政治话语或生物医学出版物中）如何被挪用，体现了翻译固有的实存性。当政客们宣称理念、知识或承诺必须被"翻译为行动"，并私下希望在民调中对他们的支持将"翻译为投票"时，翻译被看作使抽象变为具体、使理论变为实践的重要推动力。在最近出版的生物医学发表物中，对翻译的积极评价更为清晰。在生物医学这个辉煌的领域中，所有一切都是可翻译（转化）的。我曾读到一条评论，一份医学期刊的编辑承认，"尽管人们没有就'翻译的（转化的）'这个词的确切所指达成共识 […]，但不可否认'翻译（转化）研究'是当下的流行术语"

（方［Fang］、卡萨德瓦尔［Casadevall］，2010：563）。这让我想起格尔茨的观点：人类学在很大程度尚未被明确定义，那应该是一种优点。翻译（转化）研究和翻译（转化）医学旨在缩小存在于科学发现及其实际应用与人们能获得的临床治疗手段之间的差距。研究者、医生和医疗保健经理愈发认识到自己有责任"将基础的生物知识翻译（转化）为世界各地个人与社会的切实进步"（泽鲁尼［Zerhouni］，2009：1）。在这些用途中，翻译的力量和价值（一个远超语言问题和文化问题的概念）就在于其兑现承诺的能力。需要被翻译的所有事物（理念、原则、承诺、支持、知识、科学发现和创新等）在本质上都是好的，但在某种程度上却又不够好。它们只有在被翻译后，才会变为有用的和有益的，并服务于某个目的。但是，正如我在别处也说过的，

> 这不仅是实用主义的问题。翻译的过程从根本上是符合伦理的。未翻译的承诺和知识在伦理层面是可疑的，接近于空洞的承诺，即不会兑现的承诺。翻译履行了兑现承诺这一伦理任务，不再停留于应酬话，而是做出了实际的改变。翻译**所做**之事非常重要，且符合伦理的需求。
>
> （布朗钦斯基，2016：TBC）

翻译用多种方式带我们"回到那片粗糙的土地上"。当笔译员和口译员的工作场所在手术室、灾区和建筑工地时，他们有时候真是现实意义上的"弄脏手、打湿脚"。只有在真实的人际交往和跨语言文化交流这片糙土上，某种思想才能获得摩擦力，因为在那里我们会遭遇现实的交流问题，其中许多问题是不为坐在书桌后的理论家们所知的。实际上，如果在翻译研究中"对具体案例的分析［……］，通常会使新的理论轮廓逐渐显现"（铁木志科，2010：18），那么新的理论非常依赖于对具体的案例研究——而这些只能发生在"粗糙的土地"上。如同人类学家，译者并非在实验室中舒适地工作，而是在"粗糙的土地"上工作，条件远不够理想且充满困难。"在途经许多地方，邂逅不同民族的过程中"（格尔茨，2000：xiii），当必须与**"什么""谁"**以及**"怎么样"**产生关联时，译者

共同遭遇了许多内在的道德焦虑。在这些相遇中，实践与伦理困境相互交织。

人类学促进了对伦理压力的反思，而这种反思长期以来一直在研究田野工作所依赖的关系——也许我们可以说——翻译也依赖于这种关系。我们可以从以下两个主要的方面来考虑：首先，翻译就（像）田野工作，需要收集并解释数据，而译者之于作者好比研究者之于报道人；其次，人类学会解释和呈现其田野工作的成果，而译者同样也会向受众解释和展示译作。而且，在某些田野工作的情况中（例如研究者用自己不熟悉的语言进行质性研究访谈时，译者（更可能是口译员）也可以被看作"民族志意义上的报道人"（布拉加森[Bragason]，n.d.: 7）。由于其文化意识，译者在解释和阐明访谈内容时扮演着至关重要的角色（同样参见弗雷德[Freed] 1988；布杰拉[Bujra]，2006）。但是，无论译者在这张关系网中占据着什么样的位置，格尔茨将我们的注意力集中到这一点：

> **田野工作**的情境中固有的道德不对称所导致的压力[……]，是无法完全回避的，而是[……]属于那种情境下伦理模糊这个特质的一部分。
>
> （格尔茨，2000: 33）

我们如果用翻译的解释项来靠近这段论述，可能会想，什么在翻译情境中是伦理模糊的？传统和流行话语常常臆断意义的相对稳定性，如果在作者和译者之间存在着道德不对称的情况，那么评判标准往往会倾向于作者。人们通常认为作者的意图、目的和风格应该比译者的更为重要，因为作者主宰自己的想法和表达方式，所以拥有最终解释权。可以佐证这个观点的一个好例子是：米兰·昆德拉（Milan Kundera）致力于揭露法国译者在翻译卡夫卡（Kafka）时的越界行为，他在文章中坚持道，"对于一个译者而言，最高的权威应该是**作者的个人风格**"（1995: 110；原文黑体表强调）。在这一体系中，伴随作者的是权威性——包括凌驾于译者之上的权威。人们预设译者基本上属于隐身的仆人，应该做到技艺好、效率高，如果做错事还要受到惩罚。这种将译者视为工具的态度明显引起了一系列伦理问题：译者真的只是一台翻译机器吗？是一块透明的玻璃窗格，还是一个中立、被动且无辜的信息传送者，传达主人的意义并盲目地遵从委托人的指令？

然而，从一个更具有解释学意识和"行动主义"的视角来看，这种不对称性却是偏向译者的。作者无法再主宰自己的意义，而译者被赋予了更大范围的自主解释权。在这一体系中，作者被还原为某种原始刺激的提供者，而译者以一种独特的方式来回应这种原始刺激，将之加工、变形为一个新的实体，这个新的实体与原始刺激之间的关系非常复杂并难以确定的。与"权威"（authority）的词源（来自"author"，即"作者"）有些相悖的是：权威现在主要掌握在译者手中，译者可以决定是否以及如何表现作者的刺激，还有如何回应这种刺激。这与蒯因等理论家的观点非常接近。在他们看来，"刺激"和"刺激意义"是标准词汇的要素，描述了语言人种学家与告密者之间明显不对称的相遇（1960/2013:27ff）。这也意味着译者兼人种学家所提供的是表征、描述、印象和表现——译者解释和干预的各种结果——既不是未经中介直接接触原文，也不是纯粹再现原文。

总的来说，尤其是在最近几十年，翻译研究更适合以上的第二种体系。格尔茨的人类学明确地带领着我们走上了这条路，虽然并没有摆脱我们很快会考虑到的一些疑虑和限制。格尔茨1988年发表的论文集副标题为"作为作者的人类学家"，正好回应了翻译研究领域出版物的一些标题，如"作为作者的译者"（布法尼［Buffagni］，加尔泽利［Garzelli］、扎诺蒂［Zanotti］，2011；赛伦斯［Silence］，2010）以及"作为作家的译者"（巴斯奈特、布什［Bush］，2006；苏莱布［Sulaibi］，2012）。当我们谈论《译者登场》（*The Translator's Turn*）（罗宾逊，1991），讨论《翻译与创造性》（*Translation and Creativity*）（帕特吉拉［Perteghella］和劳弗瑞德［Loffredo］，2006），并且忙于扩展翻译、赋权于的译者时（铁木志科，2007），"译者不是作者，我对此很抱歉"（皮姆，2010）这个论点看来已不再处于主导地位，并非众人皆知，而且明显不再受到欢迎，但这一趋势引起了一系列与信任相关的伦理问题。

信任

正如我们所提过的，翻译研究在过去几十年中逐渐发展为将译者与作者之间的关系理解为不同的等级关系，类似于研究者和研究对象之间的关系。在人种学中，"两个世界之间的等级关系将人种学家及其读者置于首位"（尼兰贾娜，1992：83）。同样，"翻译通常发生在不平等的社会之间"（巴赫曼-梅迪克，2006b：36），而且翻译关系的结构通常是按等级划分的。在历史上，我们认为需要被赋权的人是译者；有没有可能现在局面已经明显偏向于另一种情况？作者才是时而感到无力的一方？如果是这样，那么在格尔茨看来我们需要警惕的是：

研究人员和**研究对象**之间内在的道德压力。

（格尔茨，2000：37）

这种张力源自这一事实：在人类学与翻译学的情境中，参与者陷入"仅得到模糊承认的主张与让步的复合体"（格尔茨，2000：36）。报道人在某一刻的反思或疑虑中，可能会问自己：人类学家**究竟**想从我身上得到些什么？在这次交易中他/她能得到些什么呢？我又能从中得到些什么？要是我不赞成，或者单纯不喜欢人类学家对我的文化的解释，那又会如何呢？当我担心人类学家可能弄错了什么，或是他们并不了解我试图向他们所描绘的，而是简单地强迫我承认他们一开始的预设，那我该怎么纠正他们呢？我传递给他们的信息是否还属于我自己呢？或者现在已经成为他们的了？他们是否可以按自己的意愿来自由使用和解释从我这里听到的消息呢？当我知道他们的话确实表明了我的意思时，我会感到多么欣慰呢？这些深刻而令人困扰的问题展现了报道人与研究者的关系中固有的伦理焦虑——这种焦虑只有依靠获得感（即处于弱势的一方能从这次互动中获得某些有价值的东西）和信任感（即我虽然不能完全理解"**什么**"正在发生或被言说，但是我可以信赖于"**谁**"）来缓解。

当然，与人类学的田野工作不同，翻译在很多情况下受制于著作权法。这条法律明确规定了文本的所有权属于谁,以及文本的使用和复制需要什么条件。但表征的问题仍然存在,这也意味着译者与作者之间的关系——或更广义地说,译者与源文化成员之间的关系——仍然需要相当多的信任。

如果作者的观念属于以上概述的第一种体系,那么他/她可能会倾向于保护自己的作品,如果不亲自监督就不放心将自己的作品委托给其他任何人。我曾经向知名的波兰翻译家伊丽莎白·塔巴科夫斯卡讨教她对翻译中信任问题的理解。她回忆起一个场景:一位颇受推崇的译者在接受一项重大的翻译委托前,被要求提供相关的证明材料,如翻译样章、已出版的译本清单以及出版社的推荐信,该译者为此感到非常愤怒。让译者感到愤怒且无法接受的难道不正是信任的缺失吗?也许如此。但有趣的是,伊丽莎白·塔巴科夫斯卡认为她的同事如此强烈的反应是不合理的。她评论道,任何负责任的父母都不会在没有获得积极推荐的情况下就将自己的孩子托付给保姆。将作者比作父母,这个隐喻生动地展示了人们对翻译情境中作者地位的常见看法。但是,如果作者在第二个体系中感到更为自在,那么尽管他/她还是有一些作为父母的担心,但他/她将会意识到孩子们一旦长大并离开家,就不再受到管教,而他/她仍然相信孩子们能够照顾好自己,与良师益友为伴。

只要人们没有清晰地描述出对于翻译的本质、角色、功能和过程的具体预期,并就此达成共识,那么就很可能产生误解。每当出现了问题,由模糊构想的观点和妥协所组建的脆弱网络崩溃时,作者与译者之间的关系就好比人类学家与报道人之间的关系——

> 要么在双方均感到徒劳无益的气氛中逐渐消失,产生一种普遍存在的失望情绪,要么[……]突然陷入一种相互欺骗、相互利用和相互拒绝的感受中。每当这时,**人类学家**就会感受到曾经的融洽不复存在:有人感到自己被抛弃了。**报道人**则认为这是彼此不信任的恶果:有人感到自己被侮辱了。他们再次将自己关在不同的世界中,各自的世界内部是和谐的,但彼此的世界之间没有任何交集。
>
> (格尔茨,2000: 34)

第五章 · 人类学：翻译即一场和他人的相遇

译者及译作的受众中间也存在着类似的网络——由观点、妥协和期待组成，并与信任密切相关。善于思考的读者和听众会不断思考以下问题，我怎么知道这篇译文或口译内容是可靠的呢？作者真的是这么写的或这么说的吗？当译文或口译内容听起来特别熟悉时，我怎么能确定译者是否通过操控它而使其更具吸引力呢？我怎么能知道译者是否有根据我的理解能力和赏析能力来评价我呢？我怎么能确定译者是否在推行自己的计划，或者更糟糕的是，为他人的利益而代言呢？

当信任不复存在，迄今为止的合作——首先是作者/演讲者和译者/口译员之间的合作，然后是译者/口译员和读者/听众之间的合作——都土崩瓦解，而欺骗、拒绝和滥用的感受油然而生。如果翻译是一种人际关系，那么离开了信任，它既无法成立，也无法长期存在：脆弱和无知将会被利用，权力也会被滥用。田野工作和翻译都需要道德、正直和责任感，但最终，它们成功的关键取决于信任——这是人类交流中最基本的态度之一。

在施坦纳（1988）看来，信任（trust）是解释活动的起点，也是翻译循环的第一步。我提议，信念或信心是比信任更合适的概念（参见布朗钦斯基，2014），因为就我理解，信任是对人的态度，而非对观点的态度。（类似的观点可参见克里斯蒂安·诺德［1989；1991；1997：123ff］，她将描写人际关系的概念"忠诚"与文本"忠实"这个无益的概念区分开来。）但是无论我们将对源语文本价值的原初信念称为"信任"或其他什么，切斯特曼（1997：180）提出的观点"翻译的信任远不止于此"都是正确的。的确，如他所言，信任在翻译情境的各个维度中都是不可或缺的。

> 译者需要信任原文作者，同时也需要信任翻译的委托人，还得相信这本书值得翻译。译者必须相信自己的读者会带着诚意去阅读译本，反之，读者也要相信译本中存在着"可读之处"。实际上，不仅是译者必须要有信心，翻译行为中涉及的其他各方——包括读者、（当然还有）翻译的委托人、出版社以及原文作者（如果还在世的话）——也应该有信心。翻译的信任应该是相互的。

（切斯特曼，1997：180）

那么我们应该如何建立起这种信任并好好地维系它呢？上文提到过，一位译者被要求出示证明材料，她认为这说明了从一开始就不信任译者的态度，让她无法接受。这位译者的反应表明她将信任看作翻译关系的先决条件，是一种"权力"而非"特权"。切斯特曼（1997：181）也坚持认为，一方面，"如果想以译者的身份生存下去，他／她必须获得翻译所涉及的任何一方的信任，那不仅是对译者专业素养的信任，还有对其个人品格的信任。这种二元的视角——集体与个人、专业与私人——强调了信任的两个维度，它们互相交织在一起，但又保持了彼此之间部分的矛盾关系。译者是本该享有被信任的权利，还是必须要去争取信任呢？另一方面，切斯特曼承认，译者必须"依靠自己的工作来创造和维持这种信任"，但同时他又建议：在通常情况下，"除非发生让人不信任的事情，否则信任都是默认存在的。一般情况下，信任会失去，而多过获得"（1997：181）。

信任是否天然存在取决于风险的高低。在合作而非竞争的情况下，当获得翻译所涉各方的认同时，有时也可能发展出"建立信任的捷径"，表现为"普遍信任笔译员和口译员会努力做到中立"（凯利、贝克，2013：155–156），尽管不久后我们会发现这种想法也会带来一些问题。但当失去信任的可能性更大时，默认的态度就变为不信任。这也解释了为什么在敏感的外交场合，双方按惯例都会带上自己的口译员，因为由对方提供的口译员，无论有多么专业的履历，都不能获得信任。凯利和贝克（2013：150）在论及20世纪90年代在波斯尼亚和黑塞哥维那（Bosnia-Herzegovina）进行的维和行动中关于军方和口译员的合作时指出：

> 实际上，建立信任所需要的远不止是正式的鉴定书或证书，还需要多次考察语言学家的可信度，以及非正式地进行有效的知识交换[……]。如果跟某位口译员有过私人交流的经验，或者通过同事（往往是口译员的军事主管或与自己职务相当的人）的推荐认识口译员，那么信任也能得以传递。

（凯利、贝克，2013：150）

信任作为一种人际态度的奇妙之处在于它在很大程度上是可传递的：如果一个人被我们信任的人所相信，那么他/她也会得到我们的信任。只有推荐人可靠，他/她所提供的证明材料和推荐信才可靠：证明材料和推荐信的价值不在于其内容是"**什么**"，而在于由"**谁**"提供。凯利和贝克（2013：155）认为，译本的可信度和准确度只是建立信任的一个因素而已。与笔译员/口译员有过融洽的亲身工作经历，或认为笔译员/口译员"对自己的团体更为忠诚"（凯利、贝克，2013：155），这两个因素也具有同等的重要性。

现在看来只要译者保持中立和公正，并对他们工作的委托者表现出忠诚，那么他们就是值得信任的。这些关于信任的矛盾要求能得以调和吗？让我用更宽泛的术语从译者伦理的视角来重述这个问题。意义和行为在描述、翻译或解释中得以再现，由此产生了我们个人的观点、态度和感受，那我们应该如何处理这些观点、态度和感受呢？我们真能做到仅仅是观察并传递信息，而丝毫不涉入其中吗？但这听起来难道不像是一个天真的幻想吗？作为阐释的过程，观察和翻译当然不可能宣称其具有完全的客观性或绝对的超然性，但这种追求难道不正是一种伦理责任吗？我们正好处于一个关键的节点："职业准则的公正和忠诚问题遇上了正义和个人良心问题"——因此，"基于翻译伦理的原则变得特别重要"（因基莱里，2008：219）。在这种场合中，我们并不仅仅面临着是否要"涉入其中"这种二元选择——无论人们如何称呼这种选择——而是需要处理一系列更广泛的语境问题以及伦理上的复杂问题，涉及"时间""方式""程度""代表哪一方"以及"为什么"等要素。当我们思考这些问题时，让我们回到格尔茨关于粗糙的土地的观点，并试着将其与翻译关联起来：

> 我不太了解实验室里的情况，但在**人类学的田野工作**中，"超然"既不是与生俱来的一种天赋，也不是后天习得的才能。它是通过辛苦劳动所得的部分成果，并不能稳定地维持下去。
>
> （格尔茨，2000：39）

值得注意之处并不在于从理论上承认超然是无法实现的,而是假设我们应该努力追求某种程度上的超然观。这正好又将我们推向翻译中最热门的核心论题之一:翻译本身所具有的带有个人偏好的特质究竟应该受到褒奖还是贬斥呢?劳伦斯·韦努蒂是站在褒奖一方的,在过去的二十多年间,他一直敦促译者更多地参与文化和意识形态的斗争(他"对行动的呼唤"参见 1995:307–313; 2008:267–277)。迈克尔·克罗宁(2003:134)同样也坚持"翻译中必须有行动主义的维度,包括参与社会、国家及国际层面的文化政治事务"。 在玛丽亚·铁木志科对自己主编的论文集《翻译、抵抗、行动主义》(*Translation, Resistance, Activism*)的介绍中强调,"翻译总是潜在地具有一种激进的和行动主义的优势,它由伦理的和意识形态的关怀所驱动,并通过重要的途径参与塑造社会、国家和全球文化。"(2010:19-20)她赞美"译者的初心、才智、责任和勇气,以及他们愿意投身社会变革中的意愿"(2010:19)。格尔茨假定的"超然"似乎将他置于另一方,与他持相同观点的人坚持笔译员和口译员应该"保持公正,始终作为情境的旁观者,不让个人的态度或观点影响到工作"(此处引用的是芬兰手语翻译协会的伦理准则)。一位评论家写道,格尔茨的这个观点令人感到惊讶,因为他一向"厌倦大多数陈旧的二元对立(如主观与客观、人文与科学、普遍性与特殊性等),他认为这些对立加剧了学术争论",而"倾向于停留在模糊的中间地带"(施威德,2000:1511)。

事实上,尽管这两种观念之间存在着意识形态上的张力,它们只有在极端的情况下才是互不相容的,而在那时二者会显得同样荒谬可笑。其中一种极端的情况是:人类学家将不得不变身为传教士,寻找的不是报道人,而是皈依者。这样一来,他们将不再仅仅满足于理解和描述,而是要深刻地影响自己所研究的群体的信念和习俗。但另一个极端情况是:追求绝对的中立和超然既不切实际,又困难重重,因为"人们大多对实验室里的技术人员持有一种刻板的印象,认为他们都穿着白大褂,不仅服装是无菌的,而且情感上也是波澜不兴的,然而这不过反映了人们的普遍观念,认为这种超然实际上属于一种精神疾病"(格尔茨,2000:38–39)。

第五章·人类学:翻译即一场和他人的相遇

就翻译而言,"神经层面上不受影响"是绝对不可能的——特别是当人们(像我一样)坚信翻译在很大程度上具有身体的本质。译者,会遵从某些原则,珍惜某些价值观,经历某些情绪,而这些是不可能,也不应该被否认、压制或忽视的。因此,与其凝视盲目的超行动主义与神经层面的超然这对错误的二分法,我们也许身处格尔茨所主张的"模糊的中间"时会感到更加自在,并适应在两种极端之间航行所带来的压力。

> 不可避免的是,**人类学家**既无法如愿融入,也做不到想象中的理智,[尽管他/她一直在努力][……]将对现实的两种基本态度——参与和分析——合二为一。
>
> (格尔茨,2000:40)

真正的职业疏离或公正是什么?又不是什么?对此作出阐释的观点不太寻常,但确实令人耳目一新。同人类学家一样,笔译员和口译员有权在工作过程中产生情绪、观点或反应。格尔茨完全不赞成优秀的人类学家(我们也许可以加上译者)应该是平心静气、不带任何感情的,好比"后宫里的太监"(2000:38)。相反,他认为真正严重的危险在于"对脑部潜意识活动(常被称为'人类的情感、思想和反应等')不敏感"(2000:39)。因此,他总结"即使人们能实现少数情况下的无私,那并不是来自摒弃自身情感或忽视他人的情感,也不是来自将自己封闭在道德的真空中,"而是"遵守职业道德"(格尔茨,2000:39)。

如此一来,两种不同的视角——个体与集体、个人与职业——实现了融合。翻译与人类学田野工作都有一个参与的维度,这使翻译成为一种**行为**方式,并得到了各种专业机构的认可,这些专业机构还为翻译规定了需要遵守的适当守则。

> 作为一种行为方式,**人类学田野工作**的显著特征是它不允许将人们生活中职业部分与非职业部分明显地割裂。反之,它促使二者融合在一起。
>
> (格尔茨,2000:39)

尽管这一点在翻译研究中很少被关注或讨论，但它非常重要。切斯特曼在《圣哲罗姆誓言之倡议》（Proposal for a Hieronymic Oath）一文中，先讨论了翻译伦理的几种不同模型及其盲点，然后不得不对"译者"与"（有时）做翻译的人"（2001：146）、从业人员与翻译实践、**谁**与**什么/什么时候**做出区分，并决定只聚焦于前者，这在我看来是孤注一掷的。切斯特曼的这一决定乍看十分奇怪。规定某种行为（毕竟这就是行为准则的用处）肯定比要求达到某种质量、授权**某人**或采用某种**方法论**要容易得多。也许如此，但我们本能地感到这样的理解在某种程度上不得要领。我想不到哪种道德准则会对笔译员或口译员的"工作状态"与"非工作状态"进行区分，即使仅仅是暗示这样的区分也会发出错误的信息，误导人们认为：本性不道德的人可以在做事时符合道德规范。反之，某些行为准则阐明对译员的期待超越了严格意义上的专业背景，证明了工作领域与非工作领域的融合。例如，英国翻译协会（the Institute of Translation & Interpreting in the UK）希望其成员能做到"无论在任何情况下［……］都拥有符合职业身份的高水平"，"用一切实际的方式互相帮助"，并且"保持对同伴和协会的忠诚"，特别是"不得在公开场合攻击协会其他成员或同等地位的职业人员的能力、声誉和荣誉"——这意味着无论是处于工作状态还是非工作状态，译员都得遵守这些规定。从字里行间可见一种强烈的信念：一个道德败坏的人不可能是一个值得信赖的译者。反之，翻译表现不佳的译者也不可能是道德高尚的人。**谁**决定了**怎么样**，而**怎么样**又决定了**什么**。

面对现实应该采取参与态度还是分析态度？格尔茨对这二者间的信任与矛盾的问题作出了论述，其关联性在翻译实践中得到了有力的证实。凯利和贝克在报道斯塔胡利亚克（Stahuljak, 2010）的研究（关于来自克罗地亚的几位平民语言学家于1991—1992年为欧洲共同体监察团［the European Community Monitoring Mission］提供的志愿者服务）时，注意到他们中不少人：

> 拒绝接受"将口译员视为传递信息的导管"这一没有人情味的观点，而将自己视为行动主义者，向一个政治中立的机构提出克罗地亚

的事业主张。尽管他们并不接受口译员应该保持情感中立这个概念，但在语言相遇本身这个微观层面上，他们却尊重该机构的规范，并避免在翻译中的干预行为。

（凯利、贝克，2013：156）

由此可见，译者在翻译工作中涉及个人情感或私人生活，并不一定会危害他/她作为译者的准确性和可靠性，反而可能证实其准确性和可靠性。格尔茨关于生活和工作相互融合的观点被许多从业者一再证实。玛格达·海德尔，这位因翻译多位知名作家和诗人（包括约瑟夫·康拉德［Joseph Conrad］、T. S. 艾略特［T. S. Eliot］、谢默斯·希尼［Seamus Heaney］、特德·休斯［Ted Hughes］和弗吉尼亚·伍尔芙［Virginia Woolf］）而获奖的波兰译者，在被问及对翻译信任的看法时，与我分享了以下观点：

> 对我而言，翻译不仅是一种创造的实践，也是一种生活的实践。我的意思是，译者这份工作构成了我生存的重要部分，我无法将其视作我的"现实生活"之外的东西。我大多数时候都在家工作，而我的书房位于房子的正中央，因此当我的家人在身边时，他们会不可避免地进入我的工作区域，但我对此毫不介意。此外，他们还以读者的身份参与我的工作，偶尔还会充当我的工作助手。
>
> 我在家庭之外最重要的一些人际关系源于翻译实践。我有一个信件档案，保存了自己与译者朋友们交流的信件。他们有些帮助过我，有些曾向我寻求帮助，还有些是我的合作译者。这些材料非常有趣，足以佐证职业生涯与人际关系之间隔不断的联系。这些信件中还有许多是关于编辑与读者的。这些关系非常紧密，而且我再次声明自己无法将其视为纯粹的职业关系：没有人情味的、有限的，并且缺少真正的内心参与的痕迹。如果我与一个人没有良好的情感交流，或者我不信任这个人，那么我无法想象同他/她一起完成翻译工作。
>
> 我写这些都是为了表明翻译是一种与人互动的活动，而不是一种社会功能。因此，翻译会囿于情感的网中。我十分肯定要想恰当地描

绘翻译的过程，必须考察翻译所涉及的各种关系。

（玛格达·海德尔，2015年写给我的个人邮件）

由此可见，在捕捉翻译的真实动态时，人类学的、人际的以及关系的视角非常重要。如果翻译正变成"关系和动态的概念"（巴赫曼-梅迪克，2006b：40），那我们就会遇见另一系列范围更广的伦理问题，这些问题与相似和差异，以及它们各自的价值相关。

多样性的价值

在田野工作的伦理维度中，格尔茨提到"在发现问题的能力与解决问题的能力之间存在着不平衡"（2000：37）。翻译是否也如此呢？毋庸置疑，翻译具有非凡的能力去发现——或许是创造自己无法解决的问题。我们已经提到过一些类似的问题。它们大多是关于一些令人不快的发现，即事情本身远比看起来更复杂；我们熟悉的思维模式、分类和习惯远不如我们想象的那么常见与普及；许多看似明显和自然的事情不能被简单地视为理所当然，而我们曾经认为陌生和奇怪的人现在看来与我们很有共同点，这是我们从未想到的（或是我们不愿去想的）。简而言之，我们如何应对和处理相似与差异呢？或者用更符合伦理的术语来说，我们应该怎样应对呢？在考虑这些问题时，我将从格尔茨的论文《多样性的用处》（The Uses of Diversity）中寻求线索，这篇演讲稿最初是格尔茨于1985年在芝加哥大学的"坦纳讲座"（the Tanner Lecture）上所作的关于人类价值观的陈述。这篇文章本身就是一条线索：在这篇文章中的许多地方，我们会发现：尽管并不总是很明显，但价值观其实是处于中心位置的。

格尔茨一开始就陈述了在人类学发展的整个历史进程中，中心问题之一是应对人类生活及其表征的丰富多样性。有时候，人类学家试图采用普遍化的方法，寻求共性和模式，来应对这种多样性；而其他时候，他们又强调特殊性、特征和不可通约性（格尔茨，2000：68）。我们也许可以补充说，这些反应总是受到价值观的影响，根据当时意识形态的思潮而变化。尽管冒着简化的风险，我们也可以说前一种方法重视聚合性和相似性，而后一种方法重视分歧性和差异性。

第一种方法"[……] 倾向于认为多样性是表面的，普遍性才是深层的"（格尔茨，2000：59），与之相关的是价值论的维度。让我们想想用这个标准来衡量的一些概念吧。例如，当我们谈到评论和观察时，流于表面的评论和观察是肤浅的，而有深度的评论和观察才是好的（试对比："**这样评论仅仅是触及了表面**"和"**这样观察很有深度**"）。当我们审视"肤浅的"和"深刻的"这两个形容词时会发现，这两个概念主要是评价性的，而不是描述性的。然而，当我们开始讨论差异时，衡量天平的两端就交换了位置（试对比："**这不过是表面上的分歧**"和"**我们之间的分歧比预想中还要大**"），这也证实了人们对使天平两端互换的差异性采取了负面的评价。从以上例子所展示出来的价值论视角可见，差异性就如同伤口（而不同于评论、观察或承诺）：越浅越好。深刻的分歧和差异——如同深深的伤口——被视为是有威胁的，甚至可能是致命的。

这种关于差异性的价值论假设不正构成了在大众和专业领域中翻译话语的重要部分吗？翻译难道不总是被当作在追求理解的前提下，尽力做到减少差异？翻译旨在搭建桥梁、跨越边界、打破屏障、调和关系和促进顺畅的交流等——这种观念不仅出现在征稿或学术会议的主题中，也出现在各种政治口号中，人们早已耳熟能详了。切斯特曼认为翻译旨在减少"交流痛苦"（1997：186），表达了坚定的评估立场；毕竟，痛苦怎么会带来好处呢？施莱尔马赫曾提出了著名的两难困境，即"应该将作者带回家，还是将读者送出国"（当然，这对他而言并不是一个真实存在的困境，因为他很清楚应该作何选择）。在作选择时，是否（以及为什么）使二者靠拢并不是真正的要点，最重要的是**怎么样**促成二者靠拢。加利特·萨法蒂（Galit Sarfaty）在《翻译中的价值观》（*Values in Translation*）一书中提出解决人权问题的不同方法要求"'译者'在不同的学科社区之间游走，并能弥补理解的差距"（2012：20）。我们上文提到的生物医学中的翻译（转化）研究的概念也是基于缩小"翻译（转化）差距"的必要性，并对"翻译（转化）差距"的存在持负面评价；在理想的世界中，这种差异是不应该存在的。正是由于这种潜在的评估普遍存在，人们才会用"桥梁"这种最陈词滥调的意象之一来比喻翻译应该实现的功能。翻译的价值看似在于它整合与调和的能力,在于将人和想法融合起来,在于促进相互的理解和减少差异,在于消弭裂缝等。但是基于同一性、相似性与融合性的内在价值观所作出的一些推断,难道没有可疑之处吗?同时,我们是不是忽略了什么重要的东西呢?那些属于不同的价值论体系的事物呢?多丽丝·巴赫曼-梅迪克认为"正是文化翻译的失败,而非它的成功,为文化人类学提供了更多、更有趣的挑战"(2006b:36)。而且,如果我们接受了"关于翻译的另一种概念,它与普遍理解的美好想象截然相反〔……〕,将对他者的不理解作为基本的前提"(克罗宁,2009:219),那又会如何呢?在分歧、多样性和不可还原的差异性中,难道不正存在着一种内在的价值——人类学可以帮助我们识别和欣赏的价值吗?

只要我们将那些关于翻译的流行观念和简单的话语抛之脑后,我们就很容易发现在目光所及之处,多样性和差异性都保障了重要的长期收获。在耕种时,单一栽培会极大地降低土壤的肥力;在畜牧时,缺乏基因的多样性往往会导致一个种群的生物适应性降低,影响其健康繁殖和生产的能力。在过去的几十年中,至少从1988年国际人种生物学协会签署《贝伦宣言》(Declaration of Belem)开始,文化多样性和生物多样性之间"不可分割的联系"(玛斐 [Maffi],2005:602)得以证实,越来越多人指出,文化多样性和生物多样性密切相关,而失去这些多样性会给人类带来共同的威胁。由此产生的生物文化多样性的概念被广泛认为是可取的,并且需要得到保护。最近,世界自然基金会为检验生物多样性和文化多样性所面临的"灭绝危机",委托发布的报告《生物文化多样性:濒危的物种和语言》(Biocultural Diversity: Threatened Species, Endangered Languages)总结了以下几点:

> 本报告的发现表明:这个世界正在失去其非凡的生物文化多样性。毫无疑问,哪怕仅剩几种语言和文化,世界经济也会持续发展,而且说不定会发展得更好。即使生物的多样性降低,全球的生态系统也有可能会(当然也可能不会)继续提供生命所需的基本支持功能,

人类还是可能继续生存下去。但这不仅仅是关乎生存的问题，甚至不仅仅是关乎全球经济生产力的问题。多样的世界里文化丰富、物产丰饶。如果多样性减少，人类也就变得贫穷。因此，这个问题关乎我们究竟想生活在怎样的世界里。

（卢［Loh］、哈蒙［Harmon］，2014:48）

无论我们接受与否，贫瘠正快速成为现实。卢和哈蒙（2014）的分析表明世界上至少有四分之一的语言正濒临灭绝。同样，人类学家也指出文化习俗的多样性"正迅速减少，其色彩不再那么丰富，范围也不再那么广阔。我们可能会面临一个世界，那里不再有以猎取人头为生者、母系主义者或依靠猪的内脏预测天气者"（格尔茨，2000:68）。这一现象本身并不意味着靠文化和语言差异谋生的人注定要消失。人类学家及翻译学者仅仅需要调整筛子的粒度，更加关注细微的差异。但是格尔茨认为"这种文化差异的软化过程会引发范围更广的道德、审美和认知方面的问题，这样一来麻烦就更大了"（2000:68）。我认为翻译中也有这样的核心问题。这个问题事关**"怎么做"**，也就是我们应该怎样保护多样性和差异性，它之所以麻烦，原因在于某些人类学权威人士提出的方法。格尔茨对克洛德·列维-斯特劳斯（Claude Lévi-Strauss）的观点提出明确的质疑，因为后者将种族中心主义当作自然而然的、不可避免的，甚至是健康的观点，并认为种族中心主义允许人们保留自己的文化特性，因而有助于维护更丰富的多样性。以下是列维-斯特劳斯支持种族中心主义的论断：

我们需要付出代价，每一个精神家庭或团体的价值观体系才能得到保护，并从自身中汲取到延续下去的必要资源。如果［……］人类社会呈现出某种最佳的多样性，它不可能被超越，而一旦下降又会带来危险，那么我们就必须承认，在很大程度上，这种多样性是由于每种文化都渴望能抵制周遭文化，将自己与其他文化区分开来，简而言之就是做自己。其实，不同的文化并非没有意识到彼此的存在，它们有时甚至会相互借鉴；但是，为了不至于消亡，它们必须在其他方面保持几分不可渗透的状态。

(列维-斯特劳斯，1985：xiii)

到目前为止，这听起来并不特别麻烦。当然，如果你要做自己，也就是保存自己的身份，那就不能完全屈服于外界的影响。但是，如果我们必须要掩住自己的双耳来抵御外来价值观的吸引，那只能说明我们的价值观出了问题，我们坚持自己的价值观仅仅是因为它们属于自己，并不是因为它们更有吸引力。奇怪的是，列维-斯特劳斯继续论述道，对其他文化保持健康的不可渗透性仅仅意味着："假装不知道其他价值观的吸引力，即使不是完全否认它们，也要拒绝它们。因为一个人不可能完全地欣赏他者、认同他者，同时还能保持自己的独特性。"（1985：23）列维-斯特劳斯清楚地阐明对他者的全然喜爱必然会导致被同化。因此，为了保留多样性，必须对他者保持某种程度的异化和疏离，这也是为什么适度的种族中心主义以及对其他文化的忽视或封闭是有益的。格尔茨强烈反对这一观点，声称文化自我中心主义非常危险地接近"放松并欣赏对自己的文化传统的故步自封"（2000：72）以及"轻易放纵自己，享受只做自己、忽视其他文化的舒适，为自己没有生为汪达尔人①或特埃索人②而倍感幸运"（2000：74），这对于文化多样性来说是致命的。在格尔茨看来，"种族中心主义正在做的以及打算做的［……］是让我们失去［……］（无论是从字面上，还是从根本上）改变自己想法的可能性"（2000：78）。这场争辩归根结底在于当我们意识到差异时，应该如何应对：是应该故意忽视差异，装作不知道，以此保持自我呢；还是应该保持开放的态度，冒着自己思想被改变的风险来重新评估自己的立场呢？但是，我们真的"非得在没有多样性的开放和不开放的多样性中选一个吗？"（克罗宁，2003：167）

我相信这个问题的答案得在翻译中去寻找，因为翻译不仅从本质上

---

① 汪达尔人：文艺复兴时期和早期现代作家将汪达尔人描述为野蛮人，洗劫和掠夺罗马，是破坏罗马文明的日耳曼民族的一支。
② 特埃索人：一个快速发展的种族群体，居住在乌干达东北部靠近肯尼亚的山区，据传称他们经常突袭绑架女性来当奴隶。

拒绝错误的二分法,而且还非常关注保护多样性和保有身份这些复杂的问题。当我们考虑到不平等的语言和文化交流时,翻译的这种特质尤为明显。对于翻译与全球化这些话题进行了最全面探讨的书的名字就叫《翻译与全球化》(*Translation and Globalization*),作者迈克尔·克罗宁在书中提出"少数族群语言的文化中翻译的状况是[……]非常模棱两可的"(2003:147),因为:

> 少数族群语言的译者[……]被置于传统的双重束缚中。如果他们在翻译中将优势语言的他性完全呈现在译文中[……]那么他们翻译出的语言将会变得越来越难以被识别为有发展潜力的独立语言实体,而变成对源语的苍白模仿,带着浓浓的翻译腔。另一方面,如果他们拒绝受到干预,而选择以目标语为导向的交际翻译策略进行归化翻译,则会有因自满而固步自封的危险。
>
> (克罗宁,2003:147)

但是,尽管我们会面临这种伦理上的困境,甚至是风险和危险,问题从来都不是**要不要**翻译,而是**怎么样**翻译。翻译位于这场关于多样性的讨论的中心——从翻译(研究)的角度来看,格尔茨对多样性的价值和作用的论证也会变得更有说服力。我会援引翻译理论家的陈述(主要是迈克尔·克罗宁在《翻译与全球化》一书中的观点)来阐明这个主张,然后将这些观点与格尔茨的一些洞见(无论是原创的观点,还是重新概念化的见解)关联起来。

克罗宁的以下论点贯穿于他的整本书中,他"赞成一种新的翻译生态学,这种生态学应该对特殊主义和地方区域予以足够的重视,而不会保守地退回种族中心主义的自鸣得意"(2003:6),这与格尔茨的观点非常相似。克罗宁认为种族中心主义的思维模式中充斥着装模作样、自鸣得意、沾沾自喜和盛气凌人,这让人立刻联想到格尔茨关于文化闭塞以及道德自恋的警告。只有在书的结尾几段中,当克罗宁总结和重述自己的主要论点时,他才明确提及多样性的用处:"克利福德·格尔茨曾说过'想象差异(这里当然不是说编造差异,而是将其明确地表现出来)仍然是一门人人都需要的科学'[……]如果说翻译是一门关于什么的科学，那么它应该是一门有关于差异的科学，因为没有差异，就没有翻译"（克罗宁，2003：169）。

当然，在格尔茨脑中，想象差异的科学无疑是（某种）人类学——但我确信那也可以是（某种）翻译，因为翻译本身就是最好的例子，展示了什么是关于差异的科学。我之所以说"某种"，是为了强调二者共通的"方法"，因为这是二者可以等同的关键要素。翻译是一把双刃剑，既能带来解放，也会带来毁灭，而这一切取决于译者本身、译者的翻译方式和译者的目的。尽管翻译的角色仍然被误解，其影响力仍然被低估，但是翻译的确是有价值和潜力的。例如，我之前提到过的报告《生物文化多样性：濒危的物种和语言》（卢、哈蒙，2014）就完全忽视了翻译扮演着制造危机和解决危机的角色。在克罗宁（2003）的书中，他引用了哈蒙（1996，2001）早期发表的一些作品，但哈蒙并不领情，甚至在十年后，卢和哈蒙（2014）也不曾引用过任何与翻译相关的作品。显然，《生物文化多样性》就算不提起翻译也是完全合理的。但事实真是如此吗？克罗宁反驳道，"排除了翻译的人类生态学是很难生存的"（2003：74），为了证明"潜在的翻译为当今世界提供了真正的生物文化多样性"（2003：73），他提出了以下三重论证：

> 首先，翻译和多样性本身之间存在着联系。大卫·哈蒙（David Harmon）借鉴了威廉·詹姆斯（William James）的作品，认为识别多样性的能力是我们人性的组成部分[……]只有在差异性的背景下，我们才能识别出同一性。如果一切都是相同的，那么同一性也就不复存在了[……]因此，为了找到人类的相同之处，你首先要发现人类的不同之处："矛盾之处在于我们首先要意识到差异，才能抓住共性"（哈蒙，2001：54）。翻译为多样性作出了贡献，首先因为它拓宽了身处一种语言环境中的个体所能接触的文本范围和文化经历，以使个体能意识到其他文化和语言的存在；其次因为它是一种经典的语言维护机制，拓展了语言的范围和可能性。如果没有翻译，多样性的存在也将岌岌可危[……]。多样性使我们的思维更加开阔，而单

一性使我们的眼界变得狭隘。

(克罗宁,2003:73-74)

我坚信诸如此类的论述强有力地支持了格尔茨的观点。格尔茨作为"世界上对文化、道德和科学多元化最实际的支持者之一"(施威德,2000:1511),曾反复强调:

> 与在生活中一样,人们很难在科学中对真、善、美或高效达成一致的认同。更重要的是,比起多样性,人们普遍更倾向于重视单一性(即信念的一致性),而忽视、贬低或根除"差异"都并非好事。格尔茨曾写过,文化不是蛋糕表面的糖霜,生物学也不是蛋糕;差异并不一定是浅薄的;而相似也并不一定是深刻的。

(施威德,2000:1511)

从克罗宁的三重论证中随处可见,翻译为差异和多元的价值提供了充分的支持:

> 其次,翻译在帮助我们意识到文化差异和作出文化选择方面发挥了重要的作用[……]不同的语言为人类提供了各种各样的理解,从而为更加复杂和灵活地回应挑战和机遇打下基础[……]。翻译的失败不可避免地会导致 V. 谢瓦(Shaiva)所说的"思维的单一文化"[……]这种单一文化缺乏足够的资源,不能创造性地克服文化盲点,从而导致困扰文化的社会、心理和美学问题无法得到有效的解决。

(克罗宁,2003:74)

我们此处的发现重申和强化了格尔茨关于种族中心主义具有致盲效果的观点:"种族中心主义的问题不在于让我们更加坚定自己的信念",而是"妨碍我们去发现自己是站在什么角度来看世界,即我们属于哪种类型的蝙蝠"(2000:75)。这不仅仅是有没有礼貌的问题,而是认知和认可的问题。种族中心主义的立场不仅是对站在不同角度看世界的人粗鲁无礼或漠不关心；更危险的是，这种立场让我们意识不到"世界上还有像蝙蝠之类的物种存在"（纳格尔[Nagel]，1974：438），它们感知外部世界的方式（例如通过回声定位）与我们截然不同。对人类而言，蝙蝠可能是众所周知的瞎子；但对蝙蝠而言，人类肯定是彻头彻尾的聋子。翻译让我们意识到体验和认识世界的方式是多种多样的。正如伽达默尔所言：

> 就算我们通过进入其他语言的世界，克服了对之前体验过的世界所持有的偏见与局限，那也并不意味着我们离开并否定了自己的世界。像旅行者一样，我们总会带着新的体验回到家中。即使移居国外，再也不回祖国了，我们仍然不可能完全忘记自己的祖国。
>
> （伽达默尔，2004：445）

最后，正如克罗宁所言，翻译用其连接过去的能力，促进历史的多样性：

> 保护多样性的第三个翻译维度是记忆[……]翻译允许我们用其他的语言或自己的语言来记住过去所做的、所说的和所想的事情。如果没有翻译，我们注定会患上这种最严重的疾病——"文化失忆症"。
>
> （克罗宁，2003：74）

这番话的严肃程度几乎足以比肩乔治·桑塔耶拿（George Santayana）曾说过的一句名言："那些忘记过去的人注定要重蹈覆辙"（1922：284）。没有什么任务比铭记过去更崇高、更重要。

但是，翻译中还有一些与差异性和多样性相关的方面，在克罗宁的论述中没有强调，只有在与格尔茨的观点更加密切接触时才得以直接考虑或重新概念化，论述尚且流于表面。即使克罗宁提到了"文化体验"，但他主要关注点仅限于智力、心灵和认知的维度，好像翻译只涉及了理性的思考（例如识别差异、承认多样性和保留记忆等）。他警告我们要小心避免的文化失忆症是与无知相关的，也就是知识的短缺或遗失。虽然这一见解很深刻，但他区分"翻译即反映（reflection）"（无意识地屈服于优势语言的侵入性影响）和"翻译即反映之反思（reflexion）"（"翻译学者和翻译工作者适合从事的二级反思或元反思，即意识到自己受到的影响并就此作出反思"[2003:141]）时，同样是将意识和理智置于本能和直觉之上的①。简而言之，他宣称，"人们很难珍惜自己难以理解的事物，也很难体验失去从未拥有过的知识"（2003:168）。对克罗宁而言，对差异性的反应和对多样性的态度看来关乎冷静的思考。反思是一种智力训练。

然而，当我们将格尔茨假想为一位译者和翻译理论家时，就更能理解到心理、情感和身体的投入了。差异性不仅仅被视为（或不被视为）抽象的认知刺激，而且常常被认为是让人不快和心烦的存在。因此，格尔茨归于人类学家的任务——此处我们将其延伸至译者——远远超出了智力的影响：

> 人类学家努力打破世界的平衡并且成效卓然，例如掀起小毯子、打翻茶几和燃放鞭炮等。别人的任务是消除疑虑；而我们的任务是引起不安[……]我们兜售反常和奇怪的东西。我们是令人吃惊的商人。
>
> （格尔茨，2000:64）

但最重要的是，在这个过程中，我们——此处的"我们"是一个涵盖范围很广的词，包括源语共同体和目标语共同体的成员、作者、读者和译者等——发现是我们自己的世界失去了平衡，正在摇摆和颤动：毯子从我们脚下被拉出，我们的茶几也被打翻了。起初，我们只是注意到他者身上的反常、奇怪和令人吃惊之处，但当我们仔细观察并与之长期互动，并试图将彼此的经验互相译入对方身上时，我们开始注意到自己的陌生之处。我们不仅需要"富有想象力地进入（并接受）一种思想的异己转变"（格尔茨，2000:82），而且要提醒自己"陌生之处并非源于外部（例如水

---

① 克罗宁对翻译作出的两种区分所用的两个词"反映（reflection）"与"反映之反思（reflexion）"看起来拼写非常相似，但二者的意义有所区别。

的边缘),而是源于内部(例如自己皮肤)"①(格尔茨,2000:76)——正如克里斯蒂娃所坚信的,我们都是陌生人,即使对自己而言也是陌生的。

因此,译者的任务——按格尔茨对人种学家(即"能理解他者思考方式的行家里手";此处格尔茨原文中使用了法语词汇 *connoisseur par excellence* 来突显人种学家卓越的鉴赏能力,他们能够发现常人所无法发现的细微差别)的描述为模型——应该是"夸大奇特性、赞美多样性以及拥抱开放性"(2000:82-83),而翻译的首要任务也可以基于人种学的模型,用伦理的术语描述如下:

> **人种学**的任务,或任务之一,是(像艺术或历史一样)提供叙述和场景来重新吸引我们的注意力,但这些叙述和场景的目的并非在我们面前展示出界限分明的两个世界:一个是我们所处的世界,另一个是我们并不想进入也无法到达的世界——一个奇怪而陌生的世界,而是让我们意识到自身与他者都存在于同一个世界中,我们自己身上存在着不可抹除的陌生性。
>
> (格尔茨,2000:84)

矛盾的是,与人们普遍持有的观点相反,译者的任务不仅是让我们看见他者,也是让我们认清自己。要不是因为翻译的存在,因为与不同于自己的他人相遇,我们的自我意识与自我理解即使不是完全不可能,也会受到严重的损害。只有通过理解他者,我们才能学着理解自己——这首先意味着要认识和承认差异,按格尔茨的说法就是"想象"差异。从这个意义上来讲,翻译同田野工作一样,"是一种全方位的教育体验,很难决定究竟学到了什么"(格尔茨,2000:37)。需要再次强调的是,这在很大程度上确实如此,因为我们所学到的往往超出了纯粹理性的范畴。如果说翻译是一场人与人之间的相遇,那么它能提供给我们的是全方位的体验,而这

---

① 格尔茨的原话 "foreignness does not start at the water's edge but at the skin's" 是一种隐喻。只有当人用手去触碰水的时候,才能体会到湿湿的感觉,但这种湿的感觉并不是存在于手所触碰的水的边缘,而是来自手自身的感觉。由此可见,陌生性是来自于自身的内部,而非来自外在事物。

第五章·人类学：翻译即一场和他人的相遇

些体验不能仅仅被还原为意识与智力的反应。翻译中所揭示的陌生性是绝对无法被抹去的；我们不能指望将其理性化，以使其消失或不再困扰我们。我们所能做的是学会与它们共处。

如果翻译主要被理解为高度经验化的，那么翻译更多的是关于一种不同的**方法论**：真实经验的可信度，而不是关于事实（基于对等、忠实和一致性的陈述）或陈述事实的方式（例如流利地、平稳地、优雅地或清晰地等）。如果格尔茨关于人类学的见解被用来描述译者，那么他肯定会这样说：

> **人类学家**要想让我们认真对待他们所说的内容，关键不在于这些内容是否看似明显的事实或高深的理论，而在于他们是否有能力说服我们，相信他们所说的内容是他们真正渗入另一种形式的生活（或者也可以说是被另一种形式的生活渗入）的结果，是他们以这样或那样的方式，真正"到过"另一种形式的生活的结果。
>
> （格尔茨，1988：4–5）

同样地，能得到认可的优秀译者（以及译作）都具有一个明显的特征：他们特别有说服力，即让人感到真实可信，而不仅仅是"正确的"或"恰当的"。这是因为"正确"和"恰当"这两个概念借鉴的是客观性的范式，因此对多元性十分抗拒。通常做某事只有一条"正确"的道路——"这条正确的道路"（"the right way"）（注意定冠词）——"恰当的"解决方案同样也必须是相对稀少的。但是"真实"与"可信"却不会受到多元性的威胁；相反，它们因多样性而蓬勃发展。在一个世界中，每个人面对自己都做到真实、可信，这可能只是乌托邦似的幻想，但在概念上是可能实现的。可信度是一种品质——如果你乐意的话，也可以称之为一种**方法论**——它无法通过努力来捏造或伪造，如同想象差异"并不能编造出不同，而是使原本就存在的不同变得明显"（格尔茨，2000：85）。同样，捕捉可信度，对其下定义或将其理论化，这些都是极其困难的。格尔茨在描绘"真正到过那里"的含义时，显得尤其含糊。在与"另一种形式的生活"相遇，并因此发生巨大的转变时，这个过程中的能动力和控制力尚不清楚（是渗入另一种形式的生活,还是被另一种形式的生活所渗入),具体的措施仍然没有明确的规定("以一种方式或另一种方式"),我们唯一可以确定的是双方进行了密切的交流。而这些问题都需要翻译来提供答案,这也使翻译变得重要,值得人们重视。

我认为格尔茨在《多样性的用处》一文中的最后一点最有力地阐释了翻译及其无处不在的特质。他提出,"在世界道德史上,我们已经进入这样一个阶段[……],在此阶段我们不得不用不同的思维方式去思考多样性的问题"(格尔茨,2000:85),这是因为从前我们是在不同的社会之间发现多样性,而现在我们越来越多地在同一个社会中找到多样性。因此,翻译作为一门研究差异性的科学,确实变得无处不在:"理解不同于自己的思维方式不再是人种学家的特殊技能,而是城市居民的日常生活技能。"(克罗宁,2003:169)当我们穿梭于各种文化多元的场所时,我们不得不翻译——这一点在当今社会更是如此。2016年,成千上万来自不同文化背景的移民涌入欧洲,永久性地改变了欧洲的社会文化体制。从文化之间的关系到文化内部的关系,这种关注点的转移不可避免地使讨论从集体层面转向个人层面:翻译不仅颠覆了种族中心主义,还颠覆了个人中心主义。格尔茨认为"我们生活的世界正逐渐变成一幅巨大的拼图"(2000:85)。

这是讨论差异性的价值和风险的真正核心,因此也是关于翻译的讨论核心。我们需要开发新方法来应对身边的现实,因为"面对风景画和静物图是一回事;而面对全景和拼图又是另一回事"(格尔茨,2000:85)。风景画是按线性透视法安排的静态构图,从明确的有利位置呈现,以自然的色彩描绘,创造出一种整体和谐、易于识别的印象。风景画和静物图通常会预设某个观看的角度,从而充分欣赏创造出实体幻觉的内部图案和透视构图。但格尔茨坚持认为,我们已经不再生活在那样的世界中了。相反地,我们应该意识到自己生活在拼图中:这幅拼图由各种材料和不同的物体所构成——旧的或新的,原创的或借用的,色彩、质地和尺寸相近或迥异的——它们并没有融为一体,而是由一种富有创造性的张力并置在一起。拼图将较小的、通常相对独立的元素结合起来创造出更大的画面——某种"大图景",但这种"大图景"的内部仍然保持着复杂性。拼图能起协同作用，其效果远超组成部分的总和。观看拼图是一种动态的体验，不仅要求动脑理解，还要求身体的运动，例如前后踱步、尝试不同的角度，而且欣赏的角度是不可能固定的、不可更改的或垂直的。在拼图中，差异不会被消除，而会得以保存，最终以某种方式聚合在一起，从而创造出一种艺术效果。这种美感往往是人们未曾预料到的，并对之前的美学和构图标准都提出了挑战。

在我看来，拼图这种隐喻在用于翻译时，尤其发人深省。有趣的是，格尔茨自己也将拼图这个隐喻用于翻译。他承认，这种拼图"也是翻译大爆炸的集合，包括各式各样的翻译，例如好的翻译、差的翻译或一般的翻译，也包括对［……］之前被视为边缘和晦涩的语言进行译入或译出"（2000：85）。翻译带来的多元视角是一件好事，尽管它也可能会带来问题，因为就算受到政治正确的压力，也并非人人都欢迎多元视角。但我们没有理由期待人们都热切地拥抱多元视角。"在领悟、感知和洞悉方面的'理解'应该与在意见统一、情感联合或承诺共性方面的'理解'区分开来"（格尔茨，2000：87）。要理解他者，我们并不需要变得像他／她一样；同样，要得到我们的理解，他者也无须变得同我们一样。格尔茨提出的拼图式的理解既不意味着存在四海之内皆兄弟的乌托邦，在那里人人脸上都挂着泛美航空工作人员式的标准化笑容，也不意味着贬低和怀疑自己的身份价值。换言之，一个人可能是本土主义者（being parochial），但却不是地方主义者（being provincial）。这二者之间的区别最初是由帕特里克·卡瓦纳（Patrick Kavanagh）所提出的，最近又被苏姗·巴斯奈特（Susan Bassnett）重提。地方主义伴随着安全感缺失，这往往是由于意识到自己的边缘性而感到焦虑，而本土主义"从不怀疑自己所在教区的社会地位和艺术价值"（巴斯奈特，2014b：x，转引自卡瓦纳，2003）。坚持自己的风格与主意需要勇气，但这种勇气并不意味着需要对他者的想法和价值观充耳不闻。让我们借用格尔茨的几个观点来总结这个部分：

> 要生活在拼图中，我们首先要能对其中的要素进行分类，判断出它们是什么（这往往涉及判断它们的来源和它们在那里所处的地位）以及它们实际上是如何在互相关联的同时，不会混淆自己所处的位

置，也不会模糊自己在拼图中的地位［……］我们必须学会理解自己所不能接受的事物。

　　在这一过程中，我们会一如既往地面临巨大的困难。对于那些异于我们，并且可能永远都无法为我们所接受的事物，我们要予以理解，既不用讨论共同人性的空洞杂音来掩盖它们，或用"萝卜青菜，各有所爱"的冷淡态度来消解它们，也不会忽视它们可能是迷人和可爱的。理解异己者是我们应该下功夫学会的技能，但仅仅学会这种技能还远远不够，我们还需要不断地运用这种技能，使它保持活力，因为它不是像深度感知或平衡感那样与生俱来的能力，足以让我们自满地依赖。

（格尔茨，2000:287）

　　承认、理解和领悟差异，而非不加辨别地接受差异或自动地忽视差异，我们从这种经历中获取的认同感既得以加强，又受到挑战，这就是翻译可能帮助我们实现的目标。

身份和身份认同、"稳定译本"和翻译

　　"身份总是被援引为多样性的保护者：［……］我们对多样性持开放的态度，是因为我们尊重每个人的身份，一如我们希望每个人都能尊重我们的身份"（维索尔伦［Verschueren］，2006:148）。但是，我们应该如何理解这种身份呢？这种身份又能怎样帮助我们理解翻译呢？我们的语言和文化，以及与其他语言和文化的交流在多大程度上塑造了现在的我们呢？当我们改变自己的文化环境，或当我们所处的文化环境发生改变时——在全球化和大规模迁移的时代，这一切逐渐成为当今的现状——会发生什么呢？

　　由于语言或社会文化环境的彻底变化，人们不得不面对以上这些无异于"身份危机"的问题。他们常常选择用翻译的术语来重新概念化他们身份形成（或转变）的复杂过程，因为他们"描述自己如何被迫去翻译

行为、价值观、思想、信念,甚至情感"(帕斯[Pas],2013:64)。简而言之,"翻译可以被比作杂合身份的形成"(根茨勒,2008:xii;另可参见阿尔丢尼、内加尔德,2011:8)。有趣的是,这种概念化所描述的不仅包括移民者的经验(如贝塞米尔斯[Besemeres],2002;霍夫曼[Hoffman],1998;罗宾·苏莱曼[Robin Suleiman],1998),也包括双语使用者(如贝塞米尔斯、威尔兹比卡,2007;德·考蒂夫龙[de Courtivron],2003;卡达[Cutter],2005)以及二语习得者(如帕夫连科[Pavlenko],1998)。迈克尔·克罗宁在《翻译与身份》(*Translation and Identity*)一书的开篇部分断言道,"当我们思考人类社会中的身份问题时,任何尝试的中心都必然是翻译"(2006:1)。但也许反过来说也是对的?要是我们将社会科学家所发展的身份概念反过来应用于翻译,又会怎么样呢?

第一个切入点是二者的普遍存在性。齐格蒙特·鲍曼(Zygmunt Bauman,2001:121)认为,"当代生活中除了'身份'以外,似乎没有其他任何方面能吸引哲学家、社会科学家和心理学家的类似关注[……]可能有人会说'身份'已经成为当今的一面棱镜,透过它,当代生活的其他话题才得以被注意、了解和审视"。我曾在别处对翻译的概念作出过类似的评论,以追溯它在过去几十年里的惊人成就:

> 我们越来越多地谈论和听说翻译各种事物的需要和压力,特别是抽象事物,例如理想、理论、发现和反应,甚至我们自己。当我们觉得自己受够了的时候,我们就会感觉自己必须将愤怒转化为某种行动。[……]很明显,既然翻译被如此广泛地使用,而且应用范围越来越广,那么它必然是一个既有影响力又吸引人的想法,能够将一系列不同的现象概念化。
>
> (布朗钦斯基,2016:328–329)

不过,二者的相似之处还远远不止于此。鲍曼在早先的一篇论文《从朝圣者到旅行者——身份的简史》(From Pilgrim to Tourist — Or a Short History of Identity)中指出,在理解现代性和后现代性概念时的显著转变:"如果**现代的**'身份问题'是要构建身份并使之牢固和稳定,那么**后现代**

的'身份问题'首先是如何避免身份的固化，以保持选择的开放性"（1996：18）。当我们考虑翻译时，以上论述中的许多内容也同样适用：在现代社会，人们乐于创建各种与翻译相关的事物，如翻译分类学、翻译关联、翻译对等、翻译策略、翻译技术和方法等；而后现代性更热衷于对它们进行颠覆、解构和挑战。

在社会科学中，这次转变导致了术语的重要变化。我引用的一些作者更喜欢谈论"身份认同"，而不是"身份"，旨在强调其建构的、流动的和非本质主义的特性。身份认同是我们所做或所经历的事情，而不是我们拥有或接受的事物。我想起埃里希·弗洛姆（Erich Fromm）对拥有和存在所作出的著名区分：这两种状态之间的差异源于"社会究竟是以人为中心还是以物为中心"（弗洛姆，1997/2008：16）。身份认同更多地适用于以人为中心的社会，而非以物为中心的社会。鲍曼也有类似的见解，在《全球化世界中的身份》（Identity in the Globalizing World, 2001：129）一文的总结部分，他提出了以下建议：

> 也许与其谈论已经继承或获得的**身份**，不如讨论**身份认同**更能跟上全球化世界的现状，因为**身份认同**这项活动是永无止境的，它总是不完整的、未完结的，并且结局开放的，我们所有人无论是出于需要还是个人选择，都会参与其中。
>
> （鲍曼，2001：129）

在这一点上，我想半开玩笑地提议做一个涉及概念新词的心理实验。如果"身份认同"这个概念比"身份"这个概念更可取，那么，以此类推，"翻译"（translation）这个概念将比"稳定译本"（translatity）这个假定的概念更胜一筹。即使这听起来像是将对手的沉默当作认同，但我相信这项论证是有价值的，可以展示"翻译"这个概念的潜力以及翻译对其他领域所做出的贡献，因为翻译研究根本不需要作出类似于"从身份到身份认同"这样的转变，它关注的总是受主观影响的译本，而非不受时间影响的稳定译本，除非在某些语境下讨论的文本可能值得冠以"稳定译本"的名称，以区分它们不同于真实译本的特性。如果某物是完整的、完结的,并且有封闭的结局,那么它就不是翻译,我们应该为它创造一个不同的术语。不完整的、未完结的和拥有开放结局的翻译并非例外——它们本身就是规则。

有了以上的认识,我们再来思考斯图亚特·霍尔(Stuart Hall)在《是谁需要"身份"?》(Who Needs "Identity"?)一文中作出的以下论述:

> 正常来说,**身份认同**建立在共同的起源或共有特点的认知基础之上,这些起源和特点是与另一个体或群体,或与一个理念所共有的。在具有共同的起源或特点的基础上,人们自然会形成团结和忠诚之感。
>
> (霍尔,1996:2)

当此见解被应用于翻译时,它便将我们带回了本章的重点,即翻译的社会维度。与等值不同,团结和忠诚是人际与社会的概念和关系,是基于对共享的特点和价值观的认知。我们所翻译的正是我们能理解的,对我们有吸引力的,在呼唤我们的内容(参见第二章)。同样,我们很难翻译和挪用那些我们无法理解的、不赞同的或单纯觉得没有价值的内容。然而,所有的这些**内容**关键都取决于**人**。

从重要的意义上来说,成功的译本——即得到参与的各方人士接受与认可的译本——取决于译者与他人"共情的时刻"(思鲁普[Throop],2010:771–772),无论这个人是原文作者还是翻译委托方,甚或是译本使用者。我们经常会根据身份来概念化和讨论这种共情。例如,莫伊拉·因基莱里探索在关塔那摩和伊拉克工作的军队语言学家(通常指军队中的笔译者和口译员)所经受的社会、伦理和政治压力时,曾研究过一部分人的陈述。这些人"在审问犯人时扮演着关键的角色,要么以译者的身份完全参加了讯问,要么体罚犯人,或者使用犯人的母语在口头上侮辱和嘲笑犯人"(2008:216)。她发现在这些人的陈述中普遍充满"身份政治的暴力,试图使污名成立"(沙博理[Shapiro],1999:80)。由此构建的"身份"指"你**是**谁?你是什么职业?",与你**做**什么或**说**什么无关——这非常接近我们之前思考过的关于本质的哲学概念(参见第三章)。从政治和修辞的角度来看，身份是一个有用的概念，使你可以清楚地为你的朋友（或敌人）贴上标签。

但是翻译及其伦理标准的现实并不支持这种本质主义的、自然主义的和政治的幻想，因为它将身份和特点看作固有的和静态的。一位在伊拉克工作的语言学家坦言，正是意识到"犯人的政治和种族**身份**[……]，她才为自己的伦理责任感到焦虑"（因基莱里，2008：218，原文黑体表强调），最终决定退出进一步的审讯。因基莱里分析了译者的伦理主体性与"身份政治的暴力"，追随布尔迪厄（Bourdieu）和华康德（Wacquant，1992：49）的观点，提出翻译伦理是"由伦理相遇的本质所引导，当伦理相遇时，我们无法预估或预设'正确的做法'，只能在事件中作出决定"（2008：222）。如果身份认知偶尔会带来"共情的时刻"，那是因为共情就像身份那样，"绝非只能在'全有'或'全无'之间二选一。相反，它是一个循序渐进的过程。事实上，如果我们不仔细观察共情随着时间的发展过程，我们就无法充分地理解它"（思鲁普，2010：772）。关注历时的进程就是基于"**谁**""**怎么样**""**什么时候**""**在哪里**""**什么**"，将自己置于与他者的交往和话语中。我们必须将身份构建为高度过程化的，这样在理解翻译时，身份才能在理论上有说服力，并且在实践中也能发挥作用（参见第三章）。

一旦我们作出这样的调整，社会科学家关于身份，甚至身份认同的许多言论就很适用于翻译了：

> 话语的方法将**身份认同**视为一种建构，一个从未完成的过程——始终"在进行中"。它的不确定性在于它总是可以被"赢得"或"失去"，被维持或放弃。尽管它的存在有确定的条件，包括维持它所需要的物质和象征资源，但是**身份认同**最终是有条件的，存在偶然性。**身份认同**一旦被获取，就不会消除差异。
>
> （霍尔，1996：2–3）

就像身份认同一样，翻译出现并发生在与他者的接触、相遇和对话中，而他者的身份并非固定的、刻板的或单一的。但是，正如我们前面所指出的,翻译也来自并存在于与自己的相遇中。

伊娃·霍夫曼(Eva Hoffman)的自传《迷失在翻译中》(*Lost in Translation*)(1989/1998)就是一个绝佳的例子,展示了这种双重相遇以及翻译和身份这两个内涵丰富的概念之间的复杂关系。在某种意义上,霍夫曼书写自传的整个项目本身就是翻译:她将自己的体验翻译为文本,试图以一种语言讲述她的双语生活。她的主要目的在于"将自己对身份的理解完全地翻译出来",并在这个过程中实现"对自己撕裂的语言身份的修补"(帕斯,2013:65)。无论经历了多少波折,这次翻译的过程都是极具价值的,因为它产生了融合与抚慰的效果:它最终使霍夫曼实现了"对生活在两种文化之间的焦虑的一种治愈"(卡平斯基[Karpinski],1996:127)。用她的原话来说就是:

> 如果我想避开患轻度的文化方面的精神分裂症的风险,那么我就必须在内心深处作出改变。**我不得不翻译我自己**。但是,如果我想在不被新世界同化的情况下实现这一目标,**那么翻译必须要谨慎**,不能强迫心灵的改变。[……]**真正的翻译是在理解和同情中进行的**;它一句接一句,一个短语接一个短语地发生,是个缓慢增长的过程。
>
> (霍夫曼,1989/1998:211)

作为一种身份建构的机制,翻译具有治疗的能力:它让我们避免因身处不同的文化而患上精神分裂症,保持理智,实现内在的统一感。但这一切无法仅仅通过消除陌生感和不适感而完成。翻译不是关于同化或归化;它不是关于用一种身份来取代或推翻另一种身份。相反,翻译涉及以下这种矛盾的体验:一方面要保持自己的身份,另一方面对自己身份的表述是一个视情况而定的、根据条件变化的和不断发生的过程,在这个过程中你会经历深刻的内心变化。这有力地回应了斯图亚特·霍尔的观点:

> 那么,身份认同是一个清晰表达的过程,是一种缝合,是一种过度解释或缺少描述。要么太多,要么太少;要么过度,要么匮乏,它从未达到严格意义上的和完全意义上的合适。与所有表意的实践一

样,身份认同取决于延异的"游戏"。它遵从的逻辑是人们具有流动的多重身份。

(霍尔,1996:3)

就霍夫曼看来,在获取新的、杂合的文化身份时,翻译是体验和保存个人完整性的唯一途径。翻译让她再次变得完整。与此同时,真正的翻译是微妙的、渐进的和增量的,简而言之是过程化的。翻译拆解了晦涩难懂的心灵,但却不使之破裂。翻译是强大的,却又让人难以察觉;翻译是自愿的,却又让人难以抵抗;翻译是激进的,却又让人感到舒缓。翻译能帮助我们理解自己,进而带来全新的整体感:

> 对我而言,翻译在某种程度上就是治疗,而谈话就是一种二语疗法。另外,看心理医生也成为一种启蒙仪式:[……]一种向自己解释自己的方式。但是,它逐渐成为向后翻译的项目[……]只有当我回到最初,从最初出发,用一种语言重述自己的整个故事,我才能使自己体内的各种声音互相调和;只有到那个时候,评判这些声音和讲故事的人才开始出现[……]在我的翻译治疗中,我不断地在裂口间往返,却并不使之愈合,而是看到我——作为一个人、第一人称单数——处于裂口的两边。

(霍夫曼,1989/1998:271,273)

翻译就是向自己解释自己;它让我们了解自己,理解自己,进而改变自己。向后翻译意味着理解你的过去并与之和解。它的力量在于你无须为了做自己,而放弃自己过去的身份,不加批判地拥抱自己的新身份。翻译包容——实际上是鼓励——不连续、对立和矛盾。

但与此同时,翻译的启发作用也延伸到了人际关系的领域。为了让他人知道并理解你,你就得为了他人翻译自己。以下是霍夫曼关于自己与某个德州人恋情发展的描述:

> 我们一直在费力地、专注地交谈,希望能为彼此翻译自己。在

这种交流的努力下，一种柔情在彼此之间滋生……但是疏离感仍然存在。那不仅是发现与另一个人无法消除的隔阂后产生的疏离感；具有讽刺意味的是，让我用最简单平和的词语来描述，当我们最亲密的时候，也是我们最接近那些柔软和脆弱的裂口时，我和我的德州男友都非常痛心地知道，我们所讲的语言并不完全相同。

（霍夫曼，1989/1998：189–190）

没有翻译，亲密关系也就不复存在了。当你为了他人翻译自己时，就相当于你邀请他们来到你的世界。你会变得很脆弱，因为你将自己柔软的裂口暴露出来，但是你也进入了他们的世界，并试图与之关联起来。在这个过程中，你既能体会到亲密的理解，也能感受到"无法消除的隔阂"。翻译总是苦甜参半；当我们为了自己或他人被翻译时，我们既会经历挫折，也能获得安慰。

后　记

迈克尔·克罗宁曾写过这样一句充满哲理的话："翻译最重要的是将我们带入意想不到的复杂中。"（2019：218）但仅仅认识到翻译的复杂性是不够的；他在别处提出，"我们不去告诉其他领域的学者翻译有多复杂（即使这是事实），而是告诉他们翻译为何如此重要"，从而使他们对翻译产生兴趣。要想实现这一目标，我们必须证明"翻译所处理的是对于人类的过去、现在和将来都十分重要的问题"（克罗宁，2003：3）。无论听起来多么雄心壮志或理想主义，翻译研究真正的任务应该被理解为根茎状的超学科研究。这种任务要求翻译成为一种足够开放的、不确定的、甚至"模糊"的概念；这种翻译的概念抵制终结性，并鼓励概念的实验。张佩瑶写道："将翻译重新概念化，是一项永恒的智力尝试"，它"带领我们实现超越，到达另一个充满想法的世界，这些想法不仅与翻译的本质和语言的本质有关，也与变化本身所具有的本质密切相关"（2011：15）。

在整本书中，我一直在努力尝试将翻译重新概念化，以便展示人文学科中以**怎么样**为中心的定性洞见可以相对自由地、有意义地进行跨学科迁移，而这种迁移常常能催生一些原创和革新的念头，既能为我们提供保证，也会让我们面临挑战。当然，这只是研究翻译现象的方法之一：将各个研究领域看作相对独立的，可能分离的，且大体稳定的——即使他们之间的边界是模糊的；在这种方法中贯穿着从一个学科"旅行"或"迁移"至另一个学科的概念和想法（例如：巴尔，2002）。翻译研究本身常常被描述为这样一个迁移的概念，而这种概念由连续的"转向"中所展示出的有些老套的意象所强化（例如：巴赫曼-梅迪克，2006a；2009；斯内尔-霍恩比2006；2009；2010；根茨勒，2013）。我并非提倡舍弃这种概念化，而是想强调它是树木状的结构，而我提倡一种根茎状的替代结构，因为它会给特定概念（包括翻译本身）的来源、射体和定位等提出问题和带来挑战。我认为没有必要用一种范式取代另一种范式，还不如承认现有认识论模型的多元性，同时承认其潜力和限制。对多元性、偶然性和责任的欣赏源于我参与的各种翻译活动：翻译实践、教学和理论反思。这些经验引导我将翻译视作一种矛盾的现象，既具迁移性又具普遍性。正是这种矛盾使翻译成为知识和研究的超学科模式中一种有前途的概念和方法的组成部分。

针对这个模型，我并不提倡盲目热情地糅合不同领域的研究，来形成一种结构混乱的"人文学科"杂合体（正如最近某些大学正在进行的尝试：宣称是追求更好的跨学科融合，事实上却是为了服务于商业效率的制度）。只要是出于实际的原因（这一点无可厚非），概念、方法和组织的中心、枢纽和集群是重要而且必要的。但我真正想提倡的是对（跨）学科分类的批判性怀疑以及对其任意性和独断性的认识。我认同格尔茨所说的："我们并不需要知道一切，来理解某件事"（1973：20），并且想挑战以下观点：最富有洞察力的哲学讨论应当留给哲学家，历史探讨应该交给历史学家，而翻译问题则留给译者（或翻译研究学者）。翻译包含哲学、语言学、人类学、政治、历史、社会、伦理学及其他许多维度；同理，所有这些（还有很多其他）领域都包含并且深深地依赖着翻译，因为翻译是"**怎么样**"的问题，而不是"**什么**"的问题。这表明本书中呈现的翻译项目可能还有一系列更大范围的方向可以拓展。

如果翻译是游牧型的且无处不在，如果翻译现象支撑着整个人文学科中的关键概念，那么翻译研究学者需要关注在其他领域中进行的概念性讨论。部分研究者提出人文领域中"对翻译过程的隐形关注"正变得越来越流行（巴赫曼-梅迪克，2009：2）；有的学者则走得更远，坚持认为"关于翻译的全新、丰富的思考必然发生在翻译研究的传统学科范围之外"（阿尔丢尼、内加尔德，2011：9）。学科内——甚至跨学科——的思考以及以"**什么**"为中心的方法都将不足以支撑研究。我深信，在令人意想不到的领域中，许多关于翻译的更真实有趣的洞见尚待形成或发现。

目前，我们将以最后一个例子来总结之前的讨论，同时开启新的议题。派特·迈锡尼（Pat Metheny），一位爵士吉他手和作曲家，曾在几年前的一场采访中作出以下评论："对我而言，吉他就是一个翻译设备，而不是一个目的。从某些方面来讲，爵士乐也不是我的最终目的，而是一种交通工具，带我驶向目的地——那是音乐的目的地，描述了有关人类生活现状的一切"（转引自拉特利夫［Ratliff］，2005：15）。

音乐在这位吉他手的指尖上律动。在指尖上，想法、印象和直觉化为声音与和弦；在指尖上，精神、灵魂和肉体化身为艺术。只有指尖实实在在地按在弦上，吉他才能弹奏出音乐——有时轻轻地、灵敏地拨弄，有时热情地或激烈地弹奏——这些都给人带来生理上的直接感受，而非柏拉图式脱离肉体的抽象概念。吉他并非音乐：它是一个设备、一件工具、一种器具——吉他不可或缺，但无论如何，它始终只是一种器具。严格说来，吉他是一件乐器，是使音乐可听、可分辨、可分析的人工制品。吉他是音乐的器具。从怀特海的角度来说，音乐本身具有体验性和过程性：音乐在发生，而非存在。迈锡尼（我迫不及待地要补充：近三十年来，他一直是我最爱的音乐家之一）将音乐家、乐器和音乐之间发生的一切描述为"翻译"，对此，我毫不意外；事实上，我也想不到比这更好的描述方式了。当翻译与其他领域相关联时，它只会变得更加重要且充满灵感。我有理由相信如果由派特·迈锡尼来理论化翻译——即使在更狭义的、传统的和语际的角度——他也绝不可能仅仅将其还原为文本关系。对于他，当然还有那些赞成类似的**方法**的人而言，从一开始，一切就很明晰：翻译与"有关人类生活现状的一切"是不可分割的。

参考文献

Alishman, D. L. (2013). The Tortoise and the Hare and Other Races between Unequal Contestants. Folktales of Aarne-Thompson-Uther Types 275, 275A, 275B, 275C, 275C*, and 1074 from Around the World, Translated and/or Edited by D. L. Alishman. Last Modified 23 March 2013, *http://www.pitt.edu/~dash/type0275.html* Accessed 4 January 2016.

Angelelli, C. V. (ed.) (2014). *The Sociological Turn in Translation and Interpreting Studies*. Amsterdam and Philadelphia: John Benjamins.

Appiah, K. A. (1993). Thick Translation. *Callaloo* 16 (4, On "Post-Colonial Discourse": A Special Issue): 808–819.

Apter, E. S. (2006). *The Translation Zone: A New Comparative Literature*. Princeton. NJ: Princeton University Press.

Arduini, S. and S. Nergaard (2011). Translation: A New Paradigm. *Translation* 1 (inaugural issue): 8–15.

Arfi, B. (2010). *Linguistic Fuzzy Logic Methods in Social Sciences*. Berlin: Springer.

Asad, T. (1986). The Concept of Cultural Translation in British Social Anthropology. in J. Clifford and G. E. Marcus (eds.), *Writing Culture: The Poetics and Politics of Ethnography* (pp. 141–164). Berkeley: University of California Press.

Bachmann-Medick, D. (ed.) (1997). *Übersetzung als Repräsentation fremder*

Kulturen. Berlin: Erich Schmidt.

——— (2006a). *Cultural Turns: Neuorientierungen in den Kulturwissenschaften.* Reinbek bei Hamburg: Rowohlt.

——— (2006b). Meanings of Translation in Cultural Anthropology. in T. Hermans (ed.), *Translating Others*, Vol. 1 (pp. 33–42). Manchester and Kinderhook: St Jerome Publishing.

——— (2009). Introduction: The Translational Turn. *Translation Studies* 2 (1): 2–16.

Baker, M. (2006). *Translation and Conflict: A Narrative Account.* London: Routledge.

——— (ed.) (2010a). *Critical Readings in Translation Studies.* London and New York: Routledge.

——— (2010b). Interpreters and Translators in the War Zone. *The Translator* 16 (2): 197–222.

Baker, M. and Saldanha, G. (eds.) (2009). *Routledge Encyclopedia of Translation Studies.* 2nd ed. London and New York: Routledge.

Bal, M. (2002). *Travelling Concepts in the Humanities: A Rough Guide.* Toronto: University of Toronto Press.

——— (2009). *Narratology: Introduction to the Theory of Narrative.* 3rd ed. Toronto: University of Toronto Press.

Barańczak, S. (1994). *Ocalone w Tłumaczeniu.* 2nd ed. Poznań: Wydawnictwo a5.

Bartmiński, J. (2009). *Aspects of Cognitive Ethnolinguistics.* A. Głaz (trans.), J. Zinken (ed.). Sheffield: Equinox Publishing.

Bassnett, S. (2014a). *Translation Studies.* 4th ed. London and New York: Routledge.

——— (2014b). Preface. *Comparative Critical Studies* 11: vii–ix.

Bassnett, S. and Bush, P. (eds.) (2006). *The Translator as Writer.* London and New York: Continuum.

Bauman, Z. (1996). From Pilgrim to Tourist—Or a Short History of Identity. in

S. Hall and P. du Gay (eds.), *Questions of Cultural Identity* (pp. 18–36). London: Sage.

—— (2001). Identity in the Globalising World. *Social Anthropology* 9 (2): 121–129.

Beidelman, T. O. (1971). *The Translation of Culture: Essays to E. E. Evans-Pritchard*. London: Tavistock Publications.

Belvis, Cyril (2016). How to Translate RA 8504: Critical Excess Versus Textual Limit. *Translation Studies*.

Bennett, K. (2007). Epistemicide! The Tale of a Predatory Discourse. *The Translator* 13 (2): 151–169.

—— (2013). English as a Lingua Franca in Academia: Combating Epistemicide through Translator Training. *The Interpreter and Translator Trainer* 7 (2): 169–193.

Berlin, I. (1953). *The Hedgehog and the Fox: An Essay on Tolstoy's View of History*. London: Weidenfeld & Nicolson.

Berman, A. (2009). *Toward a Translation Criticism: John Donne*. F. Massardier-Kenney (trans.). Kent, OH: Kent State University Press.

Berman, S. and Porter, C. (eds.) (2014). *A Companion to Translation Studies*. Chichester: Wiley Blackwell.

Besemeres, M. (2002). *Translating One's Self: Language and Selfhood in Cross-Cultural Autobiography*. Frankfurt am Main: Peter Lang.

Besemeres, M. and Wierzbicka, A. (2007). *Translating Lives: Living with Two Languages and Cultures*. St Lucia: University of Queensland Press.

Bhabha, H. K. (2004). *The Location of Culture*. London and New York: Routledge.

Blumczynski, P. (2013). Turning the Tide: A Critique of Natural Semantic Metalanguage from a Translation Studies Perspective. *Translation Studies* 6 (3): 261–276.

—— (2014). Przekład – Akt Wiary. *Znak* 713: 6–12.

—— (2016). Translation as an Evaluative Concept. in P. Blumczynski and J. Gillespie (eds.), *Translating Values: Evaluative Concepts in Translation* (pp. 327–349). Basingstoke: Palgrave Macmillan.

Blumczynski, P. and Gillespie, J. (2016). Introduction. in P. Blumczynski and J. Gillespie (eds.), *Translating Values: Evaluative Concepts in Translation* (pp. 327–349). Basingstoke: Palgrave Macmillan.

Blum-Kulka, S. (2000). Shifts of Cohesion and Coherence in Translation. in L. Venuti (ed.), *The Translation Studies Reader*. 1st ed. (pp. 298–313). London and New York: Routledge.

Bourdieu, P. (1987). The Historical Genesis of a Pure Aesthetic. *The Journal of Aesthetics and Art Criticism* 46: 201–210.

Bourdieu, P. and Wacquant, L. D. (1992). *An Invitation to Reflexive Sociology*. Chicago: University of Chicago Press.

Bowker, L. (2009). Terminology. in M. Baker and G. Saldanha (eds.), *Routledge Encyclopedia of Translation Studies*. 2nd ed. (pp. 286–290). London and New York: Routledge.

Bragason, E. H. (n.d.). *Interviewing through Interpreters*. Psykologisk Institut, Århus Universitet.

Buffagni, C., Garzelli, B. and Zanotti, S. (eds.) (2011). *The Translator as Author: Perspectives on Literary Translation*. Münster: Lit Verlag.

Bühler, A. (2002). Translation as Interpretation. in A. Riccardi (ed.), *Translation Studies: Perspectives on an Emerging Discipline*. Cambridge: Cambridge University Press.

Bujra, J. (2006). Lost in Translation? The Use of Interpreters in Fieldwork. in V. Desai and R. B. Potter (eds.), *Doing Development Research* (pp. 172–179). London: Sage.

Calvino, I. (1967). Nota Del Traduttore. in *I Fiori Blu*, I. Calvino (trans.), R. Queneau (ed.). Torino: Einaudi.

Carston, R. (2002). *Thoughts and Utterances: The Pragmatics of Explicit Communication*. Oxford: Blackwell.

Catford, J. C. (1965). *A Linguistic Theory of Translation: An Essay in Applied Linguistics*. London: Oxford University Press.

Chesterman, A. (1997). *Memes of Translation*. Amsterdam and Philadelphia: John Benjamins.

—— (2001). Proposal for a Hieronymic Oath. *The Translator* 7 (2): 139–154.

Cheung, M. P. Y. (2011). Reconceptualizing Translation: Some Chinese Endeavours. *Meta* LVI (1): 1–19.

—— (2012). The Mediated Nature of Knowledge and the Pushing-Hands Approach to Research on Translation History. *Translation Studies* 5 (2): 156–171.

Clifford, J. (2005). Rearticulating Anthropology. in D. A. Segal and S. J. Yanagisako (eds.), *Unwrapping the Sacred Bundle: Reflections on the Disciplining of Anthropology* (pp. 24–28). Durham and London: Duke University Press.

Cobb, J. B. (2007). *A Christian Natural Theology: Based on the Thought of Alfred North Whitehead*. Louisville, KY: Westminster John Knox Press.

—— (2012). Process Theology. *http://processandfaith.org/writings/article/process-theology* Accessed 8 September 2015.

Cohen, M. S. (2012). Aristotle's Metaphysics. in E. N. Zalta (ed.), *The Stanford Encyclopedia of Philosophy*, *http://plato.stanford.edu/entries/aristotle-metaphysics/* Accessed 27 January 2016.

de Courtivron, I. (ed.) (2003). *Lives in Translation: Bilingual Writers on Identity and Creativity*. Basingstoke and New York: Palgrave Macmillan.

Croft, W. and Cruse, D. A. (2004). *Cognitive Linguistics*. New York: Cambridge University Press.

Cronin, M. (2003). *Translation and Globalization*. London and New York: Routledge.

—— (2006). *Translation and Identity*. London and New York: Routledge.

—— (2009). Response to *Translation Studies* Forum: Cultural Translation. *Translation Studies* 2 (2): 216–219.

—— (2013). *Translation in the Digital Age*. London and New York: Routledge.

Cronin, M. and Simon, S. (2014). Introduction: The City as Translation Zone. *Translation Studies* 7 (2): 119–132.

Cutter, M. (2005). *Lost and Found in Translation: Contemporary Ethnic American Writing and the Politics of Language Diversity.* Chapel Hill: University of North Carolina Press.

Danaher, J. (2004). The Laws of Thought. *The Philosopher* LXXXXII (1), http://www.the-philosopher.co.uk/lawsofthought.htm Accessed 25 January 2016.

Deleuze, G. and Guattari, F. (1987/2004). *A Thousand Plateaus: Capitalism and Schizophrenia.* B. Massumi (trans.). London and New York: Continuum.

Delisle, J., Lee-Jahnke, H., and Cormier, M. (eds.) (1999). *Translation Terminology. Terminología de la Traducción. Terminologie der Übersetzung,* Amsterdam and Philadelphia: John Benjamins.

Derrida, J. (1985). *The Ear of the Other: Otobiography, Transference, Translation.* in P. Kamuf and A. Ronell (trans.). C. Levesque and C. V. McDonald (eds.). *Texts and Discussions with Jacques Derrida.* New York: Schocken Books.

Dilthey, W. and Jameson, F. (1972). The Rise of Hermeneutics. *New Literary History* 3 (2): 229–244.

Dirven, R. and Verspoor, M. (2004). *Cognitive Exploration of Language and Linguistics,* 2nd rev. ed. Amsterdam and Philadelphia: John Benjamins.

Evans, V. (2009). *How Words Mean: Lexical Concepts, Cognitive Models, and Meaning Construction.* Oxford: Oxford University Press.

Evans, V. and Green, M. C. (2006). *Cognitive Linguistics: An Introduction.* Edinburgh: Edinburgh University Press.

Eves, H. W. (1969). *An Introduction to the History of Mathematics.* 3rd ed. New York and London: Holt, Rinehart and Winston.

Eyers, H. (2013). *Horace and Me: Life Lessons from an Ancient Poet.* London, New Delhi, New York and Sydney: Bloomsbury.

Fang, F. C. and Casadevall, A. (2010). Lost in Translation — Basic Science in the Era of Translational Research. *Infection and Immunity* 78 (2): 563–566.

Finnish Sign Language Interpreter Association (n.d.) Code of Ethics for Community Interpreters, http://wasli.org/wp-content/uploads/2013/10/80_

coe-svt.pdf Accessed 27 August 2015.

Freed, A. O. (1988). Interviewing through an Interpreter. *Social Work* 33 (4): 315–319.

Fromm, E. (1997/2008). *To Have or to Be?* London and New York: Continuum.

Gadamer, H.-G. (2004). *Truth and Method.* 2nd rev. ed. J. Weinsheimer and D. G. Marshall (eds.). London and New York: Continuum.

Gallie, W. B. (1956). Essentially Contested Concepts. *The Proceedings of the Aristotelian Society* 56: 167–198.

Gambier, Y. and L. van Doorslaer. (2009). How About Meta? An Introduction. in Gambier, Y. and L. van Doorslaer (eds.), *The Metalanguage of Translation* (pp. 1–7). Amsterdam and Philadelphia: John Benjamins.

—— (2010—2011). *Handbook of Translation Studies.* Amsterdam and Philadelphia: John Benjamins.

Geeraerts, D. (ed.) (2006). *Cognitive Linguistics: Basic Readings.* Berlin and New York: Mouton de Gruyter.

Geeraerts, D. and Cuyckens, H. (eds.) (2007). *The Oxford Handbook of Cognitive Linguistics.* Oxford and New York: Oxford University Press.

—— (1973). *The Interpretation of Cultures.* New York: Basic Books.

Geertz, C. (1988). *Works and Lives: The Anthropologist as Author.* Stanford, CA: Stanford University Press.

—— (2000). *Available Light: Anthropological Reflections on Philosophical Topics.* Princeton, NJ: Princeton University Press.

Gentzler, E. (2001). *Contemporary Translation Theories.* 2nd ed. Clavedon: Multilingual Matters.

—— (2008). *Translation and Identity in the Americas: New Directions in Translation Theory.* London and New York: Routledge.

—— (2013). Macro- and Micro-Turns in Translation Studies. in L. van Doorslaer and P. Flynt (eds.), *Eurocentrism in Translation Studies* (pp. 9–28). Amsterdam and Philadelphia: John Benjamins.

Goddard, C. and Wierzbicka, A. (1995). Key Words, Culture and Cognition.

Philosophica 1: 37–67.

Goertz, G. and Mahoney, J. (2012). *A Tale of Two Cultures: Qualitative and Quantitative Research in the Social Sciences*. Princeton, NJ: Princeton University Press.

Grimm, J. and Grimm, W. (1884). *Grimm's Household Tales: With the Author's Notes*, Vol. ii. M. Hunt (trans.). London: G. Bell and Sons.

Guignon, C. B. (1983). *Heidegger and the Problem of Knowledge*. Indianapolis: Hackett.

Guldin, R. (2010). Metaphor as a Metaphor for Translation. in J. St. André (ed.), *Thinking through Translation with Metaphors* (pp. 161–191). Manchester and Kinderhook: St. Jerome.

—— (2016). *Translation and Metaphor*. London and New York: Routledge.

Habenstreit, G. (2009). Defining Patterns in Translation Studies. in Y. Gambier and L. van Doorslaer (eds.), *The Metalanguage of Translation* (pp. 9–26). Amsterdam and Philadephia: John Benjamins.

Habermas, J. (1984). *The Theory of Communicative Action,* Vol. 1: *Reason and Rationalization of Society*. T. McCarthy (trans.). Boston: Beacon Press.

Halík, T. (2002). *Co Je Bez Chvění, Není Pevné: Labyrintem Světa s Vírou a Pochybností*. Praha: Nakladatelství Lidové noviny.

—— (2012). *Night of the Confessor: Christian Faith in an Age of Uncertainty*. New York: Image.

Hall, S. (1996). Who Needs "Identity"? in S. Hall and P. du Gay (eds.), *Questions of Cultural Identity* (pp. 1–17). London: Sage.

Hall, S. and du Gay, P. (eds.) (1996). *Questions of Cultural Identity*. London: Sage.

Halverson, S. (2003). The Cognitive Basis of Translation Universals. *Target* 15 (2): 197-241.

—— (2010). Cognitive Translation Studies: Developments in Theory and Method. in G. Shreve and E. Angelone (eds.), *Translation and Cognition* (pp. 349–369), Amsterdam and Philadelphia: John Benjamins.

—— (2013). Implications of Cognitive Linguistics to Translation Studies. in A.

Rojo and I. Ibarretxe-Antunano (eds.), *Cognitive Linguistics and Translation: Advances in Some Theoretical Models and Applications* (pp. 33–73). Berlin and Boston: De Gruyter Mouton.

—— (2014). Reorienting Translation Studies: Cognitive Approaches and the Centrality of the Translator. in J. House (ed.), *Translation: A Multidisciplinary Approach* (pp. 116–139). Basingstoke: Palgrave Macmillan.

Hamilton, A. G. (1978). *Logic for Mathematicians*. Cambridge: Cambridge University Press.

Hanna, S. (2015). *Bourdieu in Translation Studies: The Socio-Cultural Dynamics of Shakespeare Translation in Egypt*. London and New York: Routledge.

Harmon, D. (1996). Losing Species, Losing Languages: Connections between Biological and Cultural Diversity. *Southwest Journal of Linguistics* 15: 89–108.

—— (2001). On the Meaning and Moral Imperative of Diversity. in L. Maffi (ed.), *On Biocultural Diversity: Linking Language, Knowledge, and Environment* (pp. 53–70). London and Washington: Smithsonian Institute Press.

Heidegger, M. (1996). *Being and Time*. J. Stambaugh (trans.). Albany: State University of New York Press.

Henitiuk, V. (2010). Squeezing the Jellyfish: Early Western Attempts to Characterize Translation from the Japanese. in J. St. André (ed.), *Thinking through Translation with Metaphors* (pp. 144–160). Manchester and Kinderhook: St. Jerome.

Hermans, T. (1999). *Translation in Systems: Descriptive and System-Oriented Approaches Explained*. Manchester: St Jerome.

—— (2003). Cross-Cultural Translation Studies as Thick Translation. *Bulletin of the School of Oriental and African Studies* 33 (3): 380–389.

—— (2007). *The Conference of the Tongues*. Manchester and Kinderhook: St Jerome.

Hoffman, E. (1989/1998). *Lost in Translation: A Life in a New Language*. London: Vintage.

Hofstede, G. (2001). *Culture's Consequences: Comparing Values, Behaviors,*

Institutions, and Organizations Across Nations. 2nd ed. Thousand Oaks, CA and London: Sage Publications.

Holmes, J. S. (1972/2000). The Name and Nature of Translation Studies. in L. Venuti (ed.), *The Translation Studies Reader*. 1st ed. (pp. 172–185). London and New York: Routledge.

House, J. (2006). Text and Context in Translation. *Journal of Pragmatics* 38: 338–358.

—— (2014). Introduction. in House (ed.), *Translation: A Multidisciplinary Approach* (pp. 1–14). Basingstoke: Palgrave Macmillan.

Hymes, D. (1977). *Foundations in Sociolinguistics: An Ethnographic Approach*. London: Tavistock.

Inghilleri, M. (2008). The Ethical Task of the Translator in the Geo-Political Arena: From Iraq to Guantánamo Bay. *Translation Studies* 1 (2): 212–223.

Institute of Translation and Interpreting (2013). *Code of Professional Conduct*. *http://www.iti.org.uk/become-a-member/code-of-professional-conduct* Accessed 27 August 2015.

Jakobson, R. (1959). On Linguistic Aspects of Translation. in R. Brower (ed.), *On Translation* (pp. 232–239). MA: Harvard University Press.

Jervolino, D. (2004). «La Question De l'Unité De l'Oeuvre De Ricoeur à La Lumière De Ses Derniers Développements» Le Paradigme De La Traduction. *Archives De Philosophie* 4 (67): 659–668.

Johnston, D. (2016). Translating the Past: The Moral Universe of Calderón's *Painter of Dishonour*. in P. Blumczynski and J. Gillespie (eds.), *Translating Values: Evaluative Concepts in Translation* (pp. 237–259). Basingstoke: Palgrave Macmillan.

Kade, O. (1968). *Zufall und Gesetzmäßigkeit in der Übersetzung*. Leipzig: VEB Enzyklopädie.

Karpinski, E. C. (1996). Negotiating the Self: Eva Hoffman's *Lost in Translation* and the Question of Immigrant Autobiography. *Canadian Ethnic Studies* 28 (1): 127–135.

Kavanagh, P. (2003). Parochialism and Provincialism. in A. Quinn (ed.), *A Poet's Country: Selected Prose* (pp. 237). Dublin: Lilliput Press.

Kearney, R. (2003). *Strangers, Gods and Monsters: Interpreting Otherness*. London and New York: Routledge.

—— (2006). Ricoeur's Philosophy of Translation. in *On Translation* (pp. vii–xx), E. Brennan (trans), P. Ricoeur. London and New York: Routledge.

Kelly, M. and Baker, C. (2013). *Interpreting the Peace: Peace Operations, Conflict and Language in Bosnia-Herzegovina*. Basingstoke: Palgrave Macmillan.

Kilgarriff, A. (2013). New Year's Resolution: No Adverbs. Macmillan's Dictionary Blog, last modified 17 January 2013, *http://www.macmillandictionaryblog.com/new-years-resolution-no-adverbs* Accessed 15 January 2016.

Kilmister, C. W. (1967). *Language, Logic and Mathematics*. London: English Universities Press.

Koskinen, K. (2014). Tampere as a Translation Space. *Translation Studies* 7 (2): 186–202.

Kövecses, Z. (2006). *Language, Mind, and Culture: A Practical Introduction*. Oxford and New York: Oxford University Press.

—— (2010). *Metaphor: A Practical Introduction*. 2nd ed. Oxford and New York: Oxford University Press.

Kristeva, J. (1991). *Strangers to Ourselves*. L. S. Roudiez (trans.). New York: Columbia University Press.

Krzeszowski, T. P. (1997). *Angels and Devils in Hell: Elements of Axiology in Semantics*. Warszawa: Energeia.

Kundera, M. (1995). *Testaments Betrayed: An Essay in Nine Parts*. L. Asher (trans.). New York: Harper Collins Publishers.

Kurtz, D. C. (1992). *Foundations of Abstract Mathematics*. New York: Mc-Graw-Hill.

Kuźniak, M. (2004). W aspekcie dyskursu metateoretycznego: 'nienaukowość' językoznawstwa kognitywnego w perspektywie metodologii badań lingwistycznych w XX w. Krótka charakterystyka. in P. P. Chruszczewski (ed.), *Aspekty współczesnych dyskursów* (pp. 183–189), Kraków: Tertium.

Labov, W. (1972). *Sociolinguistic Patterns*. Philadelphia: University of Pennsylvania Press.

Lakoff, G. (1987). *Women, Fire, and Dangerous Things: What Categories Reveal about the Mind*. Chicago and London: University of Chicago Press.

—— (2002). *Moral Politics: How Liberals and Conservatives Think*. 2nd ed. Chicago and London: University of Chicago Press.

Lakoff, G. and Johnson, M. (1980/2003). *Metaphors We Live by*. Chicago and London: University of Chicago Press.

—— (1999). *Philosophy in the Flesh: The Embodied Mind and Its Challenge to Western Thought*. New York: Basic Books.

Langacker, R. W. (1987). *Foundations of Cognitive Grammar, Volume 1: Theoretical Prerequisites*. Stanford, CA: Stanford University Press.

—— (1991). *Concept, Image, and Symbol*. New York: Mouton de Gruyter.

—— (2008). *Cognitive Grammar: A Basic Introduction*. Oxford and New York: Oxford University Press.

—— (2013). *Essentials of Cognitive Grammar*. Oxford and New York: Oxford University Press.

Lefevere, A. (1993). Discourses on Translation: Recent, Less Recent and to Come. *Target* 5 (2): 229–241.

Lem, S. (1957). *Dzienniki Gwiazdowe*. Warszawa: Iskry.

Lévi-Strauss, C. (1985). *The View from Afar*. J. Neugroschel and P. Hoss (trans.). Oxford: Blackwell.

Levý, J. (2011). *The Art of Translation*. P. Corness (trans.), Z. Jettmarova (ed.). Amsterdam and Philadelphia: John Benjamins.

Lewandowska-Tomaszczyk, B. (2010). Re-Conceptualization and the Emergence of Discourse Meaning and a Theory of Translation. in B. Lewandowska-Tomaszczyk and M. Thelen (eds.), *Meaning in Translation* (pp. 105–147). Frankfurt am Main and New York: Peter Lang.

Loh, J. and Harmon, D. (2014). *Biocultural Diversity: Threatened Species, Endangered Languages*. Zeist: WWF Netherlands.

Mack, N., Woodsong, C., MacQueen, K. M., Guest, M. and Namey, E. (2005). *Qualitative Research Methods: A Data Collector's Field Guide*. Research Triangle Park, NC: Family Health International.

Maffi, L. (2005). Linguistic, Cultural, and Biological Diversity. *Annual Review of Anthropology* 29: 599–617.

Malmkjær, K. (2005). Translation and Linguistics. *Perspectives: Studies in Translatology* 13 (1): 5–20.

—— (2011). Meaning and Translation. In K. Malmkjær and K. Windle (eds.), *The Oxford Handbook of Translation Studies* (pp. 108–122). Oxford and New York: Oxford University Press.

Malmkjær, K. and Windle, K. (2011). *The Oxford Handbook of Translation Studies*. Oxford and New York: Oxford University Press.

Mangal, S. K. and Mangal, S. (2013). *Research Methodology in Behavioural Sciences*. Delhi: PHI Learning Private.

Marais, K. (2014) *Translation Theory and Development Studies: A Complexity Theory Approach*. London and New York: Routledge.

Marco, J. (2009). The Terminology of Translation: Epistemological, Conceptual, and Intercultural Problems and Their Social Consequences. in Y. Gambier and L. van Doorslaer (eds.), *The Metalanguage of Translation* (pp. 65–79). Amsterdam and Philadephia: John Benjamins.

Marinetti, C. and Rose, M. (2013). Process, Practice and Landscapes of Reception: An Ethnographic Study of Theatre Translation. *Translation Studies* 6 (2): 166–182.

Martel, Y. (2001). *Life of Pi*. Toronto: Knopf Canada.

Max-Neef, M. A. (1991). *Human Scale Development*. New York and London: The Apex Press.

Mayoral, R. (2001). *Aspectos epistemológicos de la traducción*. Castelló: Servei de Publicacions de la Universitat Jaume I.

Millán, C. and Bartrina, F. (eds.) (2013). *The Routledge Handbook of Translation Studies*. London and New York: Routledge.

Munday, J. (2009). *The Routledge Companion to Translation Studies*. London and New York: Routledge.

—— (2012). *Introducing Translation Studies: Theories and Applications*. 3rd ed. London: Routledge.

Nagel, T. (1974). What Is It Like to Be a Bat? *The Philosophical Review* 83 (4): 435–450.

Newmark, P. (1981). *Approaches to Translation*. Oxford: Pergamon Institute of English.

Nida, E. A. (1964). *Toward a Science of Translating: With Special Reference to Principles and Procedures Involved in Bible Translating*. Leiden: Brill.

Nida, E. A. and Taber, C. R. (1982). *The Theory and Practice of Translation*. Leiden: Brill.

Niranjana, T. (1992). *Siting Translation: History, Post-Structuralism, and the Colonial Context*. Berkeley and Los Angeles: University of California Press.

Nord, C. (1989). Loyalität statt Treue: Vorschläge zu einer funktionalen Übersetzungstypologie. *Lebende Sprachen* 34 (3): 100–105.

—— (1991). Skopos, Loyalty, and Translational Conventions. *Target* 3 (1): 91–109.

—— (1997). *Translating as a Purposeful Activity: Functionalist Approaches Explained*. Manchester: St Jerome.

—— (2014). *Hürden-Sprünge. Ein Plädoyer Für Mehr Mut Beim Übersetzen*. Berlin: BDÜ Fachverlag.

Olohan, M. (2004). *Introducing Corpora in Translation Studies*. London and New York: Routledge.

Olohan, M. and Baker, M. (2000). Reporting *that* in Translated English: Evidence for Subconscious Processes of Explicitation? *Across Languages and Cultures* 1 (2): 141–158.

Pálsson, G. (ed.) (1993). *Beyond Boundaries: Understanding, Translation and Anthropological Discourse*. Oxford and Providence: Berg.

Parsons, E. C. (1917). Tales from Maryland and Pennsylvania. *The Journal of American Folklore* 30 (116): 209.

Pas, J. M. (2013). Language and Belonging in the Polish Translation of Eva Hoffman's *Lost in Translation*. *Translation Studies* 6 (1): 64–77.

Pavlenko, A. (1998). Second Language Learning by Adults: Testimonies of Bilingual Writers. *Issues in Applied Linguistics* 9 (1): 3–19.

Paz, O. (1992). Translation: Literature and Letters. in *Theories of Translation: An Anthology of Essays from Dryden to Derrida* (pp. 152–162), I. del Corral (trans.), R. Schulte and J. Biguenet (eds). Chicago: The University of Chicago Press.

Pearce, S. (2013). Loopwheels: For a Smoother, More Comfortable Bicycle Ride. *https://www.kickstarter.com/projects/1205277475/loopwheels-for-a-smoother-more-comfortable-bicycle* Accessed 29 June 2014.

Peppé, S., Maxim, J. and Wells, B. (2000). Prosodic Variation in Southern British English. *Language and Speech* 43 (3): 309–334.

Perteghella, M. and Loffredo, E. (eds.) (2006). *Translation and Creativity: Perspectives on Creative Writing and Translation Studies*. London and New York: Continuum.

Pokorn, N. K. (2000). Translation into a Non-Mother Tongue in Translation Theory. in A. Chesterman, N. Gallardo San Salvador and Y. Gambier (eds.), *Translation in Context* (pp. 61–72). Amsterdam and Philadelphia: John Benjamins.

—— (2004). Challenging the Myth of Native Speaker Competence in Translation Theory: The Results of a Questionnaire. in G. Hansen, K. Malmkjær and D. Gile (eds.), *Claims, Changes and Challenges in Translation Studies* (pp. 113–124). Amsterdam and Philadelphia: John Benjamins.

Pym, A. (2010). The Translator as Non-Author, and I Am Sorry About That. *http://usuaris.tinet.cat/apym/on-line/translation/2010_translatore_as_author.pdf* Accessed 28 January 2016.

—— (2014). *Exploring Translation Theories*. 2nd ed. London and New York:

Routledge.

Quine, W. V. O. (1960/2013). *Word and Object*. Cambridge, MA and London: The MIT Press.

Rafael, V. L. (2009). Translation, American English, and the National Insecurities of Empire. *Social Text 101* 27 (4): 1–23.

—— (2015a). Betraying Empire: Translation and the Ideology of Conquest. *Translation Studies* 8 (1): 82–106.

—— (2015b). The War of Translation: Colonial Education, American English, and Tagalog Slang in the Philippines. *The Journal of Asian Studies* 74 (2): 1–20.

—— (2016). *Motherless Tongues: The Insurgency of Language amid Wars of Translation*. Durham and London: Duke University Press.

Ratliff, B. (2005). *The Jazz Ear: Conversations over Music*. New York: Henry Holt and Company.

Reiss, K. and Vermeer, H. J. (2013). *Towards a General Theory of Translational Action: Skopos Theory Explained*. C. Nord (trans.). Manchester: St. Jerome.

Ricoeur, P. (2006). *On Translation*. E. Brennan (trans.). London and New York: Routledge.

Robbins, P. and Aydede, M. (2009). A Short Primer on Situated Cognition. in P. Robbins and M. Aydede (eds.), *The Cambridge Handbook of Situated Cognition* (pp. 3–10). Cambridge and New York: Cambridge University Press.

Robin Suleiman, S. (1998). Monuments in a Foreign Tongue: On Reading Holocaust Memoirs by Emigrants. in S. Robin Suleiman (ed.), *Exile and Creativity: Signposts, Travelers, Outsiders, Backward Glances* (pp. 397–417). Durham, NC: Duke University Press.

Robinson, D. (1991). *The Translator's Turn*. Baltimore: Johns Hopkins University Press.

—— (1997). *Western Translation Theory from Herodotus to Nietzsche*. Manchester: St Jerome.

—— (2011). *Translation and the Problem of Sway*. Amsterdam and Philadelphia: John Benjamins.

—— (2012). *Becoming a Translator: An Introduction to the Theory and Practice of Translation*. 3rd ed. London and New York: Routledge.

—— (2013). *Schleiermacher's Icoses: Social Ecologies of the Different Methods of Translating*. Bucharest: Zeta Books.

Rojo, A. and Ibarretxe-Antunano, I. (2013). *Cognitive Linguistics and Translation: Advances in Some Theoretical Models and Applications*. Berlin and Boston: De Gruyter Mouton.

Rokeach, M. (1979). Introduction. in M. Rokeach (ed.), *Understanding Human Values, Individual and Societal* (pp. 1–11). New York: Free Press.

Rybicki, J. (2012). The Great Mystery of the (Almost) Invisible Translator. Stylometry in Translation. in M. P. Oakes and M. Ji (eds.), *Quantitative Methods in Corpus-Based Translation Studies: A Practical Guide to Descriptive Translation Research* (pp. 231–248). Amsterdam and Philadelphia: John Benjamins.

—— (2014). Stylometryczna niewidzialność tłumacza. *Przekładaniec* 27: 61–87.

Said, E. W. (2003). *Orientalism*. London: Penguin.

Santayana, G. (1922). *The Life of Reason; Or, The Phases of Human Progress*. 2nd ed. London: Constable.

Sarfaty, G. A. (2012). *Values in Translation: Human Rights and the Culture of the World Bank*. Stanford, CA: Stanford University Press.

Saussure, F. de (1986). *Course in General Linguistics*. R. Harris (trans.). C. Ball, A. Sechenhaye and A. Riedlinger, Chicago and La Salle: Open Court.

Schaffer, J. (2014). The Metaphysics of Causation. in E. N. Zalta (ed.), *The Stanford Encyclopedia of Philosophy*, http://plato.stanford.edu/entries/causation-metaphysics/ Accessed 27 January 2016.

Schäffner, C. (2004). Metaphor and Translation: Some Implications of a Cognitive Approach. *Journal of Pragmatics* 36: 1253–1269.

Schleiermacher, F. (1977). *Hermeneutics: The Handwritten Manuscripts*. J. Duke and J. Forstman (trans.). H. Kimmerle (eds.). Atlanta: Scholars Press.

Seibt, J. (2013). Process Philosophy. in E. N. Zalta (ed.), *The Stanford Encyclo-*

pedia of Philosophy, http://plato.stanford.edu/entries/process-philosophy/ Accessed 27 January 2016.

Sem, S. K. and Agarwal, R. P. (2015). *Zero: The Landmark Discovery, the Dreadful Void, and the Ultimate Mind*. London et al.: Elsevier.

Severi, C., and Hanks, W. F. (eds.) (2015). *Translating Worlds: The Epistemological Space of Translation*. Chicago: HAU Books.

Shapiro, M. J. (1999). The Ethics of Encounter: Unreading, Unmapping the Imperium. in D. Campbell and M. J. Shapiro (eds.), *Moral Spaces: Rethinking Ethics and World Politics*. Minneapolis: University of Minnesota Press, 92–124.

Shweder, R. A. (2000). The Essential Anti-Essentialist. *Science* 290 (5496): 1511–1512.

Silence, A. (2010). *The Translator as Author: Data Mining as a Creative Process in Rewriting an American Success Story*. Trier: Wissenschaftlicher Verlag Trier.

Simeoni, D. (1995). Translating and Studying Translation: The View from the Agent. *Meta* 40 (3): 445–460.

Simon, S. (2006). *Translating Montreal*. Montreal: McGill-Queen's University Press.

—— (2012). *Cities in Translation: Intersections of Language and Memory*. London and New York: Routledge.

Skibińska, E. and Blumczynski, P. (2009). Polish Metaphorical Perceptions of the Translator and Translation. *Target* 21 (1): 30–57.

Snell-Hornby, M., Pöchhacker, F. and Kaindl, K. (eds.) (1994). *Translation Studies: An Interdiscipline*. Amsterdam and Philadelphia: John Benjamins.

Snell-Hornby, M. (2006). *The Turns of Translation Studies. New Paradigms or Shifting Viewpoints?* Amsterdam and Philadelphia: John Benjamins.

—— (2009). What's in a Turn? On Fits, Starts and Writhings in Recent Translation Studies. *Translation Studies* 2 (1): 41–51.

—— (2010). The Turns of Translation Studies. in Y. Gambier and L. van Doorslaer (eds.), *Handbook of Translation Studies*, Vol.1 (pp. 366–370). Amsterdam and Philadelphia: John Benjamins.

Sollosy, J. (2010). Writing from Hungary: An Introduction. Words Without Borders, 27 July 2010, *http://www.wordswithoutborders.org/article/writing-from-hungary-an-introduction* Accessed 26 January 2016.

Sonesson, G. (2007). From the Meaning of Embodiment to the Embodiment of Meaning: A Study in Phenomenological Semiotics. in T. Ziemke, J. Zlatev and R. M. Frank (eds.), *Body, Language, and Mind,* Vol.1: *Embodiement* (pp. 85–127). Berlin: Mouton de Gruyter.

Spalding, K. L., Arner, E., Westermark, P. O., et al. (2008). Dynamics of Fat Cell Turnover in Humans. *Nature* 453 (7196): 783–787.

Spalding, K. L., Bergmann, O., Alkass, K., et al. (2013). Dynamics of Hippocampal Neurogenesis in Adult Humans. *Cell* 153 (6): 1219–1227.

Stahulijak, Z. (2010). War, Translation, Transnationalism: Interpreters in and of the War (Croatia 1991—1992). in M. Baker (ed.), *Critical Readings in Translation Studies* (pp. 391–414). London and New York: Routledge.

St. André, J. (ed.) (2010a). *Thinking through Translation with Metaphors*. Manchester and Kinderhook: St. Jerome.

—— (2010b). An Annotated Bibliography of Works Concerned with Metaphors of Translation. in St. André (ed.), *Thinking through Translation with Metaphors* (pp. 295–303). Manchester and Kinderhook: St. Jerome.

Steiner, G. (1998). *After Babel: Aspects of Language and Translation.* 3rd ed. Oxford: Oxford University Press.

Strowe, A. (2011). Is Simpatico Possible in Translation? *The Translator* 17 (1): 51–75.

Sulaibi, D. (2012). *The Translator as Writer.* Saarbrücken: Lambert Academic Publishing.

Sutermeister, O. (1873). *Kinder- Und Hausmärchen Aus Der Schweiz.* Aarau: H. R. Sauerländer.

Tabakowska, E. (1993). *Cognitive Linguistics and Poetics of Translation.*

Tübingen: G. Narr.

Tarski, A. (1994). *Introduction to Logic and to the Methodology of the Deductive Sciences*. 4th ed. J. Tarski (ed.). New York and Oxford: Oxford University Press.

Throop, J. C. (2010). Latitudes of Loss: On the Vicissitudes of Empathy. *American Ethnologist* 37 (4): 771–782.

Tomforde, M. (2007). Math 3333, Spring 2007. *http://www.math.uh.edu/~torok/math_3325/* Accessed 29 June 2014.

Toury, G. (1995). *Descriptive Translation Studies and Beyond*. Amsterdam and Philadelphia: John Benjamins.

Tracy, S. J. (2012). *Qualitative Research Methods*. Chichester: Wiley Blackwell.

Tuwim, J. (2007). Traduttore – Traditore. in E. Balcerzan, E. and Rajewska, E. (eds.), *Pisarze polscy o sztuce przekładu 1440–2005. Antologia* (pp.151–167). Poznań: Wydawnictwo Poznańskie.

Tymoczko, M. (2000). Translation and Political Engagement: Activism, Social Change and the Role of Translation in Geopolitical Shifts. *The Translator* 6 (1): 23–47.

—— (2007). *Enlarging Translation, Empowering Translators*. Manchester: St. Jerome.

—— (2010). Translation, Resistance, Activism: An Overview. in M. Tymoczko (ed.), *Translation, Resistance, Activism* (pp. 1–22). Amherst: University of Massachusetts Press.

—— (2014). Cultural Hegemony and the Erosion of Translation Communities. in S. Berman and C. Porter (eds.), *A Companion to Translation Studies* (pp. 165–178). Chichester: Wiley Blackwell.

Underhill, J. W. (2009). *Humboldt, Worldview and Language*. Edinburgh: Edinburgh University Press.

—— (2012). *Ethnolinguistics and Cultural Concepts: Truth, Love, Hate and War*. Cambridge and New York: Cambridge University Press.

Van Wyke, B. (2010). Imitating Bodies and Clothes: Refashioning the Western

Conception of Translation. in St. André (ed.), *Thinking through Translation with Metaphors* (pp. 17–46). Manchester and Kinderhook: St. Jerome.

Venuti, L. (1995). *The Translator's Invisibility: A History of Translation*. London and New York: Routledge.

—— (ed.) (2000). *The Translation Studies Reader*. 1st ed. London and New York: Routledge.

—— (2008). *The Translator's Invisibility: A History of Translation*. 2nd ed. London and New York: Routledge.

—— (ed.) (2012a). *The Translation Studies Reader*. 3rd ed. London and New York: Routledge.

—— (2012b). Introduction. in L. Venuti (ed.), *The Translation Studies Reader*. 3rd ed. (pp. 1–9). London and New York: Routledge.

—— (2012c). Genealogies of Translation Theory: Jerome. in L. Venuti (ed.), *The Translation Studies Reader*. 3rd ed. (pp. 483–502). London and New York: Routledge.

—— (2013). *Translation Changes Everything: Theory and Practice*. London and New York: Routledge.

Vermeer, H. J. (1989/2012). Skopos and Commission in Translational Action. A. Chesterman (trans.). L. Venuti (ed.). *The Translation Studies Reader*. in 3rd ed. (pp. 191–202). London and New York: Routlede.

Verschueren, J. (2006). Identity as Denial of Diversity. in B. P. Ibáñez and López Sáenz, M. C. (eds.), *Interculturalism: Between Identity and Diversity* (pp. 147–157). Bern: Peter Lang.

Vinay, J.-P. Vinay and Darbelnet, J. (1995). *Comparative Stylistics of French and English: A Methodology for Translation*. J. C. Sager and M.-J. Hamel (trans.). Amsterdam and Philadelphia: John Benjamins.

Wąsik, Z., Czajka, P. and Szawerna, M. (eds.) (2012). *Alternate Construals in Language and Linguistics*. Wrocław: Wydawnictwo Wyższej Szkoły Filologicznej.

Whitehead, A. N. (1926). *Religion in the Making: Lowell Lectures*. Cambridge:

Cambridge University Press.

—— (1967). *Adventures of Ideas*. New York: Free Press.

—— (1968). *Modes of Thought*. New York: Free Press and Macmillan.

Wierzbicka, A. (2003). *Cross-Cultural Pragmatics: The Semantics of Human Interaction*. 2nd ed. Berlin and New York: De Gruyter Mouton.

—— (2006). *English: Meaning and Culture*. Oxford and New York: Oxford University Press.

—— (2010). *Experience, Evidence, and Sense: The Hidden Cultural Legacy of English*. Oxford and New York: Oxford University Press.

Wittgenstein, L. (1922). *Tractatus Logico-Philosophicus*. London: Kegan, Trench, Trubner & Co.

—— (2009). *Philosophical Investigations*. 4th rev. ed. G. E. M. Anscombe, P. M. S. Hacker and J. Schulte (trans.). Chichester: Wiley Blackwell.

Wolf, M. (2014). The Sociology of Translation and Its "Activist Turn". in C. V. Angelelli(ed.), *The Sociological Turn in Translation and Interpreting Studies* (pp. 7–21). Amsterdam and Philadephia: John Benjamins.

Wolf, M. and A. Fukari (eds.) (2007). *Constructing a Sociology of Translation*. Amsterdam and Philadelphia: John Benjamins.

Zadeh, L. (1996). Fuzzy Languages and Their Relation to Human Intelligence. in G. J. Klir and B. Yuan, *Fuzzy Sets, Fuzzy Logic, and Fuzzy Systems* (pp. 148–179). Singapore, River Edge and London: World Scientific Publishing.

—— (2010). Second Foreword. in B. Arfi, *Linguistic Fuzzy Logic Methods in Social Sciences* (pp. ix–x). Berlin: Springer.

Zerhouni, E. A. (2009). Space for the Cures: *Science* Launches a New Journal Dedicated to Translational Research in Biomedicine. *Science Translational Medicine 1 (1): 1-2*.

Zhu, L. (2012). *The Translator-Centered Multidisciplinary Construction*. Bern: Peter Lang.

附　录

人名汉译对照表	
原书中的人名	汉　译
Agarwal	阿加瓦尔
Alishman	艾莉希曼
Angelelli	安吉莱莉
Appiah	阿皮亚
Apter	阿普特
Archilochus	阿尔基罗库斯
Arduini, Stefano	斯丹法罗·阿尔丢尼
Arfi	阿菲
Asad	阿萨德
Aydede	艾代德
Bachmann-Medick, Doris	多丽丝·巴赫曼-梅迪克
Baker, Mona	莫娜·贝克
Bal, Mieke	米克·巴尔
Balcerzan	巴尔塞赞
Barańczak, Stanisław	斯坦尼斯瓦夫·巴兰恰克

(续表)

原书中的人名	汉 译
Bartmiński	巴特米斯基
Bartrina	巴特里纳
Bassnett, Susan	苏姗·巴斯奈特
Bauman, Zygmunt	齐格蒙特·鲍曼
Beidelman	贝德尔曼
Belvis, Cyril	西里尔·贝尔维斯
Bennett, Karen	克伦·本内特
Berlin, Isaiah	以赛亚·柏林
Berman, Antoine	安托瓦纳·贝尔曼
Besemeres	贝塞米尔斯
Bhabha, Homi	霍米·巴巴
Blumczyńska, Krystyna	克里斯蒂娜·布朗钦斯卡
Blumczynski, Piotr	彼得·布朗钦斯基
Blum-Kulka	百隆-库尔卡
Bourdieu, Pierre	皮埃尔·布尔迪厄
Bowker	鲍克
Bragason	布拉加森
Brown, Mary Beth	玛丽·贝丝·布朗
Buber, Martin	马丁·布伯
Buffagni	布法尼
Bühler	布勒
Bujra	布杰拉

（续表）

原书中的人名	汉 译
Bultmann, Rudolf	鲁道夫·布尔特曼
Burrows	布罗斯
Bush	布什
Calvino, Italo	伊塔洛·卡尔维诺
Carston	卡斯顿
Casadevall	卡萨德瓦尔
Catford, John	约翰·卡特福德
Chesterman	切斯特曼
Cheung, Martha P. Y.	张佩瑶
Chomsky	乔姆斯基
Clifford, James	詹姆斯·克利福德
Cobb, John B.	约翰·B. 柯布
Cohen	科恩
Conrad, Joseph	约瑟夫·康拉德
Cormier	科米尔
Croft	克罗夫特
Cronin, Michael	迈克尔·克罗宁
Cruse	克鲁斯
Cutter	卡达
Cuyckens	崔肯斯
Czajka	萨奇卡
Danaher	丹纳赫

(续表)

原书中的人名	汉　译
Darbelnet	达贝尔内
de Courtivron	德·考蒂夫龙
Deleuze, Gilles	吉尔·德勒兹
Delisle	德利勒
Devlin, Senan	塞南·德夫林
Derrida, Jacques	雅克·德里达
Dilthey, Wilhelm	威廉·狄尔泰
Dirven	德文
Doorslaer, Luc van	鲁克·范·多斯拉尔
Eliot	艾略特
Evans	埃文斯
Eves	伊芙丝
Eyres, Harry	哈利·艾利斯
Fang	方
Foucault, Michel	米歇尔·福柯
Freed	弗雷德
Fromm, Erich	埃里希·弗洛姆
Fukari	深利
Gadamer, Hans-Georg	汉斯-格奥尔格·伽达默尔
Gallie	加利
Gambier, Yves	伊夫·甘比尔
Garzelli	加尔泽利

(续表)

原书中的人名	汉译
Geeraerts	格瑞特
Geertz, Clifford	克利福德·格尔茨
Gentzler, Edwin	埃德温·根茨勒
Gillespie	吉雷斯比
Goddard, Cliff	克里夫·戈达德
Goertz, Gary	加里·戈尔茨
Green	格林
Grimm, Jacob	雅克布·格林
Grimm, Wilhelm	威廉·格林
Guattari, Félix	费利克斯·加塔利
Guignon	吉尼翁
Guldin, Rainer	赖纳·古尔丁
Habermas	哈贝马斯
Halík, Tomáš	托马斯·哈利克
Hall, Stuart	斯图亚特·霍尔
Halverson, Sandra	桑德拉·哈文森
Hamilton	汉米尔顿
Hanks	汉克斯
Hanna	汉娜
Hardenberg, Georg Philipp Friedrich von	格奥尔格·菲利普·弗里德里希弗·弗莱赫尔·冯·哈登贝格
Harmon, David	大卫·哈蒙
Heaney, Seamus	谢默斯·希尼

(续表)

原书中的人名	汉 译
Hebenstreit	黑本施特赖特
Heidegger, Martin	马丁·海德格尔
Henitiuk, Valerie	瓦莱丽·亨尼蒂克
Hermans, Theo	西奥·赫曼斯
Heydel, Magda	玛格达·海德尔
Hoffman, Eva	伊娃·霍夫曼
Hofstede, Geert	吉尔特·霍夫斯泰德
Holmes, James	詹姆斯·霍尔姆斯
Horace	贺拉斯
House, Juliane	朱莉安·豪斯
Hughes, Ted	特德·休斯
Humboldt, Wilhelm von	威廉·冯·洪堡
Hymes, Dell	戴尔·海姆斯
Ibarretxe-Antuñano	伊巴雷特-安图尼亚诺
Inghilleri, Moira	莫伊拉·因基莱里
Jakobson, Roman	罗曼·雅各布森
James, William	威廉·詹姆斯
Jameson	詹姆森
Jervolino	耶尔沃利诺
Johnson, Mark	马克·约翰逊
Johnston, David	大卫·庄士敦
Kade, Otto	奥托·凯德

（续表）

原书中的人名	汉　译
Kafka	卡夫卡
Kaindl	凯得
Kania	卡尼亚
Karpinski	卡平斯基
Kavafis	卡瓦菲
Kavanagh, Patrick	帕特里克·卡瓦纳
Kearney	科尔尼
Kelly	凯利
Kilgarriff	基尔加里夫
Kilmister	凯尔密斯特
Koskinen	科斯基宁
Kövecses, Zoltán	佐尔坦·科维塞斯
Kristeva, Julia	茱莉亚·克里斯蒂娃
Krzeszowski	克热绍夫斯基
Kubiak	比亚克
Kundera, Milan	米兰·昆德拉
Kurtz	库尔茨
Kuźniak	库尼亚克
Labov	拉波夫
Lakoff, George	乔治·莱考夫
Langacker, Ronald W.	罗纳德·W. 兰盖克
Lee-Jahnke	利-扬克

(续表)

原书中的人名	汉　译
Leeson, Lorraine	洛林·里森
Lefevere, André	安德烈·勒菲弗尔
Leibnitz, Gottfried von	哥特弗里德·冯·莱布尼茨
Lem, Stanisław	史坦尼斯劳·莱姆
Levinas, Emmanuel	伊曼努尔·列维纳斯
Lévi-Strauss, Claude	克洛德·列维-斯特劳斯
Levý	列维
Lewandowska-Tomaszczyk, Barbara	芭芭拉·莱万多斯卡-托马斯奇克
Libera	利比拉
Loffredo	劳弗瑞德
Loh	卢
Lyons	里昂
MacKenzie, Lauren	劳伦·麦肯齐
Mack	麦克
Maffi	玛斐
Mahoney, James	詹姆斯·马奥尼
Malmkjær, Kirsten	克尔斯滕·马尔姆凯尔
Mangal	曼加尔
Marais, Kobus	科布斯·马拉斯
Marco	马尔科
Marinetti, Cristina	克里斯蒂娜·马里内蒂
Martel, Yann	扬·马特尔

（续表）

原书中的人名	汉　　译
Maxey, James	詹姆斯·麦克西
Maxim	马克西姆
Max-Neef, Manfred	曼弗雷德·马克思-里夫
Mayoral	麦悠
Metheny, Pat	派特·迈锡尼
Millán	米兰
Miłosz	米洛什
Munday	芒迪
Nagel	纳格尔
Neather, Robert	罗伯特·尼瑟
Nergaard, Siri	西瑞·内加尔德
Newmark, Peter	彼得·纽马克
Newton, Isaac	艾萨克·牛顿
Nida	奈达
Niranjana	尼兰贾娜
Nord, Christiane	克里斯蒂安·诺德
Norwid, Cyprian Kamil	西普里安·卡米尔·诺维德
Novalis	诺瓦利斯
Olohan	奥洛汉
O'Sullivan, Carol	卡罗尔·奥沙利文
Pálsson	保尔松
Pamuk, Orhan	奥尔罕·帕慕克

(续表)

原书中的人名	汉　译
Parsons	帕森斯
Pas	帕斯
Pavlenko	帕夫连科
Paz	帕兹
Pearce, Sam	山姆·皮尔斯
Peirce, Charles Sanders	查尔斯·桑德斯·皮尔士
Peppé	佩珀
Perteghella	帕特吉拉
Pöchhacker	波奇哈克
Pokorn	博科恩
Porter	波特
Pym	皮姆
Queneau, Raymond	雷蒙·格诺
Quine, Willard V.	威拉德·V. 蒯因
Rafael, Vicente	维森特·拉菲尔
Ratliff	拉特利夫
Rajewska	拉杰夫斯卡
Reiss	赖斯
Ricoeur, Paul	保罗·利科
Robbins	罗宾斯
Robinson, Douglas	道格拉斯·罗宾逊
Rojo	罗霍

（续表）

原书中的人名	汉　译
Rokeach	罗克奇
Rose, Margaret	玛格丽特·罗斯
Rybicki, Jan	扬·里比基
Said, Edward	爱德华·萨义德
Saldanha	萨尔达尼亚
Santayana, George	乔治·桑塔耶拿
Santos, Boaventura de Sousa	波旺楚睿·德·苏萨·桑托斯
Sarfaty, Galit	加利特·萨法蒂
Saussure	索绪尔
Schaffer	谢弗
Schäffner, Christina	克里斯蒂娜·谢芙娜
Schlegel, August Wilhelm	奥古斯都·威廉·施莱格尔
Schleiermacher, Friedrich	弗里德里希·施莱尔马赫
Seibt	塞伯特
Sem	塞姆
Severi	塞维理
Shapiro	沙博理
Shweder	施威德
Silence	赛伦斯
Simeoni	西梅奥尼
Simon	西蒙
Skibińska, Elżbieta	伊丽莎白·斯基宾斯卡

（续表）

原书中的人名	汉 译
Snell-Hornby, Mary	玛丽·斯内尔-霍恩比
Sollosy, Judith	朱迪思·索洛西
Sonesson, Göran	戈兰·索内松
Spalding	斯伯丁
Stahulijak	斯塔胡利亚克
St. André	圣安德鲁
Steiner, George	乔治·斯坦纳
Strowe, Anna	安娜·斯特劳
Sulaibi	苏莱布
Suleiman, Robin	罗宾·苏莱曼
Sutermeister	祖特迈斯特
Szawerna	扎韦尔纳
Tabakowska, Elżbieta	伊丽莎白·塔巴科夫斯卡
Taber	泰伯
Tarski, Alfred	阿尔弗雷德·塔尔斯基
Throop	思鲁普
Tichy, Ijon	伊琼·蒂奇
Tomforde, Mark	马克·汤福德
Toury, Gideon	吉迪恩·图里
Towner, Phil	菲尔·汤纳
Tracy, Sarah	莎拉·特蕾西
Tuwim, Julian	朱利安·图维姆

(续表)

原书中的人名	汉　译
Tymoczko, Maria	玛丽亚·铁木志科
Underhill	昂德希尔
Van Wyke	范·威克
Venuti, Lawrence	劳伦斯·韦努蒂
Vermeer	弗米尔
Verschueren	维索尔伦
Verspoor	韦斯普尔
Vinay	维奈
Wacquant	华康德
Wąsik	沃奇
Wells	威尔斯
Whitehead, Alfred North	阿弗烈·诺夫·怀特海
Wierzbicka, Anna	安娜·威尔兹彼卡
Windle	温德勒
Wittgenstein	维特根斯坦
Wolf	沃夫
Woolf, Virginia	弗吉尼亚·伍尔芙
Yourcenar	尤瑟纳尔
Zadeh, Lotfi	拉特飞·扎德
Zanotti	扎诺蒂
Zerhouni	泽鲁尼
Zhu	朱